互联网+新形态立体化教材

U0837696

大学生心理健康

主　编 ◎ 陈文涛　刘晓亮　汪　岚

副主编 ◎ 黎四美　叶　颖　黄　薇　龚　旋

参　编 ◎ 步　简　刘红飞　王梓楠　彭幽兰
刘茜茜　冯文倩　胡红宇　周　彤
戴丽丽　万李春　乐　康　江　阳
辜雪莲　付　蓉　朱笑冰　王登勇
汤　平　程希望　黄　靓

電子工業出版社

Publishing House of Electronics Industry

北京·BEIJING

内 容 简 介

本书围绕大学生心理成长的特点编写而成，共设置十三个主题，分别是健康篇、适应篇、自我篇、人格篇、学习篇、情绪篇、交往篇、恋爱篇、网络篇、挫折篇、生涯篇、生命篇、咨询篇，内容注重理论联系实际，深入分析了大学生常见的心理问题及其调适方法。此外，书中有大量的案例分析、心理自测等内容，具有较强的可操作性和自我指导意义，不仅能帮助大学生解决实际生活中遇到的心理困惑，而且能够促进大学生的健康成长和全面发展。

本书可作为大学生心理健康教育的通识教材，也可作为青少年健康成长的指导手册以及青年人提高自身心理素质的参考用书。

图书在版编目（CIP）数据

大学生心理健康 / 陈文涛，刘晓亮，汪岚主编. —北京：电子工业出版社，2022.8

ISBN 978-7-121-44246-9

Ⅰ. ①大… Ⅱ. ①陈… ②刘… ③汪… Ⅲ. ①大学生－心理健康－健康教育 Ⅳ. ①G444

中国版本图书馆 CIP 数据核字(2022)第 165770 号

责任编辑：韩 蕾
文字编辑：李 双
印 刷：中国电影出版社印刷厂
装 订：中国电影出版社印刷厂
出版发行：电子工业出版社
北京市海淀区万寿路 173 信箱 邮编：100036
开 本：787×1092 1/16 印张：15.75 字数：383 千字
版 次：2022 年 8 月第 1 版
印 次：2024 年 8 月第 3 次印刷
定 价：48.00 元

凡所购买电子工业出版社图书有缺损问题，请向购买书店调换。若书店售缺，请与本社发行部联系，联系及邮购电话：（010）88254888，88258888。

质量投诉请发邮件至 zlts@phei.com.cn，盗版侵权举报请发邮件至 dbqq@phei.com.cn。

本书咨询联系方式：qiyuqin@phei.com.cn。

前 言

随着我国高等教育事业的不断发展，如今的大学生具有开阔的视野、活跃的思维、丰富的知识，但同时也面临着新的心理问题和心理冲突，大学生的心理健康教育日益受到全社会的关注和重视。

加强大学生心理健康教育，可以贯彻高校落实以人为本的科学发展观，充分培养大学生良好的心理素质，促进他们的人格和谐发展，增强他们的社会适应能力，帮助他们最大限度地实现人生价值。

本书围绕大学生心理成长的特点编写而成，共设置十三个主题，分别是健康篇、适应篇、自我篇、人格篇、学习篇、情绪篇、交往篇、恋爱篇、网络篇、挫折篇、生涯篇、生命篇、咨询篇，内容注重理论联系实际，深入分析了大学生常见的心理问题及其调适方法。此外，书中有大量的案例分析、心理自测等内容，具有较强的可操作性和自我指导意义，不仅能帮助大学生解决实际生活中遇到的心理困惑，而且能够促进大学生的健康成长和全面发展。

本书在编写中力求突破传统，有所创新，实现理论内容的严谨性和形式结构的新颖性相结合。本书具有以下特点。

一是内容有针对性。本书紧扣时代的发展，结合大学生的心理发展特点，从大学生的心理发展任务出发，对大学生常见的心理问题及其调适方法进行了阐释和分析。

二是结构设计新颖。本书不仅有丰富的心理健康知识、经典的案例分析、实用的心理自测等，而且还设置了活动任务书、心理导航、知识加油站、阅书观影等模块，增强了趣味性、实用性和可读性。

三是融入思政教育。通过设置活动任务书，引导学生根据学习目标和思政目标明确学习任务，既遵循学生的认知规律，践行有效的教学，又将思政教育融入到课堂中。

本书在编写过程中，参考、借鉴了许多国内外有关的研究成果和文献资料，难以一一列举，在此谨向原作者表示衷心的感谢！

编者

2022年7月

目录

主题一　管却自家身与心——健康篇

拥有健康并不等于拥有一切，但是失去健康却等于失去一切。

——马勒

【活动任务书】

活动名称	做一名心理健康的大学生	姓名		完成时间	
目标	学习目标： 1. 分析一下在自己身上有哪些问题属于心理健康问题 2. 通过分析影响心理健康的因素，找出克服的途径				
	思政目标： 1. 培养健全积极、健康向上的心理状态 2. 树立正确的世界观、人生观与价值观				
任务	1. 对照大学生心理健康标准，找出自身存在的问题 2. 对自身存在的问题进行分析与总结				
实施过程	1. 掌握大学生心理健康的基本知识 2. 应用所学的知识对自己进行分析 3. 和同学或教师进行交流				
注意事项	要紧紧围绕自身存在的问题，对自己进行客观的分析，不能无中生有				
组员及分工情况	队号			队长	
	队员				
	任务分工				

【心理导航】

小雅，某院校刚入学的大一新生。她从小生活优越，父母都是公务员，对独生女的她更是宠爱有加，有求必应。小雅在上大学以前从未有过集体生活的经历。在大一期间，她的室友曾多次向辅导员反映：小雅经常凌晨还在床上打游戏，声音外放，更有好几次凌晨三四点还在打电话和男朋友吵架。小雅对室友的小声提醒不以为然，她认为室友的此种举动是不喜欢她，不尊重她。她也从不参与寝室集体活动，总是忘记打扫寝室卫生。她认为和室友没有共同语言，个性、生活习惯、思维方式也不同。每次回到寝室她只能自己打打游戏、看看书，无法融入其他人的生活。虽然她内心也想和寝室里的其他同学搞好关系，但是她总觉得别扭，也无法融入。她觉得自己越来越孤单，想回家，心有余而力不足让她感觉特别失落。

想一想：

（1）小雅为什么会觉得别扭，无法融入其他人的生活？

（2）你认为应该如何帮助小雅解决目前的困境？

第一讲　心理奥义——大学生心理健康概述

一、心理健康的概念

钟南山院士曾说“健康的一半是心理健康，疾病的一半是心理疾病”，心理健康是个体健康状态的重要组成部分。《世界卫生组织宪章》提出，心理健康状态不仅仅指没有精神障碍或精神疾病。心理健康是一种臻于完满的状态，这种完满状态表现在个体能够清楚了解自己的能力，调整状态以应对生活中的常见压力，富有成效地工作以及为自己所在的社区或团体做出贡献。

在心理学中，心理健康指的是一种持续的、相对稳定的心理状态。在这种状态下，个人具有生活的活力、积极的内心体验、良好的社会适应性，并能够有效地发挥个人的身心潜力与积极的社会功能。

心理健康状态对人类来说十分重要，心理健康的人才能正常思考、表达情感、与他人互动、谋生或享受生活。从这个角度来说，维护心理健康对我们自己、社会，乃至于整个世界都是极为重要的。下面是世界卫生组织给出的有关心理健康的一些关键事实。

（1）没有精神疾病不代表心理健康。

（2）如果一个人心理不健康，就谈不上是一个健康的状态；心理健康是整体健康中不可或缺的重要组成部分。

（3）心理健康受许多因素的影响，如社会经济因素、生理因素和环境因素。

二、心理健康的标准

我国古代就有人提出了心理健康的标准——天人合一。天人合一的思想最早是由庄子提出的，后被汉代思想家、阴阳家董仲舒发展为天人合一的哲学思想体系，并由此构建了中华传统文化的主体。天人合一的思想可以解读为人与自然的和谐，以及人内在生命的和谐。从我国传统文化的角度来看，一个人的心理是否健康，主要看这个人是否与外在环境保持和谐，以及这个人的内在是否和谐。这种和谐是当今学者对心理健康标准界定的核心依据。以下是当今比较被认可的对心理健康标准的界定。

（一）马斯洛和密特尔曼提出的心理健康的10条标准

（1）有充分的安全感。

（2）对自己有较充分的了解，并能恰当地评价自己的行为。

（3）自己的生活理想和目标能切合实际。
（4）能与周围环境事物保持良好的接触。
（5）能保持自我人格的完整与和谐。
（6）具备从经验中学习的能力。
（7）能保持适当和良好的人际关系。
（8）能适度地表达和控制自己的情绪。
（9）能在集体允许的前提下，有限地发挥自己的个性。
（10）能在社会规范的范围内，适当地满足个人的基本要求。

（二）《简明不列颠百科全书》中提出的心理健康的标准

（1）认知过程正常，智力正常。
（2）情绪稳定乐观，心情舒畅。
（3）意志坚强，做事有目的性。
（4）人格健全，性格、能力、价值观等均正常。
（5）养成健康习惯，无不良行为。
（6）精力充沛地适应社会，人际关系良好。

【知识加油站】

世界卫生组织提出的身心健康新标准

世界卫生组织提出了人类身心健康的新标准。这一标准包括肌体健康和精神健康两部分，具体可用“五快”（肌体健康）和“三良好”（精神健康）来衡量。

“五快”：吃得快，胃口好，不挑食，说明内脏功能正常；便得快，大小便轻松自如，感觉良好，说明胃肠功能良好；睡得快，入睡迅速，睡得深，醒后头脑清醒，精神饱满，说明中枢神经兴奋和抑制功能协调；说得快，说话流利，表达意思准确、合乎逻辑，说明头脑清晰，思维敏捷；走得快，步伐轻快，行动自由，身体灵活，反应迅速，说明躯干和四肢状况良好。

“三良好”：良好的个性，指性格温和，意志坚强，感情丰富，胸襟坦荡，心境乐观；良好的处事能力，指成熟自如，观察问题客观，自控能力好，能应付复杂的环境，对事物的变迁保持良好的情绪，有知足感；良好的人际关系，指待人宽厚，珍惜友情，不吹毛求疵，不过分斤斤计较，助人为乐，与人为善。

三、大学生的心理健康标准

根据处于青年中期的大学生具有的心理特征、大学生特定社会角色的要求以及心理健康学的基本理论，目前国内较为认同的心理健康的基本标准可以归纳为以下八个方面。

（一）良好的学习能力

心理健康的大学生应智力正常，有浓厚的学习兴趣，有强烈的求知欲望，掌握适合自己的学习方法，积极克服学习中的困难，保持较高的学习效率，并能从学习中体验到快乐和满足。

（二）正确的自我意识

自我意识是人格的核心，是指人对自己以及自己与周围世界关系的认识和体验。人贵有自知之明。心理健康的学生能正确认识自我、评价自我、悦纳自我，体验到自己存在的价值，对自己的能力、性格和优缺点能做出恰当的评价，自尊自重、自信乐观；不苛求自己，对自己的生活目标和理想也能设定得切合实际，因而对自己总是满意的，同时努力发展自身潜能，即使有自己无法补救的缺陷也能安然处之。

【知识加油站】

做最好的自己

道格拉斯·马罗奇

如果你不能成为山顶的一棵松，
就做一丛小树生长在山谷中，
但须是溪边最好的一小丛。
如果你不能成为一棵大树，就做一丛灌木。
如果你不能成为一丛灌木，就做一片绿草，
让公路也有几分欢娱。
如果你不能成为一只麝香鹿，就做一条鲈鱼，
但须做湖里最好的一条鱼。
我们不能都做船长，我们得做海员。
世上的事情，多得做不完，
工作有大的，也有小的，
我们该做的工作，就在你的手边。
如果你不能做一条公路，就做一条小径。
如果你不能做太阳，就做一颗星星。
不能凭大小来断定你的输赢，
不论你做什么都要做最好的一名。

（三）良好的情绪状态

情绪影响人的健康，影响人的工作效率，影响人际关系。心理健康的学生能经常保持愉快、开朗、乐观的心境，对生活和未来充满希望；虽然也有悲、忧、哀、愁等消极体验，

但能主动调节，并能适当表达和控制情绪，能做到喜不狂、忧不绝、胜不骄、败不馁；整个身心处于积极向上的状态，对一切充满信心和希望。

（四）和谐的人际关系

和谐的人际关系不仅是维持心理健康的一个必不可少的条件，也是获得心理健康的重要方法。心理健康的人乐于与人交往，不仅能接受自我，也能接受他人，悦纳他人，能认可别人存在的重要性和作用。同时他也能为他人所理解，为他人和集体所接受，能与他人相互沟通和交往，实现人际关系和谐；在与人相处时，积极的态度（如同情、友善、信任、尊重等）总是多于消极的态度（如猜疑、嫉妒、畏惧、敌视等），因而在社会生活中有较强的适应能力和较充足的安全感。

（五）良好的环境适应能力

心理健康的人能面对现实、接受现实，并能积极主动地去适应现实；能客观地看待周围事物和环境；在环境改变时能面对现实，个人行为符合新环境的要求；能与社会保持良好的接触，对社会现状有清晰的认识；他们既有高于现实的理想，又不会沉溺于不切实际的幻想和奢望中；同时，他们对自己的力量充满信心，热爱生活，独立生活能力强，乐于工作，能在活动中尽情享受人生的乐趣。

（六）优良的意志品质

意志力是人克服困难的催化剂，是心理健康的重要表现。一个心理健康的人在意志品质方面具有行动的自觉性，能主动支配自己的行动，以达到预期目标；具有行动的果断性，善于明辨是非，适当、果断地做决定并执行；具有行动的顽强性，在执行决定过程中，能克服困难、排除干扰，做到锲而不舍、坚持不懈。

（七）人格完整和谐

心理健康的人，其人格结构包括气质、能力、性格、理想、信念、动机、兴趣、人生观等各方面能平衡发展。人格的各个结构要素不存在明显的缺陷；人格作为人的整体的精神面貌能够完整、协调、和谐地表现出来；思考问题的方式是适中和合理的，待人接物能采取恰当灵活的态度，对外界刺激不会有偏颇的情绪和行为反应；能够与社会的步调合拍，也能和集体融为一体。

（八）心理行为符合年龄特征

在人的生命发展的不同年龄阶段，都有相对应的不同的心理行为表现，从而形成不同年龄阶段独特的心理行为模式。心理健康的人应具有与多数同龄人相符合的心理行为特征。心理健康的大学生应该是精力充沛、勤学好问、反应敏捷、喜欢探索的。过于老成、过于幼稚、过于依赖都是心理不健康的表现。

四、正确认识心理健康的标准

值得注意的是，心理健康的标准是相对的。我们在理解和运用心理健康的标准时，应注意以下几点。

第一，一个人的心理是否健康与一个人是否有不健康的心理与行为并不完全是一回事。判断一个人的心理健康状况，不能简单地根据一时一事下结论。心理健康是较长一段时间内持续的心理状态，一个人偶尔出现一些不健康的心理与行为，并非意味着这个人就是心理不健康（或心理变态），只能视具体情况而定，需要专业界定。

第二，心理健康与不健康是一种连续状态，不是泾渭分明的对立面。从良好的心理健康状态到严重的心理疾病之间有一个广阔的过渡带。在许多情况下，异常心理与正常心理，变态心理与常态心理之间没有绝对的界限，只是程度的差异。

第三，心理健康状态并非固定不变，而是一个动态的变化过程。随着人的成长，经验的积累，环境的改变，心理健康状态也会有所改变，既可能从不健康到健康，也可能从健康转变为不健康。因此，心理健康与否只能反映一个人某一阶段时间内的固定状态，并不能代表其一生的状态。

第四，心理健康的标准无论是哪种表述，都是一种理想的尺度。它不仅为我们提供了衡量心理是否健康的标准，而且为我们指明了提高心理健康水平的努力方向。

第二讲　心灵困境——大学生心理发展的特点及心理问题

一、大学生心理发展的一般特征

与高中生相比，大学生的心理活动出现了许多重大的变化，这些变化是构成大学生心理发展年龄特征的基础。一般而言，大学生的心理发展有如下特征。

（一）成熟水平的发展不平衡

人的成熟应具备三个基本条件：①身体的长成，以个体生理成熟为标志，尤其以性成熟为指标。大学生处于青年中期，在这个阶段个体的生理发育接近完成，已具备了成年人的体格及各种生理功能。②心理发展完善，形成了稳定的个性。但是大学生的心理尚未完全成熟，还处于理想、人生观、价值观形成的关键期。③社会化程度提高，以人的社会成熟为标志，即个体对自己在社会中所处的角色、所担负的责任有正确的认识。上述三者中，身体成熟是心理成熟的物质基础，社会成熟是心理成熟的必要条件，而社会化程度的提高，取决于个体的社会实践活动。大学生由于在学校学习时间长，与社会生活有一定程度的隔离，对真正的社会生活没有直接和深刻了解，社会实践活动也比较表面和肤浅，因而，大学生的社会成熟期也自然会延长，在整个大学期间都要为这种社会成熟的完成付出努力。

（二）自我意识的增强与认知能力的发展不协调

大学时期是真正自我认识的时期，大学生所处的年龄阶段和文化水平决定了他们注重内省，注重自我确立，注重自我承担的社会责任。但由于生活阅历、社会实践、社会距离等各种因素，他们对这些内容的认知往往带有幻想的色彩，表现出一定的片面和幼稚，这种不足与他们极强的自我意识不相协调，会一直困扰着他们。

（三）情感丰富而不稳定

由于观察力的提高，思维空间的延伸，大学生的情感越来越丰富、深刻、敏感。由于需要结构的变化，大学生的追求有其独特性，这种追求使他们时常处于波动、迷茫、抉择中，因此他们易受环境变化的影响，心境变化快，情绪冲突多。

（四）性意识发展

性意识是个体心理发展极为重要的方面，对于大学生来说，更是影响他们心理健康的重要方面。大学生的生理发育基本完成，性意识的明朗化与进一步发展是自然的事情，又由于大学校园是年轻人的世界，有许多与异性接触的机会，使他们产生了强烈的按照性别特征塑造个性、追求异性的愿望，这种青春的萌动与性观念性问题处理技巧的不成熟相矛盾，从而带来许多烦恼和不安。这也是大学生成长过程中的一个十分敏感、突出的心理问题。

（五）智力发展达到高峰

青年时期，大脑完全发育成熟，因而智力发展到人生的高峰期。大学生一般思维敏捷，接受能力强，通过专业训练，他们分析问题、解决问题的能力增强，而其智力含有较多的社会性和理论色彩，这会使他们的心理活动的内容极大丰富、扩展。

（六）社会需求迫切

大学生在校园的生活比同龄人长，踏入社会较晚，他们渴望进入社会的愿望更加迫切。在学校，他们关注、评判各种社会现象，希望按照自己的想法去改变社会中各种令人不满的现象，希望用自己的专业知识服务于社会，体现自己的力量，实现自己的价值，这种心理影响大学生的学习态度，并对大学时代的生活质量产生重要影响。

【小试牛刀】

根据大学生的心理发展任务为自己设定3个在大学阶段主要的成长目标，并完成表1-1。

表 1-1　设定成长目标

成长目标	完成情况	阻　力	如何打破阻力实现成长目标

二、大学生心理发展的特点

人的心理是不断发展的，个体从出生到成熟再到衰老的生命历程中，心理都在不断发展变化。大学生一般为18～22岁，正处于人生的青年期（也称成年初期），已经度过了“疾风怒涛”的青春叛逆期，步入相对平稳的阶段，但尚不能履行成人的责任和义务。

从发展心理学方面讲，大学生在大学期间经历着认知能力、情感和人格日趋完善，人生观和价值观逐步稳定的发展过程。其心理发展的特征主要有以下几个方面。

（一）智力发展存在内在矛盾

智力是多种基本能力的综合，包括观察力、记忆力、注意力、思维力、想象力、创造力等，它的核心是逻辑思维能力。人的智力水平从出生后开始迅速发展，20～35岁时达到顶峰。大学生经过十几年的学习训练，到大学阶段，各项智力因素均达到相当高的水平。他们记忆力强、观察敏锐、思维活跃、反应敏捷，表现出强烈的求知探索、开拓创新的倾向。尤为可贵的是，随着知识的拓展、经验的积累和思维能力的提高，大学生不再满足于停留在事物的表层或定论上。一方面他们喜欢探究事物的内在本质，另一方面由于知识、经验的局限和认识方式的不足，大学生在分析问题时容易钻牛角尖，过于主观片面，得出与事实相去甚远的结论。这是大学生心理与社会性发展尚不成熟的表现之一。

（二）自我意识开始成熟，自我控制能力增强

大学时期个体自我意识逐步成熟，主要表现在以下几个方面。

第一，独立意识增强。大学生生理发育基本成熟，社会化程度有了很大提高，心理上产生强烈的成人感和独立感，希望能够摆脱对成人的依赖，向周围人展现自己的主张和能力，不喜欢被旁人过多干预。

第二，自我认识和评价更加全面和准确。进入大学后，随着独立生活的开始，大学生有了更多的自由活动和交际的空间，参照系和社会比较对象都发生了很大变化，于是他们积极开展更深入和丰富的自我探索与发现，在大学这样一个特殊环境里客观地认识自己、评价自己。

第三，自我体验丰富，自我控制水平较高。一方面，由于自我意识的发展，大学生自尊心和自信心增强，他们对他人的言行和态度极为敏感，涉及“我”和与“我”相关的很多事情，都会在他们的内心引起轩然大波，使他们产生强烈的情绪体验——积极的情绪体验使他们蓬勃向上，消极的情绪体验使他们低沉、抑郁。另一方面，大学生自我调控的自觉性、主动性、社会性和持久性也在不断增强，能有意识地对自己的心理活动和行为实施控制，自觉性、果断性、自制性、坚韧性等意志品质得到进一步发展。

【知识加油站】

长大未成年

在向成人角色转变这方面，当今许多青年的生活追求和主观判断正在变得非常滞后，这便孕育产生了一个新的发展时期，即从十几岁末期开始到二十几岁中期结束的始成年期（Emerging Adulthood）。美国心理学家阿奈特（Jeffery Jensen Arnett）于2000年在心理学权威刊物《美国心理学家》杂志上发表的《始成年期——18岁至20多岁一种新的发展理论》一文中，提出始成年期这个全新的概念。始成年期具体指青少年晚期到二十几岁（18~25岁），这是一个独立存在的时期，在此期间，年轻人已经脱离了青少年阶段，然而多数人却没有担负起作为一个成年人应承担的责任，即“长大未成年”的状态。这个时期个人的未来还不确定，在恋爱、职业、世界观三个方面探索各种各样的人生可能性，与人生的任何时期相比，这个时期独立探索生命可能性的范围最大。

始成年期主要有五大特征：①是自我同一性探索的时期；②是一个不稳定的时期；③是一个自我关注的时期；④是一个处于夹层中的时期；⑤是存在各种可能性的时期。

通过对美国不同种族、不同地域个体使用问卷法和访谈法进行调查，得出成年的重要标准是：①独立承担责任；②独立做决定；③经济独立。

（三）人格趋向成熟和完善，职业自我意识逐步确立

人格是具有一定倾向性的心理品质与心理特征的总和。大学阶段是个体人格发展、完善的重要时期，大学生的认识水平不断深化，对现实的态度渐趋稳定，情感由丰富激荡走向稳定，自我意识由分化、矛盾走向统一，意志品质逐步形成。人格的成熟与完善，为大学生步入社会做好了必要的心理准备。

职业自我意识是个体自我意识的组成部分，在个人的职业选择和职业发展中起着重要作用。大学生的专业学习是对未来职业的知识准备。大学生通过专业课的学习、实习、与教师的讨论，慢慢认识了自己的职业兴趣，了解了自身的长处，逐步确立起职业自我意识，为今后职业生涯的发展做好了充分准备。

（四）需要复杂，情感丰富而不稳定

需要是情绪与情感产生的基础。大学生的需要复杂多样，既有衣食住行等基本生活的需要，又有迫切的交往需要和成就需要，还有自我实现和求真、求善、求美的高层次需要。复杂强烈的需要导致大学生的情绪与情感体验丰富而深刻，使得他们不论在日常生活、学习、交往中，还是从事社会活动时，无不带有浓厚的感情色彩。

大学生大多疾恶如仇、善恶分明、正义感强，自我情感体验丰富，注重独立、自尊和自信，大多有强烈的民族自尊心和自豪感，有“天下兴亡，匹夫有责”的社会责任感。但是，大学生生理、心理和社会性的不平衡，使得他们的情绪和情感具有不稳定因素，突出表现在情绪与情感的波动性特点上，即常在两极之间动荡、起伏，时而平静、时而活泼，

时而积极、时而消极，时而肯定、时而否定，时而内隐、时而外显。此外，大学生精力充沛、血气方刚，具有勇往直前的气魄，但容易盲目蛮干，尤其是在感受到挑衅和敌意时，容易情绪失控，呈现出冲动性特点。

（五）人生观和价值观逐渐成熟

人生观是人们对于人生目的和意义的根本看法和态度。价值观是个体以自己的需要为基础对事物的重要性进行评价时所持的内部态度。人们对于人生的认识和看法，归根到底凝聚在其价值观上。

人生观有很多种，比如享乐主义、现实主义、悲观主义……价值观也有很多种，像经济的、审美的、政治的，宗教的……人生观和价值观受文化的影响较大，特别是在社会环境日益复杂、价值观多元化的今天。但个体的人生观和价值观的发展一般来说有着大致相同的脉络，即在青春期萌芽，到高中阶段的青年前期得以迅速发展，在大学阶段达到形成的高峰并逐渐走向成熟。

大学阶段不再有高考的压力，大学生有较多的时间阅读书籍，更深入地思考人生问题，为人生观的最终确立定下了基调。但由于大学生还没有真正涉足社会，所以这并不意味着个体的人生观和价值观不再改变。只有等参加工作以后，通过理论与实践的不断磨合，他们才能最终确立自己的人生观和价值观。

（六）爱情需要与性意识进一步发展

随着大学生生理、性心理的发展，爱情需要与性意识也快速发展起来。他们对异性充满好奇，关注异性；他们追求纯洁美好的爱情，加上大学环境较为宽松，很多学生已开始考虑恋爱问题，并试图建立相对稳定的恋爱关系。不少大学生都能合理选择恋爱时机，处理好学业与爱情的关系，并采取文明健康的恋爱方式。但也有部分大学生在尚不了解爱情真谛时就匆忙涉足爱河，陷入感情漩涡，影响学业，或者不能慎重处理两性关系，酿成悔恨的苦酒。

总而言之，大学生处于刚刚跨入成人行列但并未真正成熟的特殊阶段，其心理虽然一般不再有过大的起伏变化，但在逐步走向成熟的过程中会经历许多的磨砺和考验，因此学会积极适应社会变化、正确面对挫折是十分重要的。

三、大学生常见的心理问题

有关的研究发现，近年来，有严重心理问题的大学生的比例逐年上升，常见的表现主要有强迫症状、抑郁、人际关系敏感、敌对和焦虑等。根据2021年相关数据显示，全球有超过3.5亿人患有抑郁症。其中，我国就有高达5 400万人患有抑郁症，占我国总人口数的4.2%，相当于每1 000个人之中就有4个抑郁症患者。科学研究表明，青年抑郁症的患病率最高，18岁到34岁的青年患抑郁症的人数要高于其他年龄段。对于大学生而言，常见的心理问题如下。

1. 怯懦

胆小怕事，遇事易退缩，容易屈从他人，甚至逆来顺受，无反抗精神；进取心差，意志薄弱，害怕困难；感情脆弱，经不住挫折与失败。一个学生，一旦形成怯懦的性格，往往怀疑自己的能力，怯于与人交往甚至自我封闭，从而形成不良的人际关系，反过来又会加深怯懦。

2. 自卑

对个人能力和品质评价偏低。常伴有一些特殊的情绪体验，如害羞、不安、内疚、忧伤、失望等。自卑感强的学生，处处感到不如别人，无所作为，悲观失望，甚至对那些稍加努力就可以完成的任务，也往往因自叹无能而轻易放弃。

3. 狭隘

受一点委屈或在小事上斤斤计较、耿耿于怀，极易受外界暗示，极易引起内心心理冲突。感情脆弱，意志薄弱，办事刻板，谨小慎微。

4. 嫉妒

看见别人某些方面（才华、成就、相貌等）比自己强而产生的一种羡慕，也不甘心自己无法赶上别人而恼怒的情感及相应的行为。

5. 敌对

遇到挫折引起强烈不满时表现出来的一种反抗态度。往往把教师、同学的建议和帮助理解为与自己过不去，认为周围的人都在轻视自己、伤害自己，因此极为不满。

6. 猜疑

极度的神经过敏，遇事易疑神疑鬼。例如，有些同学看到其他同学背着自己讲话，就疑心他人在说自己的坏话；看到教师有时对自己的态度冷淡，就会怀疑教师对自己有不好的看法等。

【案中观察】

猜疑的苦恼

1. 来访者的基本情况

钱某，女，19岁，工学院二年级学生。她觉得周围的人都讨厌自己，不喜欢和自己交往，想孤立自己。

2. 主诉及主要内容

来访者是辅导员带来的，原因是来访者与男朋友分手了，怀疑是同宿舍同学的挑拨，对同学指桑骂槐，引发纠纷。来访者入学已经一年半了，但和周围的同学关系总是特别不好，特别是与宿舍同学的关系特别不好。“我总是觉得她们5个合伙要孤立我。有一次，她们几个在宿舍，我在外面听到她们谈得很热闹，但我一进门，她们马上就停止了，她们肯定在议论我，还有她们干什么都不叫我。仅仅是宿舍的人还好，不知从什么时候开始，我们班的同学好像都不喜欢我，讨厌我。有的人见我就掉头走开，像躲瘟疫一样。她们为什么都跟我作对？”

经过进一步咨询，我们知道其父母都是老实本分的农民，性格懦弱，其小时候常受邻居的欺辱，而且不敢据理力争，只是忍气吞声。还有她上高一刚住校不久，一位舍友丢了钱，她拙嘴笨舌，不会像别人那样清楚地表达，一紧张，就更说不出话来。舍友就说：“你没拿，紧张什么？肯定心里有鬼。”从此她就不能听到谁丢钱，也不断提示自己别人的东西千万不能动。于是每天都很小心，尽量少跟别人接触，免得惹上是非。和别人交往时，总是不能真心地投入，怀有戒备之心，别人看起来，好像拒人千里之外。

3. 分析诊断和指导

这是一个由心理创伤事件而引发的猜疑性社交心理障碍的案件。来访者之所以形成好猜疑的个性以及由猜疑个性导致的同学交往障碍，主要有以下两个方面的原因：一是由于父母及家庭氛围，其从小常常感到紧张和不安，这种情绪极易使个体对自我价值产生怀疑，而变得敏感和多疑。再加上青春期个体自我意识强烈，特别关注自我评价，这种低自我价值感就加强了来访者不确定和猜疑的个性。二是创伤事件带来的心理影响。别人对自己的误解和猜疑，使自己产生了错误的认知，由不被人信变为不信人，人际交往中没有真诚信任，其人际交往肯定会出问题。

为帮助来访者摆脱苦恼，我们采取以下指导措施。

（1）认清症源（症状来源），消除错误认知。我们让来访者充分认识到：环境可能对我们产生影响，但它不可能决定一个人。决定和影响人的主要是自己的认知方式和思想基础。我们出生和以前的成长环境是无法选择和更改的，但是我们现在长大了，要认识到哪些是我们成长的助力，哪些是我们成长的阻力。对于那些阻碍我们成长的东西，要通过改变认知，调整状态，走向正常的适应道路。使来访者从深层次认识到自己的责任和力量，树立摆脱猜疑和苦恼的信心。

（2）正确看待问题，冷静分析原因。觉得自己不受欢迎，或是别人想孤立自己，这可能是自己敏感多疑所致，实际上并不是这样的。这就要消除主观猜疑和偏见，从而拥有良好的人际交往关系。但是，如果事实上自己真的不受同学欢迎，也不要紧张和焦虑，应该冷静地从自己的为人处世、性格特征、思想方面找原因。

（3）学会全面看问题，加强沟通。任何事物都会有多面性，既要看到其不好的一面，又要看到其好的一面和发展变化的一面。千万不要戴上有色的眼镜看人，要用坦荡的胸怀待人接物。一切结论产生于调查研究之后，没有充足的证据，绝不做结论，更不要疑神疑鬼。

（4）培养健康的生活情趣。例如，多读一些品位高雅的图书、看书画展、欣赏音乐、参加一些有益身心健康的社会公益活动，以及适当进行体育锻炼等。这样，生活充实了，心情愉悦了，就不会胡思乱想、疑神疑鬼了。

7. 抑郁

抑郁是指鲜言寡语、孤独沉默、郁郁寡欢、闷闷不乐，对一切事物都缺乏兴趣，对未来失去信心，一点细小的过失或缺点也会带来无尽的懊悔，遇事总往坏处想，自怨自艾，认为自己是不幸的、被抛弃的人。

8. 人际交往障碍

随着自我意识的增强，大学生们不愿意再依赖家长、教师，希望用自己的眼睛去观察社会，用自己喜欢的方式结交朋友，但由于心理的成熟度有限，适应能力不强，因此在人际交往中会出现一些异常心理，造成人际交往障碍。

（1）自我中心。人际交往是双方的，在交往过程中双方都要获得一定的满足感，才有可能继续维持交往。如果只想自己从交往中获得好处，而不顾及对方的意愿和利益，这种交往必定会失败。以自我为中心的交往主要表现为：强调评价标准的自我性，即我认为是什么就是什么；注重自己目的的实现，即我想获得什么利益就应获得什么利益。

（2）心理不相容。心理不相容即在人际交往中因为他人与自己观点不一致，自己不能获得他人的认同而苦恼焦虑。在心理上有不相容障碍的人，总是将自我束缚在一个狭小的交往范围之内，对他人的一些个性特点往往“看不惯”，因而懒得交往。

在与人交往的过程中，具有人际交往障碍的人常常会为一些在旁人看来微不足道的小事挑起争端。更严重者，当意见相左时，容易意气用事，甚至激化矛盾，将事情引向极端。

【心理自测】

有些时候我们的心情不好，会担心自己是不是抑郁了，现在我们来简单测一测吧！

PHQ-9 抑郁症状自我评估量表

在过去的两周里，你生活中以下症状出现的频率有多少？

（0—没有；1—有几天；2—一半以上时间；3—几乎每天）

①做事时提不起劲或没有兴趣；

②感到心情低落、沮丧或绝望；

③入睡困难、睡不安稳或睡眠过多；

④感觉疲倦或没有活力；

⑤食欲缺乏或吃太多；

⑥觉得自己很糟糕，觉得自己很失败，让自己或家人很失望；

⑦对事物专注有困难，例如阅读报纸或看电视时不能集中注意力；

⑧动作或说话速度缓慢到别人已经觉察，或正好相反，烦躁或坐立不安、动来动去的情况更胜于平常；

⑨有不如死掉或用某种方式伤害自己的念头。

计分方法：按照每道题的选项对应的数值即为该道题的得分，计算均分。

均分说明：

0～0.44（没有抑郁）；0.56～1（可能有轻度抑郁）；1.11～1.56（可能有中度抑郁）；1.67～2.11（可能有中到重度抑郁）；2.22～3（可能有重度抑郁）。

特别说明：

心理测试仅针对“症状标准”进行测试，判断是否是抑郁症还要综合考虑症状持续时间长度、内心的痛苦程度、对正常生活学习的影响程度等。所以测试结果并不能直接判定你是否有抑郁症，需要到心理咨询中心、专科医院进一步进行评估诊断。

第三讲　潜移默化——影响大学生心理健康的主要因素

人的心理健康是一个极为复杂的动态过程，影响心理健康的因素是各种各样的，既有个体自身的心理因素，也有外界的环境因素。社会环境、学校教育、家庭环境与自我因素都是直接影响大学生心理健康的因素。就当前大学生的具体现状而言，影响其心理健康的因素主要体现在以下几个方面。

一、社会因素

大学生虽然身处较为单纯的校园，但毕竟仍生活在复杂的社会中，社会上的难点、热点、疑点问题都会受到同学们的关注，引发其思考，影响其心理与行为。社会因素主要包括社会物质、社会意识、社会风气、社会舆论等。

当今社会，人们对于金钱、物质、地位、身份等种种外在东西的追求近乎狂热。这种拜物风潮，延缓了社会全面进步的进程，人的心灵被扭曲，再加之就业压力增大等一系列问题都严峻地考验着社会成员包括当代大学生的心理承受能力。这使大学生面临着很多挑战，心理上更存在着多方面的压力，包括社会责任的压力、生活的压力、竞争的压力以及整个社会不断加快的节奏所带来的压力等。大学生心理健康问题的出现，正是对当前社会心态的一种折射和集中反映。

另外，社会经济和身份上的不平等，加剧了大学生的心理反差。我国普遍存在的城乡二元结构、贫富差距拉大等社会现实，对大学生的心理产生了不良影响。调查表明，高校在校生中约有20%是贫困生，其中8%～10%是特困生。这些贫困家庭的大学生中有70%以上认为自己承受着巨大的压力；而富裕家庭的大学生，其所承受的压力自然小得多。一些大学生可以开着私家车上学，而一些特困生却要靠到处打工才能维持学业。这种两极分化的现实，无疑造成一些承受力差的特困生心理失衡。

与此同时，文化价值观念的转变激起大学生心灵的“振荡”。我们所处的时代是一个急剧变化的时代。随着西方文明的涌入、网络时代的到来，迅速涌现的新事物、新思想、新潮流，给原有传统的、稳定的价值体系带来很大的影响。

二、家庭环境因素

家庭的影响主要包括家庭的情绪氛围、父母的教养态度、家庭结构和家庭经济状况四个方面。家庭是孩子成长的主要环境，家长是孩子的第一任教师，大学生在步入学校之前，很大程度上是受家庭环境和父母言谈举止影响的。父母的文化程度、职业特点、性格特征、价值观、人生观、教养态度、教育方式，乃至家庭内部关系等，都直接影响着子女的人格和心理素质。家庭教育对大学生的性格塑造和个性形成，世界观、人生观和价值观的确立有着十分重要的影响。

有些家长因为受教育程度较低，多采用简单粗暴的传统家长制手段，这种教育方式，容易使子女形成敏感多疑、自卑易怒、偏执敌对等不健康的性格；溺爱型家庭容易使子女形成随心所欲的个性，同时缺乏忍让的品格，在人际交往中常常以自我为中心；专制型家庭往往过于严厉，子女不敢大声说话，长大以后适应能力差，对人屈从，自信不足，过分抑郁；放任型家庭往往无暇顾及子女成长，把教育子女的任务完全委托给学校，甚至认为“树大自然直”，对子女的成长毫无操心，易使孩子形成自以为是的心理。家庭结构的变化如单亲家庭、重新组合家庭等必然对子女心理有一定影响。家庭经济状况也会对子女心理产生影响，特别是困难甚至贫困家庭的学生易产生心理不适感。家庭环境带来的学生心理问题所产生的影响是深远而长久的。

【知识加油站】

健康家庭的特性

- 家庭成员都接纳彼此，并且在地位上是平等的。
- 家庭成员间注重彼此之间的信任、诚实及开放。
- 家庭成员间有一致沟通的模式。
- 家庭成员间彼此互相支持。
- 家庭成员间共同分担责任。
- 家庭成员相聚时有说有笑、兴致盎然。
- 家庭成员间重视家庭传统及仪式。
- 家庭成员间接纳彼此的差异，同时庆幸每个成员拥有其独特性。
- 家庭成员间尊重彼此的隐私。
- 家庭成员的各种感受都被接纳与处理。
- 家庭成员被鼓励去冒险以及从错误中学习成长。

三、学校教育与环境的影响

学校是学生学习、生活的主要场所，大学生的大部分时间是在学校中度过的。因此，学校生活对学生的身心健康影响也很大。学校因素主要有学校教育条件、学习条件、生活条件以及师生关系、同伴关系等。这些条件和关系如果处理不当，就会影响学生的身心健康发展。如校风学风不振、学习负担过重、教育方法不当、师生情感对立、同学关系不和谐等，都会使学生产生心理压力，如不及时调适，就会造成心理失调，导致心理障碍。具体而言，学校教育与环境的影响主要表现在以下几个方面。

（一）学校教育指导思想

学校教育指导思想正确与否往往决定了一所学校的校风，决定了教师的教学方式和学生的学习方法。如教师为了学生能考出好分数，采取违反学生心理健康原则的教学方法、手段和措施，如搞题海战术等，让学生长期处于一种智力超负荷的紧张状态，则学生容易出现神经衰弱、失眠、注意力减退、厌学等心理问题。

（二）教师素质

学校教育对学生心理发展一个非常重要的影响因素是教师素质，因为教师不仅是学习活动的发动者、组织者，同时也是学生的心理保健医生。教师队伍的素质，如教师的职业道德、责任感、情绪情感、个性和意志品质等，都对学生起着感染作用。所以，要提高学生的心理素质，首先要提高教师的素质。好的教师对学生的成长具有强烈的责任感，无论是班主任、任课教师，还是行政人员，都应以建设和营造有利于学生心理健康的环境为己任，注意自己的言行并承担相应的责任；好的教师能利用心理学的原理对学生进行恰当的奖励和惩罚，因材施教；好的教师能接纳学生的行为，尊重学生的人格，乐于帮助学生；好的教师还能进入学生的内心世界，分享学生情感体验，能理解学生……要做到这一切，首先教师自己必须是一个心理健康的人。

（三）学校人际关系

学生在学校的人际关系良好与否，直接影响着他们的心理健康状况。学生在学校的人际关系主要是师生关系和同伴关系，大量的实践和研究证明，有良好的师生关系和同伴关系的学生，必然充满归属感和安全感，其心理也会得到健康发展；相反，一个师生关系紧张，在班集体中遭到否定、排斥、冷淡，受不到平等对待的学生，必然会产生敌对、自卑、焦虑、恐惧情绪，这对其心理健康会产生不良影响。

（四）学校环境

学校环境可以分为物质环境和心理环境两大类，这两种环境对学生的心理发展都起着熏陶作用。从物质环境来说，校园的一草一木，每一个角落都应给人以美的感受，使学生从中得到教育和心灵的净化。心理环境包括良好的校风、班风以及校园文化建设。良好的校风和班风催人积极上进，使人际关系和谐。这样的环境能使学生的心理健康状况得到改善和提高。

四、个体因素

人的心理、生理疾病是人与社会、自然环境交互作用的结果。外在环境对大学生心理健康的影响只是提供了一种可能性，而这种可能性要转变为现实，最终还要通过大学生自身起作用。所以个体因素是一个人心理健康状况发生变化的内在原因。个体因素包括遗传因素、认知因素、情绪因素、个性因素等。大学生面临一系列生理、心理、社会等方面的适应问题，由于心理发育不成熟，在确定自我同一性过程中经历着种种自我评价与认知的矛盾、迷茫、困惑，心理冲突时有发生，容易导致适应不良，诱发各种心理障碍。尤其是有个性缺陷的人，心理调适能力弱，不健康心理因素不易消除。性格过于内向的人、心胸狭窄的人、孤僻封闭的人、自卑忧郁的人、固执多疑的人、感情脆弱的人，都比个性开朗、乐观的人更容易出现心理问题。

从大学生的生理特点上看，他们处于情绪最动荡的时期，情绪富有冲动性，缺乏冷静的思考，表现在对挫折的判断上往往会以偏概全，使人生蒙上阴暗的色调。处于青年期的大学生们内心敏感又脆弱，很容易受到伤害，这个时期是发生心理障碍乃至精神疾病和自杀的高峰期。

第四讲 安心立命——大学生心理健康的维护与培养

一、大学生心理健康教育的重要意义

心理健康是现代社会进步与人类自身发展的客观要求。心理健康问题已在世界范围内得到重视与发展。对于当代大学生而言，全方位开放为其提供了成才的广阔舞台和更多的发展机会，但同时，激烈的竞争也带来更多严峻的挑战，时代的发展对大学生提出了更高、更新、更强的要求。成才不仅需要掌握知识和技能，更需要开发心理潜能，拥有健康的心理。怎样提高个人的修养，保持心理的健康，增加人格的魅力，优化心理素质已经成为每一个立志成才的大学生必须面对的时代课题。

（一）心理健康是大学生适应现代社会的需要

早在半个多世纪以前，心理学家荣格就曾提醒人们，要防止远比自然灾害更危险的人类心灵疾病的蔓延。他认为，随着人们对外部空间的拓展，人们对心灵的提升却停止了；人们在智力方面收获过剩，心灵方面却丧失殆尽。精神生活的深度不安折磨着现代社会中最敏感的人尤其是青少年学生。面对社会竞争压力，许多学生在学习、生活、人际交往、自我意识和升学就业等问题上苦闷、孤独、焦虑、冷漠……甚至精神崩溃，自杀、杀人等恶性事件频频发生。

具备良好的心理素质是时代发展的需要，是社会全面发展对培养高素质创新人才的必然要求。在现代社会中，挑战与机遇并存。面对社会的迅速变革，每个大学生都会承受来自学习、人际交往、求职择业、事业发展、恋爱婚姻等多方面的巨大压力，需要较强的社会适应能力，培养自信、乐观、创新、合作、进取等良好的个性品质。21世纪的竞争拼的就是人才的心理素质，而心理健康是良好心理素质的基本要求。心理健康教育的目标是提高全体大学生的心理素质，优化每一个学生的人格，帮助学生解决成长发展中的各种困惑及问题，增强适应现代社会生活的能力，开发个体心理潜能，提高心理健康水平，使全体学生都能得到全面发展。

（二）人的心理素质关系到人生的成败

美国教育家戴尔·卡耐基调查了各界许多名人之后认为，一个人事业上的成功，只有15%是靠他们的学识和专业技术，而85%是靠良好的心理素质和良好的人际关系。詹纳是1976年奥运会十项全能金牌的获得者，他从体育比赛的角度也做了类似的表述。他说："奥林匹克水平的比赛，对运动员来说，20%是身体方面的竞技，80%是心理上的挑战。"

一个人心理素质的好坏直接影响他的前途命运。一个心理不健康的人，由于他的某些缺陷如敏感、多疑、固执、自私等人格特点将会影响他与他人的关系。而且，一个心理不健康的人还会影响他的智力水平的正常发挥。例如：一个缺乏自信，容易紧张、焦虑的人面临决定他命运的考试时，常常紧张到不能正常发挥，这样则会错过他人生中最重要的机会。

一个心理素质不好的人，当他面临挫折时总不能采取正确的方式进行处理，从而会直接影响他的前途。有这样一个故事：一个日本青年报考一家大公司，公布考试结果时，他名落孙山。得知消息后，他深感绝望，顿生轻生之念，幸抢救及时，自杀未遂。忽然传来消息，他被录用了。原来是统计出了差错，实际上他的考试成绩名列榜首。但很快又传来消息，说他被公司解聘了。理由是一个连如此小小的人生打击都承受不起的人，又怎能在今后艰难曲折的奋斗之路上建功立业呢？这个故事告诉我们这样一个道理——心理素质太差，光学习优秀是很难有所作为的。

（三）心理健康影响生理健康

研究表明，人的心理与生理之间有着极为密切的互动关系。首先，人的不良情绪会影响人的身体健康。古人认为人有"七情六欲"。所谓七情，是指喜、怒、忧、思、悲、恐、惊。我国古代医学认为，情绪的过度兴奋或思维的过度紧张、激烈，可导致内脏疾病，即怒伤肝、喜伤心、思伤脾、忧伤肺、恐伤肾，强烈的情绪反应是重要的致病因素。科学研究发现，许多疾病的发生、发展和演变过程，心理素质都扮演了重要的角色。现在这类疾病被称为心身疾病。所谓心身疾病，是指那些主要或完全由心理社会因素引起，与情绪有关而主要呈现为身体症状的躯体疾病。这些疾病通常都有生理机能或组织结构上的病变，因此，也有人把心身疾病称为心理生理障碍。下面所罗列的常见疾病都属于心身疾病的范围。

（1）心血管疾病：原发性高血压、偏头痛、心绞痛（冠心病）、雷诺氏病、心动过速。

（2）胃肠系统：消化性溃疡、溃疡性结肠炎、神经性厌食。

（3）泌尿生殖系统：排尿障碍、阳痿、阴冷、月经失调或痛经。

（4）内分泌系统：甲状腺机能障碍、糖尿病。

（5）呼吸系统：支气管哮喘、过度换气综合征、慢性呃逆。

（6）皮肤：荨麻疹、斑秃、神经性皮炎。

（7）肌肉和骨骼系统：周身疼痛症、类风湿性关节炎。

完全可以预见，随着研究的不断深入，人们一定还会发现心身疾病的家族成员远不止这些。心身疾病的心理病因是不尽相同的，在此仅举例加以说明。

现在许多人都知道冠心病和 A 型行为之间有着密切的关系。美国医学家费里德曼（Friedman）和罗森曼（Rosenman）把人的行为类型分为 A 型和 B 型；A 型的人急躁，没耐性，争强好胜，易激动，行动快，做事效率高，整天忙忙碌碌，经常感到时间不够用。B 型的人则刚好相反，悠闲自得，不好争强。结果在排除了食物、年龄、吸烟等干扰因素的情况下，A 型人的冠心病发病率明显高于 B 型人，而且容易复发；死亡率也大大高于 B 型人。

在20世纪60年代初期，有人认为，溃疡病的发生，是由于人长期处于不良情绪的激动状态下，通过内分泌的中介作用，使胃液分泌持续升高，结果导致充血的胃黏膜容易形成糜烂的病灶。也有人发现，消化性溃疡病与一定的人格特征有关系，该种病人一般表现为不好交往，行为上总是因循守旧、被动、顺从、依赖性强、缺乏创造性、情绪不稳定，而且过分关注自己。

偏头痛是一种比较严重的慢性头痛病，这种病人的人格特征一般表现为敏感多疑、固执己见、谨小慎微、很容易烦恼，习惯于把愤怒、敌意或怨恨压抑在心里。

目前，在全世界范围内，就总体情况而言，癌症的发病率仍在不断上升，已成为人类生命的大敌。在探索癌症的病因过程中，人们发现经常产生较强烈的不良情绪，如焦虑、愤怒、忧愁、悲伤等，并过度地压抑这些不良情绪，使其不能得到合理疏泄的人，就容易得癌症。关于癌症，很早就有人发现它有自愈现象，最早可以追溯到14世纪。专家们认为，癌症之所以会自愈，是因病人体内的免疫功能大大增强所致。免疫力的增强可以阻止癌细胞的生长，并逐渐由正常细胞取代癌细胞。免疫力的增强与心理因素有密切的关系。抑郁消沉的人，通过复杂的神经体液调节机制使免疫力显著下降，从而促使癌症日趋恶化；而乐观的人则会通过相同的途径使免疫力明显提高，从而抑制癌细胞的生长，使癌症自愈。曾有这样一个报道：美国一个飞行员得了癌症，通过别人介绍服用对治疗癌症十分有效的某种药品后，发现病情有所好转，但过了一段时间之后，他得知所服用的药品为假药，没过几天这位飞行员就与世长辞了。这说明心理因素与癌症的自愈及恶化有着极为密切的关系。

二、大学生维护心理健康的途径与方法

良好的心理素质、完善的人格，是大学生成才的基础。大学生应当通过多种途径、多种方法主动提升自身的心理素质，培养健康人格。这包括积极自助与主动求助等途径。

（一）积极自助

大学生是自身心理健康的主人，要掌握一些心理调适的方法，帮助自己调出好心情，享受生活的快乐，成为自己的心理咨询师。

1. 积极参加心理健康教育活动

心理健康是一门科学，是一门影响大学生终生发展和幸福的学问。大学生要转重智育、

轻德育，重专业学习、轻心理发展的传统观念，积极参加各类心理健康教育活动，学习心理健康科学知识，掌握心理调适的基本方法。比如，可以阅读相关的书籍、报刊，学习相关课程，积极参加心理健康教育讲座、集体培训、成长小组等活动，还可以通过参加心理社团更多地掌握心理健康知识，丰富心理体验，增加社会阅历，提高心理素质。

2. 积极主动地进行人际交往

有人说："一个没有交际能力的人，犹如陆地上的船，是永远不会漂泊到人生大海中去的。"著名心理学家罗杰斯也认为，人与人的交往不仅可以交流思想，而且可以分享许多隐秘的情感，如对未来的梦想、内心的感受、隐秘的冲动……因此，人际交往能力是大学生人生发展的必修课。通过人际沟通和人际交往，可以相互启迪思想、丰富彼此人生，最终促进个人成长，满足自我实现需求。因此，大学生要主动与人交往，既要学会欣赏别人的优点，也要接纳别人的不足，要宽容大度、真诚待人，使自己在良好的人际关系中获得成长。

3. 学会情绪的自我管理与调整

良好的情绪有助于发挥人的潜能，有助于提高学习和工作效率。大学生在学校学习、生活的几年中可能会碰到各种各样的挫折。因此，首先要用积极乐观的心态来看待面临的问题和所处的环境。在面对困难、心里烦闷苦恼时要学会心理自我调适，可以采用适度宣泄法，向知心朋友、教师倾诉或者参加打球、爬山等运动量大的活动，但宣泄时一定要注意场合、身份、气氛，注意适度，应是无破坏性的；也可以用自我安慰法，在遇到困难和挫折，尽最大努力仍无法改变时，应说服自己适当让步，不必苛求，找一个自己可以接受的理由来保持内心的安宁，承认并接受现实，以求得解脱；还可以采用自我激励法，在遇到困难时，运用"我一定行"等指导性暗示来激励自己。

不良情绪有时可能还来自过高的目标，大学生要合理设定目标，使自己的目标与自己的实际能力相符合，减少不必要的心理压力。要建立理性的认知方式，遇到困难时从多个角度思考，保持思维的弹性，不使自己的思想僵化。在大学期间要积极参加各种有益活动，培养自己的多种兴趣爱好，学会自我放松，及时调控自己的不良情绪。

（二）主动求助

主动求助，善于借助外力达成自己的目标，使自己获得最大的发展，也是一个人能力的体现。大学生为保持心理健康可以通过以下方式求得帮助。

1. 关注自己的心理健康状况，主动寻求心理支持

如果在学习和生活中，感觉到自己背负沉重的负担，或感到抑郁孤独、嫉妒猜疑、喜怒无常、无端恐惧、顾虑重重等心理上的不适，且自我调节效果不明显时，要积极向外寻求心理支持。大学生可以向父母、教师、同学、朋友求助，或及时到学校心理咨询机构进行心理咨询，在咨询师的帮助下尽早走出心理的低谷。

2. 正确理解心理咨询，愿意解决发展中的问题

心理咨询指受过咨询心理学专门训练的专业人员运用心理学的知识、理论和技术，针对来访者的各种适应与发展问题，通过协商、交谈、启发和指导等，帮助求询者达到自立自强、增进心理健康水平和提高社会适应能力的目的。

心理咨询的方式有个别咨询、团体咨询、电话咨询和网络咨询等，应依据自己的实际情况和需求，采用不同类型的心理咨询方式。心理咨询最重要的原则是保密原则，即在不危害来访者自身或他人安全的条件下，咨询师对来访者所谈的内容及全部信息，包括来访者的姓名及其他身份信息予以保密。因而接受心理咨询可以保持放松的心态。

【心理训练】

九宫格日记

九宫格日记是一种新的写日记方式，即在九个方方正正的小格子内，像做填空题那样“对号入座”，填写上相应的内容，就完成了一篇日记，整个过程几分钟就可完成。

这是著名的“晨间日记”创始人——日本人佐藤发明的。九宫格日记的主要内容有：开心的事、助人的事、计划/工作/备忘、今日进步、心情/感悟/灵感、关注/八卦/新闻、健康/饮食/体重、梦境等，正中间的那格是日期/天气。九宫格日记通过将生活中的经历分门别类简单记录，能帮助个人更好地认识和反省自己的行为，督促其完成计划、达成目标。晨间日记范例如表1-2所示。

表 1-2　晨间日记范例

开心的事： 受到教师的表扬	助人的事： 帮寝室同学打水	计划/工作/备忘： 买杂志
今日进步： 没发牢骚	日期/天气： 1 月 4 日，晴	心情/感悟/灵感： 当断不断，必受其乱
关注/八卦/新闻： 360 和腾讯较劲呢	健康/饮食/体重： 同学说我太瘦了	梦境： 我变成了一条鱼

【阅书观影】

1. 书目推荐——《心理学改变生活》，伊斯特伍德·阿特沃特、卡伦·达菲著

本书写给那些有兴趣在生活中应用心理学的知识和原理，以更好地认识自己，更好地生活的读者。心理学看似神秘，实则有迹可循。人作为个体参与社会，从小到大、从恋爱到结婚、从职场到生活，无数磕碰与烦恼，无数自省与调节，都有心理学的踪影。心理学渗透在生活的各个领域，影响和改变着我们的人生。本书从个人、职场、恋爱、家庭等方面，多角度、多层次地讲解了心理学对生活的巨大影响，结合大量真实心理案例，向读者传授了多种控制负面心理、走出抑郁生活的实用心理调节技巧，再辅以丰富多样的人格测

试和心理测验，帮助读者增长智慧，轻松应对生活中的各种压力。

2. 影视推荐——《头号玩家》

故事发生在2045年，虚拟现实技术已经渗透人类生活的每一个角落。哈利迪一手建造了名为“绿洲”的虚拟现实游戏世界，临终前，他宣布自己在游戏中设置了一个彩蛋，找到这枚彩蛋的人即可成为绿洲的继承人。通过各种考验的男主角在接手绿洲之后，决定每周停止游戏两天，让玩家多接触现实，与家人在一起。这部影片想向观众传达的意思是游戏是一种消遣和娱乐的方式，当一个人过于沉迷游戏后，他会与现实脱离。

主题二　独在异乡为异客——适应篇

最高明的处世术不是妥协，而是适应。

——吉姆梅尔

【活动任务书】

<table>
<tr><td>活动名称</td><td>提升我的适应力</td><td>姓名</td><td></td><td>完成时间</td><td></td></tr>
<tr><td rowspan="2">目标</td><td colspan="5">学习目标：
通过适应性训练，尽快适应新的环境</td></tr>
<tr><td colspan="5">思政目标：
1. 科学对待人生环境，促进自我身心和谐
2. 树立适应社会主义精神文明建设的道德观念和行为规范</td></tr>
<tr><td>任务</td><td colspan="5">1. 给自己确定一个目标
2. 按照这个目标明确自己应做哪些事</td></tr>
<tr><td>实施过程</td><td colspan="5">1. 制订计划、明确任务
2. 按照计划分步实施
3. 总结、评价</td></tr>
<tr><td>注意事项</td><td colspan="5">制定目标应与学习和校园生活有关</td></tr>
<tr><td rowspan="3">组员及
分工情况</td><td>队号</td><td colspan="2"></td><td>队长</td><td></td></tr>
<tr><td>队员</td><td colspan="4"></td></tr>
<tr><td>任务分工</td><td colspan="4"></td></tr>
</table>

【心理导航】

大山里走出的大学生

小伟是某商学院大一新生，他来自西北偏远山区，家庭贫困并且自幼多病，因为刻苦努力考上了某民办高校商学院本科实验班。本来他应该充满希望地开始新的学习和生活，入学一段时间之后，却逐渐悲观失望起来。原来，他与周围来自城市的同学相比，在许多方面相差悬殊。例如：城市的同学英语基础较好，而他在家乡没有条件接受英语的听说训练，口语和听力很差，学得十分吃力；城市的同学善于交际，而他的交际方式单一，很少与别人交往，因而感到孤独；城市的同学多才多艺，打球、唱歌、跳舞、计算机等学起来都很快，而他接受这些就要慢得多；此外，在经济和生活上的差距就更加明显了。于是，小伟认为自己永远无法与别人相比，无论怎样努力也难以获得成功。大学的学习和生活对他来说成了沉重的负担和令人窒息的压力，小伟逐渐失去了以往的自信。

想一想：

（1）面对大学的不适应，小伟应该如何调整？

（2）你进入大学后，和中学相比有哪些变化？你是否适应新的环境？

第一讲　入乡随俗——适应的含义

一、适应及心理适应

“适应”这一词在生活中经常会出现，人一辈子需要适应很多东西，比如：天气、饮食、生活方式、男女朋友之间的关系、从繁华到寂寞、从富贵到贫穷等，都需要有一个适应期。

从“适应”这词的本身而言，它是一个主动性很强的动词，需要人积极地去应对这个挑战。很多时候人会选择放弃，这其中有各方面的原因，有他人给的，也有自己给自己的，关键是你是否已经确定自己所要做的。如果不确定，那请先把自己的状态调整好，等自己稳定了再说，否则会提高自己的错误率，造成不必要的麻烦。而解决这些麻烦将会用掉自己很多宝贵时间，也许会增加适应所需要的时间，也许会直接失去机会。

而“适应”本身更关注的是心理上的适应。无论哪个环节，人的心理都是决定形势发展的重要因素。这种心理上的适应也是彼此的，因为适应本身也是充满相互性的，就像打移动电话一样，只有你自己的手机有信号是没有用的，需要对方的也有信号，否则很难沟通，更别谈了解和适应了。

我们常说的心理适应，主要指各种个性特征互相配合，适应周围环境的能力。一个人能否尽快地适应新环境，能否处理好复杂重大或危急的特殊情况，与他的心理适应性高低有直接的关系。

【小试牛刀】

以下哪些行为可能是适应？

（1）日出而作，日落而息。

（2）蝗虫在夏季是绿色的，在秋季是褐色的。

（3）小华在11月就准备好了冬季的棉袄。

（4）熊在冬眠之前大量吃东西，在胃里储存很多食物。

（5）学校组织学生进行模拟考试。

二、心理适应过程

从心理学的角度研究适应，可以看到适应包括以下几个主要步骤：第一，是需要（或动机）的存在；第二，是阻止这种需要得到满足的阻挠存在；第三，是个人提供的一个又一个克服这些阻挠的各种各样的行为反应方式；第四，是反应导致了减轻紧张即解决问题的结果。

（一）需要——人皆有之

著名心理学家马斯洛对人的动机进行了研究，他认为人的需要可以分为五个层次。

一是生理的需要，即对食物饮料、居住及性的需要等。这是人生存的基本需要。

二是安全感的需要。每个人都有安全感的需要。每个人都希望有人关心他、爱护他，从而使他获得一种安全感。每个人都希望自己具有某种技能和比较稳定的职业，使他在社会生活中有一种安全感，从而在心理上保持一定的平衡，否则就会产生恐惧与不安。

三是归属和爱的需要。马斯洛说："爱是一种人与人之间健康的、亲热的关系，它包括了互相信赖。""爱的需要涉及给予和接受爱。"每个人都希望得到别人的爱和友谊，希望被一个团体所接纳，否则就会感到紧张或不安全。

四是尊重的需要。马斯洛发现，人们对尊重的需要可分成两类——自尊和来自他人的尊重。自尊包括对获得信心、能力、本领、成就、独立和自由等的愿望。来自他人的尊重包括威望、承认、接受、关心、地位、名誉和赏识等。一个人不能得到自尊与他人的尊重就会紧张、失望，产生情绪波动。

五是发展的需要。这是人的最高层次的需要。他认为人在基本需要得到满足之后就会产生一种发展的需要。这种需要使人更有自发性，更完整、更完善、更丰富、更和谐、更自由，使人能够最大限度地追求自我价值的实现。

（二）阻挠——适应的困惑

阻挠是指个体不能利用其现有的习惯机制来满足已产生的需要（动机）的情况。比如，一只猫饿了的时候，它只需吃掉面前的食物就可以了，这是它的习惯机制。但当把它关在迷笼里，它不能直接吃到食物时，已有的习惯机制不能达到对问题的恰当解决，这就要求它必须建立一种新的机制，来减轻由饥饿引起的内驱力的刺激，才能得到满意的结果。对于人类来说，如果对某种环境已经建立了某种可以适应的机制，这就是习惯机制。但是，当环境发生变化，这一套习惯机制不能解决问题时，就发生了阻挠。面对阻挠状况，人们便会产生不同程度的紧张与焦虑。

阻挠出现的情况大体有三种：一是环境的阻挠。例如，想骑车上学，可天下起了大雪，路非常滑，于是使骑车上学活动受到了阻挠。又如，到了一个新的学习、生活环境，学习内容、生活方式和人员特点都与先前有了很大的不同，如果还用以前的生活方式就很难适应了。二是个人的缺陷，即个人生理上、智力上、能力上的某些缺陷。例如，一个个子矮小的学生想要报考外交学院，身高不足的生理缺陷使他想当外交官的动机受到了阻挠。又如，一位学生很想竞选学生会主席，但表达能力欠佳，使他的动机实现受到了阻挠。三是一些相反需要的冲突。例如一个新入学的学生，一方面需要马上静下心来集中精力学习，另一方面又非常思念父母，这两种需要相互冲突，使他产生紧张不安的情绪，他需要寻找一种新的适应机制来适应大学的新生活。

（三）反应——寻求成功的适应

美国心理学家桑代克在做过迷笼实验后认为，猫在迷笼里，为吃到笼外的食物而乱跳、乱咬、乱抓的反应是一种尝试与错误的反应。猫是在用过去已经建立的习惯机制来解决问题的，当种种尝试不能解决问题时，就成了错误的反应方式。当猫持续这种反应方式，直到偶然碰到了笼门的开关，冲出笼门，吃到食物，问题才解决了。它撞开笼门开关的反应方式是新的适应方式，但这是动物的盲目的反应。而人在面临一种新的情境，用以往习惯的反应方式尝试解决问题失败时，就会主动寻找一种新的能够解决问题的反应方式。人适应环境的效果很大程度上取决于他不断变更自己的反应，直到取得成功为止。当人们还未能找到一种成功地解决问题的反应方式时，常常在情绪上表现出紧张、焦虑、沮丧的情形。因此，人们在面对不适应时，一方面要积极尝试，寻找成功解决问题的反应方式，另一方面要保持一种积极解决问题的心理状态，消极的心态不利于思考新的解决问题的方式。

（四）适应——消除紧张

从心理学的观点看，构成一个问题解决的唯一标准就是能够减轻紧张。只要任何一个反应能够减轻个体的内驱力所引起的紧张，原来的活动就要结束，这就算是一种适应问题的解决。行军途中干渴的战士，喝到了甘甜清凉的泉水，消除了由干渴引起的内部紧张状态，从而使问题得到了适当的解决。行军途中始终没遇到清泉，讲一段小酸枣的故事，也能缓解由干渴引起的内驱力紧张，也是一种适当的解决问题的方式。心理咨询虽然不能帮助人们解决他们实际生活中某具体事件的问题，但可以提供给他们一种新的适应心理，减轻他们的冲突与紧张，这也是一种解决方式。

三、心理适应评价

每一名大学生都很关注自己的心理适应水平，但心理适应是一个动态发展过程，或者说，人的心理适应是无止境的，并不是一成不变的。我们可以通过一个简单的自我评价来大致了解自己的心理适应水平，加深对自己的了解，从而进行自我调节。

【心理自测】

你适应新的环境吗？

（1）周末我常常觉得没事可做。　　　　　　　　（分数：　　）

（2）我对自己考入这所学校而感到高兴。　　　　（分数：　　）

（3）我很喜欢校园里的自然环境。（分数：　　）

（4）我对学校里的课外活动感到满意。（分数：　　）

（5）学校里的娱乐设施不能满足我的需要。（分数：　　）

（6）我认为学校里的风气很好。（分数：　　）

（7）我觉得学校的硬件设施还可以。（分数：　　）

对以上陈述，请按照1～5分的评定标准，在每道题的后边写出你的选择分数。

非常符合（5分），符合（4分），无所谓（3分），不符合（2分），非常不符合（1分）。

要如实填写，然后把每个题目得分相加，得分越高，说明你的心理适应水平越高。

第二讲　适者生存——大学生生活的适应

大学阶段是人生的重要时期，大学一年级是整个大学生活的起步阶段。在这一时期，大学新生们要经历很多转变、适应和成长。

一、由个人成长到共同生活——集体生活的适应

大学的集体生活是新生迈开人生独立生活的第一步。在大学，一个彼此关心、相互谅解的集体，会给每一个同学带来开朗的心境和愉快的气氛；而一个人心离散、感情淡漠的集体，会使人觉得压抑、难受，而且人也会变得自私。生活在一个温暖的班集体、寝室集体中，是每个大学生的愿望，也需要大家的共同努力。

1. 尽快提升集体凝聚力

从群体的角度来说，建设良好的班集体和寝室集体，就是增强群体的凝聚力。新生刚入校，相互没有成见，都有新鲜感，教师、学生干部和每位同学都要趁此时机树立良好的班风和寝室风气，共同建设团结互助、积极向上的新集体。为达此目的，可以组织形式多样的活动来活跃大家的思想、丰富大家的生活；设法发挥每个成员的积极作用，树立班级成员的主人翁意识；还应注意体察他人的疾苦，尽力帮助他人排忧解难，使大家感到集体的温暖，增加集体对大学生的吸引力。

2. 形成集体生活意识

大学新生从一开始就要养成符合大学集体生活特点的有规律的良好生活习惯，逐渐形成集体生活意识。

（1）要有集体作息制度的观念。大学的作息制度是根据大学生年龄的心理特点和学校多年教学活动的规律制定的，大家都应该遵守。如果不能合理安排学习和休息的时间，要想取得好的成绩是不可能的。从学校的教学秩序上看，没有统一的作息制度，学校也不能高效运转。因此，每个大学生都应自觉地遵守学校的作息制度。

（2）要有集体生活的观念。集体生活是由无数烦琐的生活小事组成的。从统一的作息时间到轮流值日，从保持室内清洁到保证开水供应，从个人衣物的放置到室内空间的整洁

优雅，从大家言谈笑语中的互相尊重与礼让到不同个性的互相包容……这些看起来也许是平凡的小事，却是集体生活赋予每个人的同等权利和义务，是对每个大学生待人处事、品德修养的检验，是形成积极向上集体风气的重要基础。

（3）要学会换位思考。由于大学是集体生活，大学生饮食起居、学习娱乐都在一起，因此，自己的一言一行、一举一动都要为别人想一想，要以尊重换取尊重，以关怀赢得关怀，以快乐换取快乐。创造温暖的集体不应等待别人的努力，每个人都应从自己做起，要学会关心集体、严于律己、宽以待人。

由于受青春期闭锁心理的影响，大学新生与新同学接触时，总习惯以高中时的好友为标准加以衡量，因此常常会觉得新面孔不太合意，宁愿采取被动接受的态度，从而阻碍了互相间的沟通和交流。此外，在高中阶段，上大学几乎是所有高中生最迫切的目标，在这个统一目标下，找到志同道合的朋友很容易。但进入大学以后，个人的目标和志向会发生很大的变化，要找到在某方面有共同追求的朋友，就需要较长时间的努力。

进入大学后，宿舍卫生要自己打扫，衣服要自己洗，生活用品要自己买，日常开支要自己计划，学习时间要自己安排，有太多太复杂的生活适应问题等待着大学新生们。由于大学是集体式的大家庭，同学们从四面八方走入一所大学，同住一个宿舍，生活习惯却不同，只有积极主动地与大家交流、相互理解，才能共同维护和适应新的环境。能迅速融入环境、接受他人，是现代人的必备能力。感到孤独时，应主动走出去看一看、聊一聊、玩一玩，心情会改变，眼中的世界就会改变。

二、由严格监管到自主自律——管理方式的适应

大学管理制度与中学的相比，变化主要体现在教学管理、公寓管理与学生管理方面。从教学管理上看，大学已实行学分制，学分是衡量学生是否完成教学要求的标准。学生不受学习时间的限制，根据自己的实际情况，可提前修满学分提前毕业，也可以延长学习时间；从公寓管理上看，大学更多强调学生的自我管理、自我教育、自我服务与自我约束；从学生管理上看，大学的管理属于全面管理、网络管理，学校各个职能部门都直接参与学生管理，如思想教育管理、学籍管理、宿舍管理、课外活动管理、学生组织和社团管理等。

在中学，学校对学生的管理和学习指导都比较具体，校规严格，学生自由支配的项目和时间不多。相比而言，大学的管理制度较为宽松，大学里鼓励学生的个性发展，大学生在学习科目、时间支配、生活安排等方面的自由空间相对较多，但也会使人因为不知道如何安排而产生困惑。有的学生甚至因为过度放松导致学业荒废，这样的情况在高校中时有发生。

大学生活对大学生的自主自律提出了严峻的挑战。绝大多数大学新生都是远离自己的家人，孤身一人到异地求学，其中大多数同学是初次离开父母独立生活的。在大学，衣、食、住、行全靠自己，要求学生有一定的生活自理能力。另外，同寝室五六个人，有些同学也会很不习惯。大学新生要尽快进入角色，尝试用更高的要求来约束自己，学会有计划地分配自己的消费支出；随着季节的变化适时增减衣物；在集体中生活，还要有宽阔的胸

怀，要乐于助人，团结友爱。

三、由应试教育到专业教育——学习模式的适应

大学教育是专业教育和通才教育的结合，一方面，课程门类多、内容深入新颖、教学节奏快、自学时间多；另一方面，在一个班级授课的教师较多，与学生在课后的沟通较少，学习效果及知识的巩固全靠自觉。

从中学到大学，是从被动的“要我学”向主动的“我要学”学习模式的转变。大学已经不可能再像中学那样对学生学习的过程监管得那么具体、细致；在学习时间的支配上、学习计划的安排上、学习潜能的发挥上，大学新生都有了更加广阔的天地。因此，大学生应该提高学习的自觉性，充分发挥学习的主观能动性，做学习生活的真正主人。

（1）大学生的学习内容上，具有较强的专业性、职业定向性和实践性，要求学生不仅要掌握本专业各学科的基础知识，还要有较强的实际应用能力。因此，大学新生必须调整自己对大学学习的认识，尽快适应学习内容上的重大改变。

（2）在学习方法上，大学生以自主性学习为主，学习的独立性、批判性和自觉性的要求提高了。此外，大学生还必须把课内的知识与课外的学习相结合，注重知识的应用，这对未来职业生涯的成功具有重要意义。因此大学新生要尽快调整学习方法，注意培养自学能力，学会制定学习目标，合理安排时间，学会查阅各种专业资料，学会记笔记、写摘要、作综述，学会独立自主地获取知识；不盲目崇拜学术权威，要相信自己通过独立思考和探索所得到的结论。

（3）大学新生还要注重实践环节，积极参加一些学生组织和社团，争取一些假期打工的机会，通过各种途径培养自己独立学习和工作的能力。

四、由简单单调到丰富多彩——课余生活的适应

高校一般地处繁华的都市，城市的文化环境和各种信息给大学新生必然带来不同程度的影响和冲击。如何安排好课余生活也是摆在新生面前的一个问题。

成为大学生后，学生接触的社会面加宽，精神领域扩大，同时放下了高考包袱，兴趣压抑得到消除。相对于中学生活的简单单调，大学的课余生活是丰富多彩的，课余活动异常丰富，学生可凭自己的兴趣与能力参与各种文艺、体育、社交等活动。从高考压力中解脱出来的大学新生在思想、精神及行为上都有轻松感，有的学生甚至还抱着“中学用了功，大学松一松”“中学吃了苦，大学补一补”的思想。主要表现为：学习上有不同程度的懈怠，思想上放松了对自己的要求，将更多的精力投身于学习之外的其他活动。其实大学里仍然充满竞争，学习仍是大学生在大学的主要任务。学习、生活及其他精神文化领域都需要大学生有新的、更高的能力去适应，面对多样的选项，大学生应当学会根据自己的特点和需要做出正确的选择。

【知识加油站】

大学新生心理要注意“十多十少”

（1）多一点自信，少一点自卑。
（2）多一点自主，少一点依赖。
（3）多一点主动，少一点被动。
（4）多一点和气，少一点脾气。
（5）多一点好行为，少一点坏习惯。
（6）多一点自制，少一点放纵。
（7）多一点理解父母挣钱不易，少一点花钱大手大脚。
（8）多一点清醒，少一点糊涂。
（9）多一点坚强，少一点软弱。
（10）多一点时间意识，少一点浪费生命。

第三讲　随遇而安——大学生有效的心理适应途径

当新生步入大学校园，开始正常的学习和生活之后，最初对大学校园生活的憧憬与梦想逐渐消退，他们所要面临的是一段艰难的心理适应期。对于那些缺乏心理准备的大学新生来说，可能产生不同程度的适应困难。能否在这个过程中做好充分的心理准备，能否在心理转型与重塑的过程中成功进行大学生角色的转换，将直接影响到大学期间的学习、生活的质量。因此，我们必须寻求一个有效的心理适应途径。

一、思考目标定位

大学新生入学了，校园里一片热闹，同学们朝气蓬勃。但时隔不久便会发现，一些同学的情绪出现了异常，开始懒散起来了，他们逛街、打牌、睡懒觉。一眨眼，一个学期、一个学年过去，他们的功课都在60分左右，有的甚至不及格，要补考。可以说这些现象是年复一年地出现。心理学告诉我们，人们的生活环境改变后，会出现这样或那样的不适应，产生这样或那样的情绪问题，不足为奇。但每个人在意识到这点后，就应及时调整自己的心理，以避免异常情绪产生破坏性后果。因此，一个问题摆在新同学面前：必须学会及时调适自己的心理，设定目标，并努力实现所设定的目标。

设定目标，及时实现角色转换。新同学的大部分情绪问题起源于不及时转换角色，因此，调适自己的心理，首先要从这方面入手。社会是个“舞台”，每个人都是个“角色”。人的社会角色不时会转换，由中学生变成大学生，这便是一种角色转换。社会角色转换了，可是有的人的角色意识仍是旧的，例如当了售货员了，在柜台上仍像个顾客。我们的同学呢？已是大学生了但行为举止仍像个中学生，许多情绪问题便由此产生了。有的同学不认真学习、爱玩、爱睡懒觉，问他为什么，他说：“考完高考，累极了，先歇口气再说。”这是一种过分放松自己的有害情绪。有的新同学才开始上课就哀叹读错专业入错了门，他们常用懒懒散散来表达自己的不满意，可以说，他们仍站在角色之外。还有，大学里强调自学，学习方式与中学大不相同，有的同学不了解这点，上课不做笔记，课后不复习，悠闲得很，他们是“走了样”的角色。可见，角色意识如果滞后，人的情绪便会被扭曲。

出名的演员有句共同的名言：进入角色才能演好戏。角色转换需有个过程，但不能过长。实现角色转换的好办法是首先为自己设定一个发展目标。大学生活是人生道路定向的阶段，将来向哪个领域发展，在这个阶段就基本定下来了，一定要记住自己扮演的角色，堂堂正正地演好它。

大学阶段的发展目标并非一入学就确定了，而是经历一个从失落到重建，再到确定的过程。刚一入学的学生普遍存在目标失落的问题。这种失落主要是阶段目标和具体目标不清楚，最为突出的是第一学期的学习目标不清楚、不明确。主要表现为：不清楚大学学习的几年究竟该干什么，每个学期、每个月、每天该干什么。

在目标失落阶段，大学生们普遍感到焦虑不安。这一阶段过后，多数学生开始回顾自己走过的路，分析自己的得失与经验教训，开始思考自己的专业发展。这一阶段是目标重建阶段，主要表现为：专业发展方向的明确和学习目标的确立。

大学生经历目标失落到目标重建的过程显示出很大的个体差异，有的学生这一过程时间较短，这些学生主要是进入大学后就有较明显的学习目的，主导目标明确，有助于其他目标的确立。也有少数学生始终没有正确的目标，或用非学习目标代替学习目标，因此始终进入不了角色。

制定明确合理的目标应满足以下条件。

1. 符合社会与时代的要求

理想不是幻想，它源于现实而又高于现实。对大学生而言，首先要了解什么样的学生受社会和用人单位欢迎，什么样的学生不受社会和用人单位欢迎，这样才能做到心中有数。

2. 适合个体特点，扬长补短

最好的不一定是最适合的，最适合的则一定是最好的。被誉为20世纪最伟大的心灵导师的戴尔·卡耐基指出：“每一个人都应该根据自己的特长来设计自己，量力而行。根据自己的环境、条件、才能、素质、兴趣等确定发展方向。”大学生可以通过正规心理测试来了解自己的性格类型、能力类型、职业倾向等，从而正确认识自己，并制定相应的发展目标。

在了解了自身特点、兴趣和外界的要求，有所准备之后，经过冷静地整理，便能汇总设立一个清晰而合理的总体规划目标，继而以此为标杆，向下延伸细分出阶段性的指导思想。具体来讲，在大学期间，应该对学习、专业、人际关系、情感、健康、休闲、自我成长、社会实践等方面的经历应有一个具体而又科学的分配。这样你会清楚地了解自己的短处和长处，从而以更加良好的心态和精神面貌去度过大学的生活。

二、管好自己的时间

（一）时间管理的意义

数学家华罗庚有句名言，“凡是较有成就的科学工作者，毫无例外地都是利用时间的能手”。时间是一种特殊的资源，时间是不能制造的，也不能租用和借用；时间是买不到的，每个人的时间都是那么多，你无法从别人那里买来；时间的供给是固定的，没有任何弹性，谁也没有办法增加时间的供给；时间的消耗也是固定的，谁也没有办法阻止时间的流逝。总之，时间是一种特殊的、无可替代的、不可缺少的稀有资源。

时间管理对于大学生来说十分重要。有研究表明，对时间管理的能力越强，则成就动机就越强，自尊水平就越高，健康状况就越好，主观价值感和幸福感就越强。时间管理行为可以有效地缓解大学生的时间压力，提高学习成绩，从而提高学生的学习满意度。另外，有效的时间管理还能起到调节作用，降低压力带来的焦虑和抑郁。

（二）制定合理的时间管理表

怎样充分利用时间呢？要做好协调分流，切忌平均分配时间，要把自己有限的时间集中在处理最重要的事情上；切忌每样事情都抓，要有勇气并机智地拒绝不必要的事情和次要的事情。

【小试牛刀】

制作一张时间管理表（见表2-1）。

表 2-1 时间管理表

目 标	现状分析	任务安排	时间分配

（三）充分利用自由的时间

大学生需要处理好两类时间：第一是属于自己可以控制的时间，称作“自由时间”。没有“自由时间”，完全处于被动、应付状态，是无效或低效的；第二是属于对他人、他事的反应时间，称作“应对时间”，不由自己支配。没有“应对时间”，实际上也就侵犯了别人的时间，因为个人时间的完全自由必然会造成他人时间的不自由。

【知识加油站】

谁是“时间窃贼”

时间管理学研究发现，人们的时间往往是被以下十大“时间窃贼”给偷走的。（1）找东西，如果不把自己的物品管理好，每年需要浪费6周多的时间找东西；（2）懒惰，没有任何时间概念；（3）时断时续，做事不连续；（4）一人包打天下，什么事情都自己做；（5）偶发延误，事前准备不周密，解决事中突发情况必然浪费时间；（6）惋惜过去或空想未来；（7）拖拖拉拉；（8）对问题缺乏理解就匆忙行动；（9）消极情绪；（10）分不清轻重缓急。

三、善于寻求支持

（一）大学生的社会支持

当大学生进入大学之后，离开了熟悉的人群，离开了熟悉的环境，来到一个陌生的人际互动群体中。在社会关系环境上的重要变化要求大学生在大学的新环境中重新建立人际关系，获得在适应中具有关键意义的社会支持。对于大学生来说，不同的社会支持来源所提供的支持在不同的阶段具有不同的特点，并且在转折期具有不同的变化趋势。在进入大学之前，父母与兄弟姐妹提供的支持相对较多，教师也是重要的支持源，而同学提供的支持程度较低；进入大学后，各支持源提供的支持程度均发生变化。入学初期，父母的支持程度相对较高；而一个学期以后，同学的支持程度明显上升。这表明，尽管进入大学的转折意味着个体脱离父母的庇护走向独立，但是父母仍然是转折期相对稳定的、重要的支持源；同时，同学所提供的支持在个体生活中的重要性逐渐上升。

（二）有效利用外部资源建立社会支持系统

对于大学生而言，可以利用的外部资源大体分为两类：一类是家长、同学、教师以及各类专业人士（如心理咨询师）；另一类是图书、报刊以及网络媒体等。大学生要充分利用好这些资源，抓住任何学习的机会去汲取知识和别人的经验，从而建立新的社会支持系统。

（三）开发内在资源，保持良好心态

当你遇到学习、生活、交友等方面的压力时，除了想到可以依赖外部资源的支持，你还想到了什么？其实，还有一个最关键、最重要的支持资源——自己，通过调整自己的认知，磨炼自己的意志，积极投身行动，会让我们的心灵得到呵护并保持健康。

【知识加油站】

专家建议，可以根据自己的需要采取以下方法开发内在支持资源。

1. 自我调适法：自我激励、自我暗示、催眠法、自我宣泄、自我训练、自我放松、想象厌恶、顺其自然、生物反馈。

2. 积极应对法：解决问题法、积极求助法。

3. 平衡心态法：直视困难、顺其自然、为所当为、安抚心情、树立信念。

在大学生活中，我们的每一次适应实际上就是一次新的成长。大学生涯是人生的一个重要阶段，不同的年级也有各自不同的适应课题。智慧的本质就是适应，一个在大学里主动适应和活跃发展的人必定能够在将来的工作和生活中充满活力。

【心理训练】

滚雪球

目的：在班级建设之初，让班级成员尽快认识班级中的每一个人，体验在人际交往中关注和倾听的重要性。

操作：

1. 把班级成员随机分为几组，人数尽可能平均。

2. 小组成员站成一个圆，逆时针方向开始“滚雪球”式介绍。第一个人介绍自己的姓名、籍贯、宿舍、性格特点（比如：“我是来自××地方的××宿舍的×××”，性格特点以一两个词来简要概括即可）；第二个人先复述第一个人的情况，再介绍自己；第三个人先复述前两人的情况，再介绍自己；依此类推，最后一个人需要复述所有人的情况，最后介绍自己。

3. 每个小组推举一名成员把本小组的成员介绍给大家。分组可不断变换，交叉认识。

成果：大家在欢快的气氛中通过滚雪球式的不断强化，较快熟悉彼此。最后指导教师引导大家谈谈活动体会，看哪位同学通过活动准确记住的同伴信息最多。

【阅书观影】

1. 书目推荐——《人生不设限——我那好得不像话的生命体验》，尼克·胡哲著

作者用他的生命体验来展示自己没手没脚也可以活出超级精彩的人生，活出自己的价值，这完全归功于他对生命的热爱与积极的信心。这本书让读者看到了作者如何面对人生的挑战以及处事的智慧。虽然身患海豹肢症，可他并不以悲情的态度面对人生，而是始终保持积极乐观，在处事上也有他独特的智慧。这本书带给读者的，除了积极的人生态度，还有全新的观念——“我或许并不完美，但我却是完美的我”。

2. 影视推荐——《公主日记》

15岁的高中生米亚与母亲生活在美国，她十分不自信，也常常遭到同学的嘲笑。就在她16岁生日那天，她与祖母见面后发现这个优雅的女士是欧洲小国吉诺维亚的女王，而米亚正是这个国家的公主。刚开始米亚十分不愿，在母亲的调解下米亚的态度才有所缓和。为了让米亚顺利继承王位，女王不得不对孙女进行一系列的改变，令平时生活不拘小节的米亚十分困扰，甚至跟好朋友也发生了冲突。米亚的身份被好事的同学揭露了，她一下子受到了媒体的高度关注。突如其来的一切让米亚想逃避，幸好在父亲日记的帮助下，她重拾了自信。

主题三　横看成岭侧成峰——自我篇

知人者智，自知者明。胜人者有力，自胜者强。

——老子

【活动任务书】

活动名称	表扬与自我表扬	姓名		完成时间	
自我表扬	1. 我是一个 ______________________ 的人 2. 我有 ______________________ 等优点				
表扬身边的人	1. 2. 3.				
听到你的表扬后，TA 的反应是					
小结					
写出 20 个褒义词来夸夸自己					

【心理导航】

“丑小鸭”的苦恼

小朱，女，大一新生。她曾经是一位幸运儿，通过自己的努力考上了理想的大学。但是入学后她发现大学生活没有自己想象中的那么美好，觉得自己与大学生活格格不入。她到学校心理咨询中心咨询时说道：“老师，你没有发现我长得很丑吗？你看我的眼睛不一样大，是先天的弱视，我的嘴唇比别人的难看，又大又厚……总之，好丑呀！上高中的时候，我一直很优秀，成绩总是在班里排名第一。但是我的内心感到很孤独，心情一直很压抑。因为在高三时我喜欢上了同班的一名男同学，也许这就是‘情窦初开’吧！那时我心里感到很幸福，可当我知道那个男生和同班的一个女孩关系很要好，而且从来没有注意过我时，我就理智地告诉自己，尽管我的学习成绩在班上最出色，但肯定是我的长相不够漂亮，所以没能把他吸引过来。因此，我的渴求也是以彻底失望告终……现在，我又遇到相同的问题了。同班一位男孩很喜欢同我讲话，还约我和他一起上自习，可是我很自卑，觉得自己是个失败的人，从来不敢和他正面讲话，说话的时候也总是低着头。每次都是他先和我说话，他主动找我，我没有勇气去主动找他。”

想一想：

（1）小朱为什么会有这样的苦恼？

（2）如果换作是你，遇到这种情况你该怎么办？

第一讲 洞若观火——大学生自我意识概述

“认识你自己”，相传这是刻在德尔斐的阿波罗神庙的3句箴言之一，也是其中最有名的一句。对这句话的传统阐释是：人要有自知，要明白人只是人，并非诸神。可见人对自己的认识是多么重要。

根据第欧根尼·拉尔修的《名哲言行录》记载，有人问泰勒斯：“何事最难为？”他应道：“认识你自己。”尼采在《道德的谱系》中，也针对“认识你自己”这一观点表达了自己的想法，他写道：“我们无可避免跟自己保持陌生，我们不明白自己，我们搞不清楚自己，我们的永恒判词是‘离每个人最远的，就是他自己’——对于我们自己，我们不是‘知者’……”

一、自我意识及其内涵

（一）自我意识的定义

意识的定义为人对于内部和外部刺激的知觉。意识是人类所特有的一种高水平的心理活动。

自我意识既是心理活动的主体，又是心理活动的客体，是涉及认知、情感、意志过程的多层次、多维度的心理现象。我国学者聂衍刚等人认为，自我意识是个体对自己及自己与周围环境的关系诸方面的认识、体验和调节的多层次心理功能系统，它包括自我认识、自我体验和自我控制3个部分。

（1）自我认识。自我认识是自我意识中的认知部分，包括自我观察、自我分析、自我评价等内容。如有人观察自己的形体，分析自己的为人处世，用批评的眼光审视自己等。如果一个人在社会生活中把自己看得没有价值，那么他就会产生自卑感，做事缺乏胜任的信心，其结果是无论做什么事情都难以保证质量。相反，如果一个人只看到自己的长处，就会产生盲目乐观的情绪，自我欣赏、自以为是，结果往往不能处理好人际关系。因此，进行客观、正确的自我评价是一个复杂、毕生的过程，人的自我发展也是一个连续且伴随终生的过程。对自我的认识将会对一个人的健康发展有着不可忽视的影响。

（2）自我体验。自我体验是自我意识中的情感部分，在自我认识基础上产生，通过认识和评价而表现出来的情绪上的感受，包括满意或不满意、优越感、羞怯、自卑等。在人的生活体验中，不仅有肯定的情绪体验，也有否定的情绪体验。行为的成功与失败，总是引起一定的积极或消极的情绪反应。而自我体验的产生是环境与个人内部的心理因素相互作用的结果。如果学生把成绩优异归因于自己的努力和能力，就能提高自我价值并增强自尊心；如果把考试失败归因于自己的努力和能力这些内部因素时，则会降低自我价值并挫伤自尊心。

（3）自我控制。自我控制也叫自我调控，是自我意识的意志部分，是对自己行为和活动的调节，从而了解自己在达到目的的过程中，如何克服外部障碍和内部困难，采取什么手段实现自己的决定，达到自我期望的目标，包括自我激励、自我暗示、自我监督、自强自立等方面。

（二）乔哈里资讯窗

针对自我意识，心理学家乔瑟夫·勒夫和哈里·英格拉姆提出了“乔哈里资讯窗”理论，“窗”指人的自我意识，包括4个部分：“开放我”“盲目我”“隐藏我”和“未知我”（见表3-1）。

表3-1　乔哈里资讯窗

	自己知道	自己不知道
别人知道	开放我（公开区）	盲目我（盲点）
别人不知道	隐藏我（隐藏区）	未知我（未知区）

1. 开放我

“开放我”也称“公众我”，是指自己知道且别人也知道的部分，如性别、外貌、身高、婚否、职业、工作生活所在地、能力、兴趣爱好、特长、成就等。“开放我”是自我最基本的信息，也是了解自我、评价自我的基本依据。

2. 盲目我

“盲目我”是指自己不知道而别人却知道的部分，即“当局者迷，旁观者清”“不识庐山真面目，只缘身在此山中”。如一个人的无意识动作、无意识表情和语言等，自己觉察不到，但别人却能观察到。

3. 隐藏我

“隐藏我”是指自我的隐藏区，是指自己知道而别人不知道的部分，与“盲目我”正好相反。“隐藏我”就是我们常说的隐私、个人秘密等。几乎每个人都有“隐藏我”。

4. 未知我

“未知我”也称为“潜在我”，是指这是自己和别人都不知道的部分，有待挖掘和发现。“未知我”通常是指一些潜在能力或特性，也包含弗洛伊德提出的潜意识层面，仿佛隐藏在海水下的冰山，力量巨大却又容易被忽视。个体只有对“未知我”进行探索和开发，才能更全面而深入地认识自我、激励自我、发展自我、超越自我。

在认识自我的过程中，个体需要注重对“盲目我”的觉察和认识，以及对“未知我”的探索。

【案中观察】

小蜗牛的壳

小蜗牛问妈妈：“为什么我们从生下来，就要背着这个又硬又重的壳呢？”妈妈说：“因为我们的身体没有骨骼的支撑，只能爬但又爬不快。所以要这个壳的保护！”小蜗牛问：“毛毛虫姐姐没有骨头，也爬不快，为什么她却不用背这个又硬又重的壳呢？”妈妈答：“因为毛毛虫姐姐能变成蝴蝶，天空会保护她。”小蜗牛问：“可是蚯蚓弟弟也没骨头爬不快，也不会变成蝴蝶，他为什么不背这个又硬又重的壳呢？”妈妈答：“因为蚯蚓弟弟会钻土，大地会保护他。”小蜗牛哭了起来，说：“我们好可怜，天空不保护，大地也不保护。”蜗牛妈妈安慰他说：“所以我们有壳啊！我们不靠天，也不靠地，我们靠自己。”

二、大学生自我意识发展的特点

（一）自我意识的矛盾性

青年期是个人自我意识迅速发展并趋向成熟的关键时期，大学生正处于这一时期的早期。大学生在这个阶段会经历一个特别典型的矛盾和整合过程。从高中升入大学，学习方式、人际关系和生活环境都发生了巨大变化，大学生的自我意识也发生了巨大变化，显示出强烈的矛盾性特点，主要体现为“理想我”和“现实我”的矛盾。

“理想我”是个人在自己头脑中塑造的自己所期望的自我形象，即“我希望我是什么样的人”。“现实我”是个人通过实践而形成的真实的自我形象，即“我是一个什么样的人”。大学生富于理想、抱负高、成就动机强，对自己的未来充满信心，通常会在脑海中构想一个“理想我”，并将这个“理想我”和“现实我”加以对照比较，一旦发现这两个形象不一致时，便产生很大的苦恼。对于这种矛盾，大学生通常会出现3种不同的情况：第一种是积极实现“理想我”；第二种是大学生发现“现实我”和“理想我”差距太大，经过努力仍无法接近目标；或距离虽不大，但主观上缺乏自我调控的能力，无法实现“理想我”。在这种情况下大学生会调整“理想我”，比如重新评估自己，调整自己的期待和要求，使“理想我”和“现实我”和谐统一；第三种是大学生发现“理想我”和“现实我”差距太大，无法调和二者的关系，进而出现心理问题。

【心理自测】

测一测你的自我意识

下面是17道有关自我意识的问题，请根据你自己的实际情况，将你认为合适的选项填入（　）内。（A.完全不符合，B.不太符合，C.说不清楚，D.比较符合，E.非常符合）

（1）我经常试图描述我自己。（　　）

（2）我关心自己做事情的方式。（　　）

（3）总的来说，我对自己是什么样的人不太清楚。（　　）

（4）我经常反省我自己。（　　）

（5）我关心自己的表现方式。（　　）

（6）我能决定自己的命运。（　　）

（7）我从不检讨自己。（　　）

（8）我对自己是什么样的人很在意。（　　）

（9）我很关注自己的内在感受。（　　）

（10）我常常担心自己是否能给别人一个好印象。（　　）

（11）我常常考察自己的动机。（　　）

（12）离开家时我常常照镜子。（　　）

（13）有时我会注意自己的感受。（　　）

（14）我关心他人看我的方式。（　　）

（15）我对自己的心情变化很敏感。（　　）

（16）我对自己的外表很关注。（　　）

（17）当问题解决时我很清楚我自己的心理。（　　）

评分方法：

第3题和第7题为反向计分题，即选A得4分，选B得3分，选C得2分，选D得1分，选E得0分；其余各题均为正向计分题，即选A得0分，选B得1分，选C得2分，选D得3分，选E得4分。

自我意识分为内在自我意识和公众自我意识，代表内在自我意识的题目包括1、3、4、6、7、9、11、13、15、17；代表公众自我意识的题目包括2、5、8、9、12、14、16，请把两部分的得分分别计算出来。

对大学生群体而言，内在自我意识的评分不超过26分，而公众自我意识的评分不低于19分，即一般在19～25分。内在自我意识得分过高的人对自己的感受比较在乎，常常坚持自己的行为准则和信念，不太会受外界环境的影响；公众自我意识得分过低的人太看重外界的影响，所以担心别人对自己有不好的评价，由于太看重来自他人的评价，常常会产生暂时性的自尊感低落，容易在理想自我和现实自我之间产生矛盾。

（二）自我体验的情绪化

自我体验的情绪化是人对客观事物是否符合自己的需求而产生的心理体验。处于青春期晚期的大学生的情绪常常表现出短暂、起伏、易变等特点。这些特点也表现在大学生自我意识的各个方面，例如大学生的自我评价常常发生矛盾，对自我的态度常常是波动的等。大学生在情绪好时对自我认同度高，对自我评价也高，对自己充满信心；当情绪低落尤其是遇到挫折时，大学生的自我认同度骤然下降，自我判断失准，认为自己什么都不会。大学生对自我的肯定与否定时常随着情绪的变化而变化。

另外，大学生的情绪还容易走极端，考虑问题时易受到各种社会思潮与其他外部环境的影响，容易偏激、冲动。面对“理想我”与“现实我”时易产生自我肯定、自我否定等矛盾心理，常常表现出心理的不平衡，情绪体验较强烈，易振奋、易波动。

（三）自我调控的不稳定和中心化

大学生有一定的自我调控能力，能够很好地调节自己的情绪和行为，能够制订计划并在一定程度上实施自己的计划。但有时这种调控是不稳定的，如有的大学生在一般情况下能够调节自己，按计划行动；但在遇到挫折时，可能产生退缩、回避、拖延等行为。

大学生强烈地关注自我，他们从自己的角度和标准去认识、评价事物和他人，并采取行动，因而很容易出现自我中心化。大学生由于自我意识的发展、能力的提高、活动范围的扩大、思维水平的提高及知识经验的不断积累，对于社会、人生形成了自己的一套观念体系。但是，由于大学生的社会经验不足，对社会现象的认识往往有失偏颇，对事物的评价往往只拘泥于个人的某一个观点、立场，而不善于从他人的立场、不同的角度来分析问题；不善于理解别人，特别是父母、教师等长辈，再加上他们情绪体验的深刻性和极端性，因而就表现出了强烈的自我中心化。

（四）自我意识发展的阶段性

在大学阶段，大学生的自我意识快速发展，大学生已开始探索自我，建立自我同一性。在这个过程中并非所有人都一帆风顺，很多人都怀疑过自己，找不到方向，感到迷茫。大学生一旦从这种怀疑和迷茫中重新找到自己，便会经历从“旧我”破碎到“新我”重建的过程。

国外有关自我同一性形成的年龄方面的研究显示：18岁的大学生大多数处于获得型和延缓型同一性状态；在21～22岁这个年龄阶段，早闭型和扩散型的大学生人数相应减少。由此可见，随着年龄的增加，自我同一性由较低状态向较高状态显著转变。

我国也有研究表明：大学生自我同一性的发展呈现明显的年级特点，从大学一年级到三年级存在逐渐增强的趋势，这基本上可以说明大学生的自我同一性有从低级的自我同一性（早闭型和扩散型）向高级的自我同一性（获得型和延缓型）转变的趋势；但到大学四年级，大学生又有重新进入自我同一性危机的可能性。

【小试牛刀】

大学生自我意识的表现

观察自己和身边的同学，根据自我认识、自我体验和自我控制的相关知识，你认为大学生的自我意识发展有哪些表现呢？

自我认识：____

自我体验：____

自我控制：____

第二讲　自知者明——大学生自我意识的偏差及调适

【案中观察】

小梅的自我认识

小梅是佳琪的高中同学，且两人同在一所大学。小梅家庭条件好，琴棋书画样样精通，是班里的文艺委员。她学的专业是经济管理。在佳琪眼里，小梅是一个天生乐观、开朗的女孩，但上了大学后，小梅总是很苦恼，面对物理、高等数学、概率论与数理统计等课程，她不知如何学习，期末考试成绩是全班倒数第四。她越来越自卑，觉得自己比周围人都笨，以前光鲜亮丽的一面全都没有了。现在她一心想退学，一刻也不想在学校待下去了。

评析：人的自我意识是一个主观的过程，就像照镜子一样，如果照的是哈哈镜，那么个人的自我意识就会产生偏差。就像小梅一样，当她得知自己期末考试成绩是全班倒数第四时，她觉得自己其他的优点全都不见了，感到非常自卑。

一、自卑及其调适

（一）自卑及其表现

自卑是个体由于自我认知偏差等原因所形成的自我轻视和自我否定的情绪体验。自卑者往往自我认识不客观，对自己缺乏信心，只看到自己的缺点而忽略了自己的长处，不能容忍自己的缺点和弱点，甚至否定、抱怨、指责自己，看不到自己的价值，夸大自己的不足，感觉自己什么都不如他人，处处低人一等。自卑往往是自尊心屡屡受挫、丧失自信的结果，在情绪体验上多表现为害羞、不安、内疚、忧郁、失望等负性特征。

【心理自测】

自尊水平测量

请你根据表3-2中的题目描述，按照自己情况的符合程度，在每一题目的后面进行选择。1代表非常符合；2代表符合；3代表不符合；4代表很不符合。

表 3-2　自尊量表

题　目	选　项			
1. 我感到我是一个有价值的人，至少与其他人在同一水平线上	1	2	3	4
2. 我感到我有很多好的品质	1	2	3	4
3. 归根结底，我倾向于觉得自己是一个失败者	1	2	3	4
4. 我能像大多数人一样把事情做好	1	2	3	4
5. 我感到自己值得自豪的地方不多	1	2	3	4
6. 我对自己持肯定态度	1	2	3	4
7. 我总的来说对自己是满意的	1	2	3	4
8. 我希望我能为自己赢得更多的尊重	1	2	3	4
9. 我确实时常感到自己毫无用处	1	2	3	4
10. 我时常认为自己一无是处	1	2	3	4

该量表由罗森伯格（Rosenberg）于1965年编制，为自评量表，用于测量个体的自尊水平。

计分方式：将所有题目的得分相加得到量表总分。其中，题目3、题目5、题目8、题目9、题目10为反向计分题，即选择1，则得分为4分；选择2，则得分为3分，以此类推；其他题目为正向计分题。

结果评定：分值越高，表明自尊程度越高，也就是自我价值感越高，或者说自我评价越好。如果得分较低，则表明你需要在日常生活中，多看到自己的长处，肯定自我的价值。

（二）自卑的调适方法

第一，应该对自卑的危害有清醒的认识，有勇气和决心改变自卑；第二，应该客观、正确、自觉地认识自己，无条件接受自己，欣赏自己的长处，接纳自己的短处，做到扬长避短；第三，正确地表现自己，对自己的经验持开放态度，勇敢地表现自我；第四，根据经验，调整对自己的期望，确立合适的抱负水平，区分长期目标和近期目标，区分潜能和现在表现；第五，对外界影响相对独立，正确对待得失，勇于坚持正确的行为、改正错误的行为，同时保持一定程度的容忍度。

二、自负及其调适

（一）自负及其表现

自负是个体自以为是、自命不凡的一种情感体验和情绪表现。大学生应该自信，在适当的范围内，自信可以激发他们的斗志，树立必胜的信心，坚定战胜困难的信念，使他们勇往直前。但自信必须建立在客观现实的基础上，脱离实际就成了自负。自负不但不能帮助人们成就事业，反而影响正常的生活、学习和人际交往，严重的还会影响心理健康。有些大学生自信过度，自我感觉太好，就变成了自负。自负者认为自己非常了不起，总认为自己比别人强很多，总爱抬高自己贬低别人。这种人时时事事都从自己的利益出发，固执己见，唯我独尊，总是将自己的观点强加于人，从不顾及别人，也不愿意改变自己的态度或接受别人的观点。

【案中观察】

晓文是一位非常优秀的女生，不仅人长得漂亮，而且聪慧活泼，多才多艺。班主任视其为不可多得的骨干，一直很器重她，班上很多事都交给她去做。回到家，父母又把她捧为掌上明珠，宠爱有加。渐渐地，晓文越来越自命不凡，和同学们之间也搞不好关系，常常发生些小摩擦、小矛盾。大二新学年班级改选班委会，班主任征求她的意见，她说这个同学学习不行，那个同学工作态度不积极，不是摇头就是撇嘴，好像全班除了她就没有人能当班干部了，也许正是她这种态度引起了同学们的不满，班干部竞选中，她以11票之差落选了。

想一想：

（1）你如果是晓文，这次落选之后，可能会产生什么样的心理或行为表现？

（2）如何帮助晓文，你对她有什么建议或忠告？

（二）自负的调适方法

（1）接受批评。自负的人通常不愿意改变自己的态度或接受别人的观点，接受批评即是针对这一特点提出的办法。这个办法并不是让自负的人完全服从于他人，只是要求他们能够接受别人的正确观点，通过接受别人的批评，改变自负心理。

（2）与他人平等相处。自负的人无论在观念上还是行动上都无理地要求别人服从自己。与他人平等相处就是要求自负的人以一个普通社会成员的身份与别人平等交往。

（3）提高自我认识。自负的人要全面地认识自我，既要看到自己的优点和长处，又要看到自己的缺点和不足，不可“一叶障目，不见泰山”。每个人都有自己的独到之处，都有他人所不及的地方，同时又都有不如他人的地方。在与他人比较的时候不能总拿自己的长处去比别人的不足，把别人看得一无是处。

（4）要以发展的眼光看待取得的成就。过去的辉煌只标志着个体过去的成就，但它并不代表个体的现在，更不预示将来。

三、自我中心及其调适

【案中观察】

小峰的抱怨

小峰在班级里几乎没有朋友，和同学也鲜有来往。为什么大家都讨厌小峰呢？这和小峰的为人处世有很大关系。

小峰在食堂打饭时，看见炒的蔬菜色泽不好，就大声嚷嚷：“这菜怎么让人吃啊！”刚巧同班两位女同学正在打这种菜，她俩觉得小峰太挑剔。全班打算去郊游，班委提前和大家商量方案，其他同学都想去风景区，可小峰认为那个风景区没有意思，据理力争要把活动安排在附近的另一个地方，结果讨论会不欢而散。最后郊游还是去了风景区，大家却没有通知小峰。

同学们渐渐疏远了小峰，小峰自己却很纳闷：究竟自己做错什么了，让人这么讨厌？

想一想：

（1）案例中，小峰的哪些行为是自我中心的表现？

（2）我们的身边可能就有比较“自我中心”的同学，我们应该如何去帮助他们？

（一）自我中心及其表现

在生活中，我们不难发现有这样一些人，他们存在过于浓厚的自我中心观念，凡事都只希望满足自己的欲望，要求人人为己，却无视别人的需求，说话、做事很“直接”，不考虑别人的感受，就像案例中的小峰一样，要求所有人都以他为中心，服从于他。自我中心主要表现在以下3个方面。

（1）很少关心别人，与他人关系疏远。自我中心的人时时事事都从自己的利益出发，很少考虑别人的感受和需要。实际上，人类的交往是互惠的，“人人为我，我为人人”，任何人都不愿意与自我中心的人交往。

（2）固执己见，唯我独尊。自我中心的人总是以自己的态度作为别人态度的“向导”，要求别人的态度都必须与自己的态度一样，并且他们在明知别人正确时，也不愿意改变自己的态度或接受别人的态度，因而他们难以从态度、价值观的层次上与别人进行交往。

（3）自尊心过强，过度防卫，有明显的嫉妒心。自我中心的人有很强的自尊心，不愿损伤自己的自尊，强烈地维护自己。他们对别人的成绩、成功非常妒忌，对别人的失败幸灾乐祸，不向别人提供任何有益的信息。

（二）自我中心的调适方法

自我中心的调适，其核心是学会倾听和观察，在人际交往中把注意力的焦点和聚光灯放在其他人和周围的环境上，而不是只放在自己身上。

四、过度追求完美及其调适

（一）过度追求完美及其表现

过度追求完美指为自己或他人设置超越现实的高标准，无法接受如个人外表、学习、家务或工作中出现的失误和缺陷，并对完整、纯洁、善良等过于偏执。过度追求完美的人在很多事情上不给自己和他人留有余地，因而给自己带来极大的精神压力，破坏了正常人际关系，影响了学习和工作效率。过度追求完美的大学生，无法容忍自己“不完美”的表现和任何“错误”及“瑕疵”，甚至把人人都会出现的、人人都会遇到的问题都归因于自己做得不够好，总对自己不满意，严重影响情绪和自信心。对于友谊和爱情，过度追求完美的人总有一个理想的标准，当发现现实并不如此完美时，就苛责自我、苛责他人，陷入沮丧和消极回避的状态。

（二）积极完美主义和消极完美主义

追求完美是人类发展的重要动力之一。对自我完善的追求，极大地推动了个人和社会的进步。但是过犹不及，过度追求完美就成了问题，是消极完美主义。积极完美主义和消极完美主义主要的区别在个人内心的感受和对他人的影响上，积极完美主义的人内心拥有追求卓越、不断奋发向上的积极体验，给周围的人带来的也是一种追求卓越和完美的积极力量，而消极完美主义的人更多的是自我批评和苛责，周围的人与之相处也会感到压抑和压力。

（三）过度追求完美的调适方法

（1）接纳自己。首先是接纳自己的现状，接纳是改变的第一步，过度追求完美的人可能会这样想：“为什么我会这样呢？别人都能接受的事情，我接受不了，为什么我不能停止责备自己呢？”

（2）将“我不完美”和“我做得不完美”区分开来。将人和事分开，并非“我不完美”，而是“这件事我做得不完美”，二者的差异在于前者会让人陷入自我苛责的循环中，后者可以让人更理智地思考如何改进自己的做法。

（3）将批评和苛责转化为对自己的好奇。当一件事情没做好的时候，过度追求完美的人会不断苛责自己。个体可将苛责转化为对自己的好奇，比如“我发生了什么？”“我的感受是什么？”“我苛责自己什么？”“我还可以怎样改进？”等，这有助于个体减少自责，变消极完美主义为积极完美主义。

（4）从小事开始接受不完美。过度追求完美的人需要逐渐培养起自己的容错能力。建议从小事和不重要的事情开始，接受自己做得不完美。过度追求完美的人可以列一个清单，时刻提醒自己哪些事情可以做得不那么完美。

第三讲　破茧成蝶——大学生的自我探索与完善

每个人都对自己有一定程度的了解和认识，健全的自我意识包括正确认识自我、积极悦纳自我和有效控制自我，这三者相辅相成。接下来，我们从这3个方面出发，探讨大学生应如何塑造健全的自我意识。

一、正确认识自我

【案中观察】

卧谈会

地点：301男生宿舍。

卧谈会发起人：张帅。

张帅最近遇到了自己心仪的女孩佳琪，一直在对佳琪示好，他想向佳琪表白，但是又担心被拒绝。因此，他想请宿舍里的舍友帮他分析佳琪是否喜欢他。大家七嘴八舌地讨论了起来。

李斯：“你长得这么帅，学习又好，哪个女孩子都会喜欢的，佳琪肯定喜欢你，不用担心了。”（分析：物理世界）

华子：“那可不一定，每个人对外表的评价标准不一样。关键你得看看佳琪对你的反应怎么样。你约她吃过饭吗？送过她礼物吗？如果她答应你的邀请，接受你的礼物，则说明她对你是有好感的。”（分析：反射性评价）

张帅：“和她吃过几次饭，圣诞节还送过她一个小礼物，她收下了。不过我还是不能确定。”

小庆：“对啊，要是你能约到她，至少说明她不讨厌你。另外，你也可以比较一下她对你和对别的男生有什么不同，她会和别的男生吃饭吗？会接受别的男生的礼物吗？”（分析：社会比较）

张帅：“这我就不清楚了。”

小庆："那你可以留心观察一下。"

小林："你别问我们的意见了，她喜不喜欢你，你自己心里最清楚了，回忆一下你和她相处的过程，你的感觉怎么样，你感觉佳琪的反应怎么样，你肯定知道她是不是喜欢你。"（分析：内省）

张帅："我回想了一下，她和我在一起挺开心的，有说有笑，我想她对我还是有好感的吧，我只是担心如果表白会不会太冒失了。"

（一）认识自我的途径

案例中的张帅想知道佳琪对自己的看法，想了解自己是不是被佳琪所喜欢。你是不是和张帅一样，也有对自我了解的疑问。例如，人怎么了解自己？怎么认识自己？怎么知道自己是否具有某种能力？通过什么标准评价自己？

美国心理学家乔纳森总结了人们了解自己的3种信息来源：物理世界、社会世界和内部心理世界。

1. 物理世界

物理世界为人们了解自己提供了方法和途径，如身高、体重，这些都可以通过外在的物理世界来了解。但是人们通过物理世界了解自己有两个局限：一是很多特点在物理世界中并不存在，尤其是心理品质，如一个人是否坚强是不能通过物理世界来认识的，因为"坚强"无法通过物理世界观察和测量出来；二是即使自己的某一个特点可以测量出来，但所了解到的信息不一定是自己想要的，如一个人的体重可以测量出来，但这个人可能仍然不知道自己的体重在人群中所处的位置。

2. 社会世界

人们想知道自己在社会中是什么样子，必须通过社会世界来了解。下面介绍两个在社会世界中认识自我的方式。

一是社会比较。每个人几乎都会进行社会比较，即将自己的某些特点与别人进行比较，并由此对自己的这个特点进行判断，比如一个人英语考试考了90分，他无法只通过90分知道自己考得好还是不好，他还需要和别人做比较，才能做出判断。一个人想要知道自己真正是什么样，就少不了与别人进行比较。谁是合适的比较对象？在大部分情况下，人们与自己相似的人进行比较时获得的信息是最可靠的，比如一个人想知道自己学习是否努力，他只有与相同专业、相同年龄、相同智力水平的同学进行比较后，才能更准确地得出自己是否努力的结论。如张帅需要和佳琪的其他追求者相比，而不是和佳琪的同学或父母相比。

二是反射性评价（他人反馈）。反射性评价是人们认识自我的一种方式，即个人通过观察他人对自己的反应来认识自己。比如一个学生会干部组织一个活动，得到了教师的表扬，同时很多同学也积极踊跃地参加，他就可以从这些反应中了解到自己成功组织了这个活动，自己具有一定的组织能力。案例中的张帅可以通过约佳琪吃饭、送佳琪礼物，看看佳琪是否应邀、是否接受自己的礼物，由此来判断佳琪对自己是否有好感。

3. 内部心理世界

在内部心理世界里，人们主要是通过内省进行自我认识的。内省是个人认识自我的一种常见方式，它指个人向内部心理世界寻求答案，直接考虑个人的态度、情感和动机。比如一个人想要知道自己是不是喜欢吃香蕉，他可以通过内省来发现，他如果非常想吃香蕉（动机），吃香蕉的时候内心觉得很满足、很开心（情感），那么他可以得出他喜欢吃香蕉的结论。就像案例中的小林给张帅的建议，张帅通过内省可以知道佳琪的想法。

大学生正确认识自我的关键在于要全面认识自我，如果只从物理世界认识自己，那么对自己的认识就有可能产生偏差。大学生如果只是通过内省认识自己，那么很有可能只是沉浸在自己的内心世界，而忽略了别人对自己的看法。大学生要想全面认识自己，就需要从物理世界、社会世界和内部心理世界3个方面认识自己。

【心理自测】

自知程度测试

你了解你自己吗？请对下列题目做出“是”或“否”的回答。

1. 你每天要照三次以上的镜子吗？
2. 你一点也不在乎别人对你的看法吗？
3. 你是否感到你其实并不了解自己？
4. 你很留意自己的心情变化吗？
5. 你常把自己与其他人进行比较吗？
6. 你常在晚上反思自己一天的行为吗？
7. 做错一件事后，你常弄不明白当时自己为什么要那样做吗？
8. 你比较注意自己的外表吗？
9. 你做事情比较随意吗？
10. 在做决定时，你通常清楚理由吗？
11. 你总是努力揣摩别人的想法，并按别人的要求与暗示行事吗？
12. 你是否总是穿着比较得体的衣服？
13. 你弄不清自己是属于脾气好的人还是脾气坏的人吗？
14. 你弄不清自己的能力是比其他同学强或弱吗？
15. 你对自己将成为怎样一个人没一点把握吗？
16. 你总担心自己能否给其他同学留下好印象吗？
17. 你对自己的外貌有自知之明吗？
18. 在遭受一次挫折后，你总是要对自己的行为进行反思吗？
19. 你常控制不住自己而发火吗？
20. 有时，你自己也不知道自己为什么提不起兴趣吗？
21. 考试前，通常你不知道自己能否顺利过关吗？
22. 不少事情，在开了头以后，才发现自己没有能力完成吗？

23. 当你遇到不快时，你是否总是设法把自己从低沉的情绪中摆脱出来？

24. 考试完毕，在教师批改完之前，你常弄不清自己是否考得好吗？

25. 大多数情况下，你知道自己行动的动机吗？

26. 你觉得别人应该对你留下好印象吗？

27. 你常感到莫名的烦躁吗？

28. 你不知道自己与班上哪些同学比较谈得来吗？

29. 你清楚自己的长处和短处吗？

30. 一般而言，你很清楚自己吗？

评分规则：4、5、6、8、10、12、17、18、23、25、26、29、30题答“是”记0分，答“否”记1分。其余各题答“是”记1分，答“否”记0分。各题得分相加，统计总分。

总分解析：0～9分，你很有自知之明，你对自己的长处和弱点有着较清楚的认识。10～20分，你对自己的了解不够全面。你已经较多地注意到了自己的体验，但为了更好地了解自我，还需要掌握一些客观认识自我的方法。21～30分，你不了解自我，尽管自我与你朝夕相处，但你看来仍是“当局者迷”。

（二）巧用乔哈里资讯窗认识自我

大学生应如何认识乔哈里资讯窗中4个不同的“我”呢？

1. 拓展“开放我”

“开放我”的大小取决于自我心灵开放的程度、个性张扬的力度、人际交往的广度、他人的关注度、开放信息的利害关系等。“开放我”是自我最基本的信息，也是了解自我、评价自我的基本依据。有的大学生“开放我”的部分非常多，有的则很少。适度拓展“开放我”有助于个体对自己的了解，也有助于别人对个体的了解。

2. 觉察“盲目我”

“盲目我”是自己没有看到的部分，想了解“盲目我”，获取他人反馈是最佳途径。因此，你可以通过向挚友及家人询问，听取他们对你的评价来加以了解自我。例如，你可以问“你觉得我是个怎样的人？”“我是不是让人感觉脾气暴躁？”“我是不是学习不够努力？”等问题，通过他人的如实回答，你可以知道以前自己不了解的部分，缩小“盲目我”。例如，觉得自己不善言谈、不受欢迎的同学，当他知道他的朴实和诚恳受到他人喜欢时，他会感到欣喜并重拾信心。

【小试牛刀】

他人眼中的我

邀请你周围的人用5个以上的形容词对他们眼中的你进行评价，并请他们简要描述这样评价你的原因，然后完成表3-3。比较一下，周围的人对你的认识一致吗？别人对你的认识与你对自己的认识一致吗？别人对你的评价让你对自己有了哪些新的（不同的）认识呢？

表 3-3　认识自我

父亲眼中的我	
母亲眼中的我	
好朋友眼中的我	
室友眼中的我	
同学眼中的我	
恋人眼中的我	
教师眼中的我	
自己眼中的我	

3. 适度开放“隐藏我”

找个安静、不被打扰的地方，听着轻柔的乐曲，闭目冥想并与内心深处那个小小的“我”做一个交流。问问自己内心的脆弱和不为人知的痛苦，学着放下和接纳，同时厘清哪些内容是可以向挚友、家人开放的。当你倾诉出原本沉重的负担时，也许你会大大松一口气并且从倾诉对象那里获得新的视角来看待自己。例如，青春期对性的好奇或渴望也许会让你有种罪疚感，当你向信任的人说出你的想法时，也许你会发现原来他人也有类似的烦恼，这时你就不会再认为自己是怪异或病态的，内心的痛苦也将得到很大程度上的缓解。

4. 探索“未知我”

探索“未知我”要求你对自己保持开放的心态，因为未知的你拥有无限的可能性。大学生正处于发展自我同一性的阶段，这个阶段的主要任务是开放地探索自己。如果大学生过早认定自己是一个什么样的人而停止探索，就很难有自我突破和超越，容易对自己不自信，可能出现“自我设限”的情况。

二、积极悦纳自我

【案中观察】

丑女孩是一首耐读的诗

尽管妈妈说我小时候十分可爱，每个人都想抱抱我；尽管爸爸说我现在依然“不难看”，是他最喜欢的女孩子，但我还是知道自己丑。我从小就因为自己相貌平平而自卑，上了大学后，这种自卑心理更加严重。我总是找各种理由不参加班级活动，我总感觉舍友在背后议论我的相貌。每当我苦恼的时候，我就独自一人在无人的地方吹箫。

有一次，学校要举办艺术展示大赛，班长号召大家积极参与，有一位同学突然大声说：“你吹箫那么好，快报名啊！”我还没来得及反应，班长就把我的名字写进了报名表中。在同学们的鼓励下，我参加了这个比赛，并取得了年级第一名。同学们纷纷向我表示祝贺，舍友更是天天围着我，向我学习如何吹箫。自此，学校、班级只要有文艺表演，我都会上台展示。

走在校园中，每当我听到有人叫我“吹箫女孩”时，我就更加自信。现在的我已经不在乎自己的相貌，我认为后天的努力可以让自己重塑另一个“外貌”，丑女孩的光芒就在于自信。丑女孩不会让人一见倾心，但丑女孩或许是一首很耐读的诗，一段很动听的箫声。

（一）悦纳自我

影响个人心理健康的重要因素之一就是能不能悦纳自己。每个人都有优点和不足，每个人都是一个独特的存在。影响心理健康的关键点不是“我是什么样的人”，而是“我如何看待我自己”。

悦纳自我的含义就是愉快地接纳自我。愉快地接纳自我可以帮助我们更好和更全面地认识自己，拥有更加积极的自我体验，同时也可以进行更好的自我控制，朝着自己想要的方向努力和前进。就像案例中的女孩一样，从外在物理世界的角度来看，她不漂亮，但是她具有乐观、坚韧、善良等品质，长得普通并不妨碍她悦纳自我。

心理健康的人首先要有自知之明。对自己能做出恰当评价的人，既能了解自我，又能接受自我，体验自我存在的价值。一个悦纳自我的人，并不意味着他的一切都是完美的，而是说他在接受自己优点的同时，也很坦然地承认自己的不足之处，并且能不断克服缺点，不断完善和突破自己，更加自信地面对生活。

下面的量尺中，“0”代表一点也不悦纳自我，“10”代表非常悦纳自我，你的位置在哪里呢？请标出来。

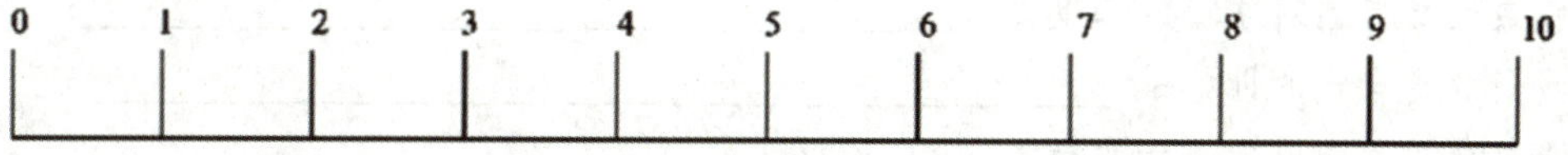

你对现在的状况满意吗？你理想中的位置在哪里呢？也请标出来。

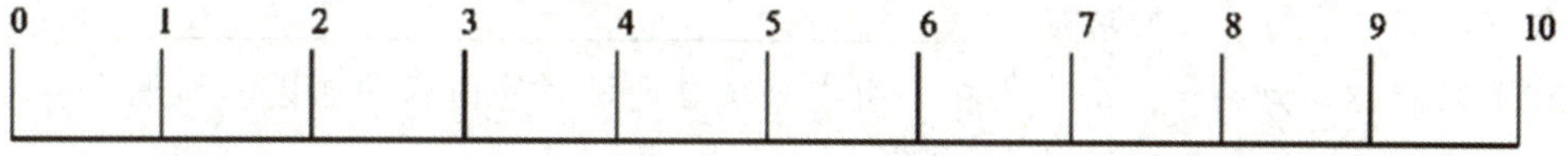

（二）悦纳自我与放纵自我

悦纳自我不等于放纵自我。放纵自我指放任而不约束自己，纵容自己想做什么就做什么，放纵更多时候指的是行为。而悦纳自我指愉快地接纳或接受自己本来的样子，悦纳更多指对待自己的态度。如一个人害怕在公众面前讲话，但又想拥有好的人际关系，放纵自我的人可能会因为害怕就不讲了，避免出现在公众场合；而悦纳自我的人会接纳自己的害怕，并且会尝试改变。

（三）有条件的价值与无条件的价值

很多人从小就被动接受了太多的标准。一个好学生的标准是学习好、听话、乖巧；一个成功人士的标准是工资高或社会贡献大。社会中充满了这样的标准，往往人们会用这些标准来判断自己的价值。如一个大学生的成绩不好，他会判断自己没有价值，因为成绩不好就没有前途；一个大学生的人际关系不好，他会判断自己没有价值，因为不被人喜欢。这些都是有条件的价值，人一旦满足这些条件，就非常自信，充满了自我价值感；一旦不能满足这些条件，就立刻对自己失去信心。这种有条件的价值有其可取之处，是我们判断自身社会价值的一种方式。

实际上，一个人的价值除了这种有条件的、外在的社会价值，还有一种无条件的、内在的存在价值。这种价值指每个人在这个宇宙中都是独特存在的，每个人都是一个独特的人，作为人这个存在本身的价值是无条件的。一个外貌普通的人并不会比漂亮的人价值低，一个有钱的人并不会比没钱的人价值高。

大学生要学会区分这两种价值，要了解人的内在价值是无条件的，这是积极悦纳自我的第一步。

【小试牛刀】

天生我材必有用

活动目的：每位同学通过自我欣赏和聆听他人的自我欣赏，发现自己与他人的优点，增强自信和对人的信任。

（1）每位同学按照提示，完成下列语句。

我最欣赏自己的外表是＿＿＿＿＿＿＿＿＿＿＿＿＿＿＿＿＿＿＿＿。

我最欣赏自己对朋友的态度是＿＿＿＿＿＿＿＿＿＿＿＿＿＿＿＿＿。

我最欣赏自己对学习的态度是＿＿＿＿＿＿＿＿＿＿＿＿＿＿＿＿＿。

我最欣赏自己的性格是＿＿＿＿＿＿＿＿＿＿＿＿＿＿＿＿＿＿＿＿。

我最欣赏自己对家人的态度是＿＿＿＿＿＿＿＿＿＿＿＿＿＿＿＿＿。

我最欣赏自己做事的态度是＿＿＿＿＿＿＿＿＿＿＿＿＿＿＿＿＿＿。

我最欣赏自己的一次成功是＿＿＿＿＿＿＿＿＿＿＿＿＿＿＿＿＿＿。

（2）以5～8人为一组，每个人在小组中分享自己所写的内容和原因。如果同学之间相互熟悉，还可以让其他同学补充。

三、有效控制自我

大学阶段是人生的转折时期。因此，大学生必须对自我进行有效的控制，注意塑造自我，为日后成功的社会竞争打下良好的基础。

（1）设置合适的目标，建立符合实际的理想自我。大学生面对社会的期待，以及对自身的美好憧憬，时时都要求他们自身必须设置合适的目标，塑造理想自我。一般来说，有目标指向的行为较无目标指向的行为更容易取得成功。例如有的大学生能抵御种种诱惑，刻苦读书，学业优秀，是因为他把学习与自己未来的发展联系起来了。设置合适的目标，就是要根据自身特点，确定力所能及的目标，具有正确的价值取向，扬长避短，尽最大努力，达到最佳水平，充分实现自己的人生价值。

（2）培养坚强的自控能力。名利和物质的诱惑，容易使人偏离正确的轨道，松懈奋进的斗志，放弃对远大理想的追求。因此，要弥补道德评价思维的断层现象，培养坚强的自控能力，以保证能理智地约束自己的情感，把握自己的行为。比如，在学习紧张的时候，看一场精彩的球赛可能比枯燥的学习更有吸引力，因为它能使人度过一个更愉快的夜晚，但如果能想到自己的根本利益和长远目标，那么就会有自控的动力，得以战胜暂时的利益诱惑。

（3）积极参加社会实践，培养辩证思维方法。自我评价、自我锻炼和自我教育是一个实践过程。因为，参加社会实践，用学到的知识和智慧为社会服务，可以认清自己的责任和义务，确立科学的人生观、价值观。在实践中，学会用乐观的情绪和积极的心态去对待问题，客观公正地看待事物，增加自我意识中的理性成分，消除偏激和肤浅，使自己得到健康发展。

（4）塑造健全的人格。人格不仅是人的心理面貌的集中反映，还是人的心理行为的基础，它在很大程度上决定了人对外界的刺激做出怎样的反应，因而会直接影响人的身心健康、活动效果、社会适应情况，进而也将影响一个人的生理、心理和社会文化素质在内的综合素质的发展。因此健全的自我意识的形成，除了要有对自我的正确认识，还要有健全的人格支持。

【心理训练】

认识自己的20问法

此法共分两步：第一步，问你自己20次“我是谁？”请你把头脑里浮现出来的答案一一写出来。例如，我是××，我是××学校的学生等。由于这是自我分析材料，可以不给别人看，所以想到什么就写什么，不要有所顾虑。第二步，对自己的答案进行分析。分析的内容包括以下几方面。

（1）答案的数量和质量。即一共写出几个答案，如果能写出10个答案，则大体上可以认为没有特别的障碍。如果只能写出7个或更少的答案，则可以认为是过分压抑自己。

（2）回答内容的表现方式。有三种情况：第一，符合客观情况的，如“我是二女儿”“我是大学生”等；第二，主观解释的情况，如“我是老实人”“我胆小”等；第三，中性情况，即谁都不能做出判断的情况。如果主观评价和客观评价都有，那么可以认为取得平衡；如果倾向于主观或客观，则不能取得平衡。在主观评价中，最好是既说到自己好的一面（令人满意的特征），又说到自己不足的一面（不令人满意的特征）。如果只说好的，则会使人觉得自满；如果只说不好的，则会令人感到没有自信心。

（3）答案是否涉及自己的未来。哪怕只有一个答案涉及未来（如“我是未来的外科医生”），就说明自己有理想，在现实生活中充满活力。如果没有一个答案涉及未来，则可能说明自己对未来考虑不够。

【阅书观影】

1. 书目推荐——《自我》，乔纳森·布朗著

如果你想对自我心理有更深入的了解，这本书就一定要看。这本书综合了哲学、社会学和心理学知识的有关自我的思想。它的材料是新颖的，研究方法是严谨的，表达方式是引人入胜的。这部著作可以作为社会心理学、人格心理学的选读材料，或者是自我专修课的主要教科书。

2. 影视推荐——《跳出我天地》

主人公比利·艾略特是一个矿工的儿子，他每天除上学、照顾生病的奶奶，还要在放学之后练习拳击，尽管他的拳击课上得一塌糊涂。比利·艾略特的未来差不多已经定了：和他的爸爸、哥哥一样，上学、练拳击，然后成为家乡的一个矿工。偶然地，芭蕾舞女教练威尔金森夫人发现了比利·艾略特的芭蕾舞潜质，并全心地培养他，还鼓励他去报考伦敦的皇家芭蕾学校。比利·艾略特仍然懵懵懂懂，但是他发现自己在芭蕾舞中得到了难以形容的激情和快乐。比利·艾略特克服了重重障碍，最终成了一名舞蹈家。

主题四　未见其人先闻其声——人格篇

人格成熟的重要标志：宽容、忍让、和善。

——戴尔·卡耐基

【活动任务书】

<table>
<tr><td>活动名称</td><td colspan="2">塑造自我健全人格</td><td>姓名</td><td></td><td>完成时间</td><td></td></tr>
<tr><td rowspan="2">目标</td><td colspan="6">学习目标：
1. 通过资料的搜集和日常的生活学习经验，总结健全人格的重要性
2. 了解影响人格形成的因素及健全人格的模式
3. 了解大学生常见的人格缺陷，并灵活掌握改进的方式方法
4. 了解什么是性格和气质以及它们对健全人格的作用</td></tr>
<tr><td colspan="6">思政目标：
培养健全人格，响应我国建设人力资源强国的战略需求，推进中国现代化进程</td></tr>
<tr><td>任务</td><td colspan="6">1. 尝试总结自己的优缺点
2. 尝试更全面、更深刻地了解自己
3. 尝试发扬自己的优点、改进自己的不足
4. 尝试对自己的性格、气质做一个客观的评价，并懂得如何扬长补短
5. 将自我的以上尝试结果与组员进行分享、交流</td></tr>
<tr><td>实施过程</td><td colspan="6">1. 根据具体活动内容，以小组形式制订计划，明确任务
2. 按计划和分工实施任务
3. 各小组交流学习成果，整合知识</td></tr>
<tr><td>注意事项</td><td colspan="6">认真地剖析自己、了解自己，感受自己的人格魅力</td></tr>
<tr><td rowspan="3">组员及
分工情况</td><td>队号</td><td colspan="3"></td><td>队长</td><td></td></tr>
<tr><td>队员</td><td colspan="5"></td></tr>
<tr><td>任务分工</td><td colspan="5"></td></tr>
</table>

【心理导航】

某高校大二学生小丽，无重大躯体疾病史，家族无精神病史，她生长于农民家庭，家中有父母及一个弟弟，小时候因成绩好，备受父母的宠爱和弟弟的敬佩。其父虽然性格暴躁，但很爱她；其母性格温和，从来没有责骂过她。从小学到初中毕业，她的成绩一直在班上名列前茅，优越感较强。但进入高中后，她感觉学习较吃力，成绩一度下降，心情十分烦闷，情绪变化大，无法自控，不想继续上学。在家人不同意的情况下，她自作主张休学一年，后考入大学。自进入大学以来，她与宿舍其他同学难以共处，目前已经换了七八间宿舍，每一次住宿时间不到两周，她就开始与他人对立，矛盾重重，最终爆发冲突，但都只因为一些小事，如东西存放的位置、开关门的声音、作息时间不太一致等。每次冲突的方式都是她与同宿舍的所有同学对立，以致后来同学们都不愿与其同居一室，认为与她在一起特别难受、紧张、压抑。最后教师只好安排她同新生住在一起。“我觉得其他五位舍友总是联合起来欺负我，我一个人孤军作战，但我一定不能示弱，不能服输，她们凭什么欺负我？我要与她们斗到底！我每天都要绞尽脑汁思考如何对付舍友，脑细胞都不知死了多少。我晚上睡不好，第二天没有精力听课，作业不会做，学习成绩下降，且体重减轻不少。我很烦恼，她们搞得我心力交瘁，我觉得自己好无能，怎么办？”她十分痛苦。

想一想：

（1）小丽患有什么人格障碍？表现出了什么样的人格特征？

（2）是什么原因导致的？该如何调整呢？

第一讲 麒麟皮下——人格概述

一、人格的定义与特征

（一）人格的定义

对于如何描述一个人的人格，以及人格心理学包括哪些问题，心理学家从不同的角度给出了不同的界定。人格框架包含的内容非常丰富，是构成一个人的思想、情感及行为的特有统合模式，这个独特的模式包含了一个人区别于其他人的稳定而统一的心理品质。在日常生活中，人们经常混用“人格”“个性”“性格”，但是它们的含义其实并不相同，它们代表了心理学人格概念的不同成分。为了便于大家更好地理解，下面列举4个句子对易混淆的概念做一些说明。

示例1：你这样做是在侮辱我的人格。

这里的人格通常等同于品格或尊严，是道德、伦理或法律领域的“人格”概念，指“人格尊严”，用来对人进行道德评价，如评价某人的人格高尚、某人的人格卑劣等。

示例2：他只有在家里的时候才展示出真实的性格。

这里的性格指心理学上的人格特质，心理学家把特殊的、稳定的性格特点称为人格特质。有些人格特质非常稳定，在不同的场合都会表现出来；有些人格特质则会受情境的影响，只在某些情境下展现。一个人可以拥有多种人格特质，比如一个人可以既活泼又坚强。

示例3：这人天生就是这样的个性。

这里的个性通常是人格中的气质类型。气质在心理学里与日常生活中所说的“气质”（特指行为举止、谈吐修养）不同，指一个人生来具有的典型而稳定的心理活动的动力特征。气质较多受生物因素制约，是形成个性或人格的“原料”之一，是人格的先天遗传成分。

即使是新生婴儿，他们也有气质的差别，如有的新生婴儿爱哭闹；有的新生婴儿则比较安静。现代气质理论把气质作为人格结构中的先天因素，将气质分为4种典型的类型：多血质、抑郁质、黏液质、胆汁质。

示例4：他是一个什么样的人？

通常这个问题是在问这个人的人格类型，比如有的人属于实干型，有的人属于研究型，有的人属于艺术型等。属于同一人格类型的人具有若干共同的人格特质。

从上面的描述中不难发现，人格的内涵非常广泛。心理学家普遍认为，广义的人格指相对稳定的和独特的认知、情感与行为模式，它体现了一个人独特的精神风貌。我们可以把它理解为一个大家庭，它具有多种成分和特质，如能力、气质、性格、兴趣、价值观及行为习惯等（见图4-1）。人格的形成过程离不开我们与他人的人际互动，父母的教育方式、社会文化等因素都影响着我们人格的形成。

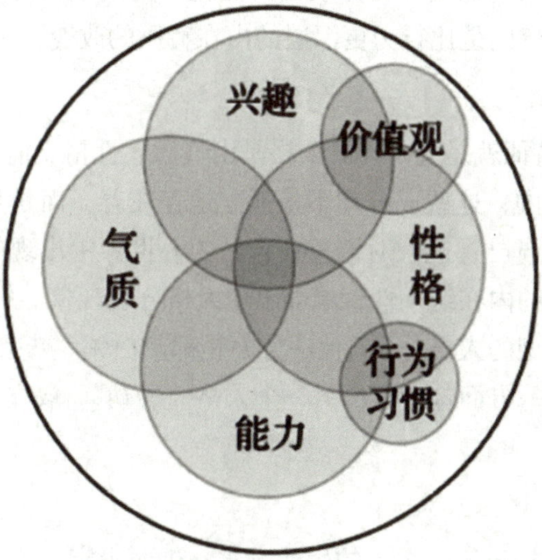

图 4-1　人格大家庭

（二）人格的特征

一般来说，人格具有以下4大特征。

1. 独特性

我们经常说的“人心不同，各如其面”“千人千面”就是指人格的独特性。遗传、教育和环境的不同，使每个人形成了各自独特的人格。一个人的人格可能会表现得与某些人相似，但经过观察后，我们会发现他们还是有差别的。

2. 稳定性

“江山易改，本性难移”强调了人格的稳定性，人格的稳定性指一个人经常表现出来的特点，是其一贯的行为方式的总和，一般具有生物学基础。人格的稳定性表现为两个稳定性，一个是跨时间的稳定性，比如今天的你和昨天的你大致一样；另一个是跨情境的稳定性，比如性格外向的你在家里和学校都表现出喜欢与人交流的倾向。但是，稳定性是相对的，并不代表人格不可改变，人格同时具有可塑性。一般而言，儿童的人格正在形成中，还不稳定，容易受环境影响而发生变化；心理健康的成年人的人格比较稳定，但是可以自我调控。

人格变化有两种情况。第一，人格特征随着年龄增长，其表现方式也有所不同。如同是特质焦虑，在少年时表现为因即将参加的考试或即将考入的新学校心神不定，忧心忡忡；在成年时表现为因即将从事的一项新工作忧虑烦恼，缺乏信心；在老年时则表现为对死亡的极度恐惧。也就是说，人格特性以不同行为方式表现出来的内在秉性的持续性是有其年龄特点的。第二，对个人有重大影响的环境因素和机体因素，如移民、严重疾病等都有可能造成人格的某些特征，如自我观念、价值观、信仰等的改变。不过要注意，人格改变与行为改变是有区别的。行为改变往往是表面的变化，是由不同情境引起的，不一定是人格改变的表现。人格的改变则是比行为更深层的内在特质的改变。

3. 统一性

人格的第3个重要特征就是统一性。人格是由气质、性格、能力、兴趣、爱好、需要、理想、信念等成分构成的，这些成分却不是孤立地存在着，而是具有内在统一性。正常人能够正确地认识和评价自己，能及时调整在自己内心世界中出现的相互矛盾的心理冲突。一个人如果失去了人格的内在统一性，就会出现人格分裂现象。例如，电影《搏击俱乐部》中的主人公就表现出典型的人格分裂，他一方面是都市白领“杰克”，做着一成不变的工作，患有严重的失眠症；另一方面却分裂出另一个人格“泰勒”，成立了地下搏击俱乐部，疯狂地发泄情绪。

4. 功能性

人们常说人格或性格决定一个人的生活方式，进而决定一个人的命运，就是强调人格的功能性。一个人的人格功能发挥正常的时候，人会表现出健康而有力；人格功能受损会影响人的社会功能和生活，人会表现出怯懦、无力、失控或病态。

二、人格的影响因素

人格的形成与发展离不开先天遗传与后天环境的作用。心理学家们认为，人格是在遗传与环境的交互作用下逐渐形成并发展的。

（一）生物遗传因素

由于人格具有较强的稳定性特征，因此人格研究者更注重生物遗传因素的作用。现有的研究结果表明：

（1）生物遗传是人格不可缺少的影响因素。

（2）生物遗传因素对人格的作用程度随人格特质的不同而异。通常在智力、气质这些与生物因素相关较大的特质上，生物遗传因素的作用较重要；而在价值观、信念、性格等与社会文化因素关系密切的特质上，后天环境的作用可能更重要。

（3）人格的发展是生物遗传与后天环境两种因素交互作用的结果。人既具有生物属性，又具有社会属性。人在胚胎状态时，后天环境因素的影响就开始了，这种影响会在人的一生中持续下去。后天环境的因素是多种多样的，小到家庭环境因素，大到社会文化因素。这些因素对人格的形成与发展都有重要的影响。

（二）社会文化因素

每个人都处在特定的社会文化环境中，文化对人格的影响极为重要。社会文化塑造了社会成员的人格特征，使其成员的人格结构朝着相似性的方向发展，这种相似性具有维系社会稳定的功能，又使得每个人能稳固地“嵌入”在整个文化形态里。

社会文化对人格具有塑造功能，还表现在不同文化的民族有其固有的民族性格。例如，中华民族是一个勤劳勇敢的民族，这里的“勤劳勇敢”的品质便是中华民族具有的人格特征。

（三）家庭环境因素

研究人格的家庭成因，重点在于探讨家庭的差异（包括家庭结构、经济条件、居住环境、家庭氛围等）和不同的教养方式对人格的形成与发展具有的不同影响。研究发现，权威型教养方式的父母在子女的教育中表现得过于支配，孩子的一切都由父母来控制。在这种家庭环境下成长的孩子容易形成消极、被动、依赖、服从、懦弱、缺乏主动性、不诚实的人格特征。放纵型教养方式的父母对孩子溺爱，让孩子随心所欲，父母对孩子的教育有时出现失控的状态。在这种家庭环境中成长的孩子多表现出任性、幼稚、自私、野蛮、无礼、独立性差、唯我独尊、蛮横胡闹等人格特征。民主型教养方式的父母与孩子在家庭中处于一种平等和谐的氛围当中，父母尊重孩子，给孩子一定的自主权和积极正确的指导。这种教育方式能使孩子形成一些积极的人格特征，如活泼、快乐、直爽、自立、彬彬有礼、善于交往、富于合作、思想活跃等。由此可见，家庭环境确实是“人类性格的工厂”，它塑造人们不同的人格特质。

（四）早期童年经验

“早期的亲子关系定出了行为模式，塑造出一切日后的行为。”这是著名心理学家麦肯依有关早期童年经验对人格影响力的一个总结。中国也有句俗话：“三岁看大，七岁看老。”人生早期所发生的事情对人格的影响，历来为人格心理学家所重视。需要强调的是，人格发展尽管受到童年经验的影响：幸福的童年有利于儿童发展健康的人格，不幸的童年容易使儿童形成不良的人格。但二者不存在一一对应的关系，比如溺爱也可能使孩子形成不良的人格特征，逆境也可能磨炼出孩子坚强的性格。另外，早期童年经验不是单独对人格起作用的，它与其他因素共同作用来影响人格的形成与发展。

（五）自然物理因素

生态环境、气候条件等这些自然物理因素都会影响人格的形成与发展。有很多研究说明了生态环境对人格的影响。例如，气温会提高某些人格特征的出现频率——热天会使人烦躁不安，对他人采取负面反应，做出反社会行为。总之，自然物理因素对人格不起决定性的作用。在不同的自然物理环境中，人可以表现出不同的行为特点。

（六）学校教育因素

学校是一个有目的、有计划地向学生施加影响的教育场所，是成长过程中一个重要的环境。教师对学生的人格具有指导定向作用。有研究表明，在不同教师面前及不同的教学的氛围中，学生常有不同的行为表现。教师的公正性对学生也有非常重要的影响，教师的期望会传递给被期望的学生并产生鼓励效应，使其朝着教师期望的方向变化，这一现象被称为“皮格马利翁效应”。另外，学校是同龄群体聚集的场所，同龄群体对个人人格的形成有巨大的影响。

【知识加油站】

心理学家汤姆森·约翰做过这样一个实验：他把在地震中丧失双亲的一对孪生兄弟分别送给愿意收养他们的内华达州的一个议员和佛罗里达州的一个穷人，并对二人进行了长达30多年的跟踪调查。结果是议员家中的那个孩子由于受到较好的家庭教育和文化教养，性格既活泼外向，又温文尔雅，最后成为内华达州一位很有名气的律师。而那个在穷人家中长大的孩子，由于家境贫穷，没有上过学，从小就跟着养父一起干活，形成了木讷寡言、软弱怯懦的性格。

三、人格类型和人格特质

对很多同学来说，在与别人交往的过程中，总是自觉或不自觉地在心里判断对方的人格类型。许多同学学习人格理论最期待能够回答“我到底是什么样的人？”“我周围的人是什么样的人？”这类问题，特别想知道别人的人格类型，从而“预测”他们的行为，并以此来确定对待他们的方式。

心理学家很早就开始了“判断他人”的研究，提出了各种方法，试图把人格分为不同的类型。卡尔·荣格是最先提出可以将人格分成内向和外向两种类型的心理学家，他认为内向的人的注意力、能量指向内在，通常安静、稳重；外向的人的注意力、能量指向外在，通常胆大、好交际。心理学家迈尔斯和布里格斯根据荣格的人格类型理论发展出 MBTI 人格理论，且广泛应用于职业发展和职业咨询领域。MBTI 人格理论按照精力分配的差异，把人格分为内向型和外向型；按照认识世界的差异，把人格分为感觉型和直觉性；按照判断思维过程，把人格分为思维型和情感型；按照生活态度的不同，把人格分为判断型和知觉型。通过不同的组合共形成16种人格类型。

特质流派心理学家奥尔波特不认同人格类型理论把人简单分类的解释，他认为用类型只能区分人群差异，而个体差异需要更细致的研究。他认为人格是连续的，是可以测量的，测量的单位就是特质，每个特质在全人类的表现上都服从正态分布（见图4-2）。他致力于找到大多数人共有的人格特质进行测量研究，比如热情，他认为只有非常少的人属于非常热情，同样，只有非常少的人属于完全没有热情，大部分人的热情特质位于特质曲线上的某一点。

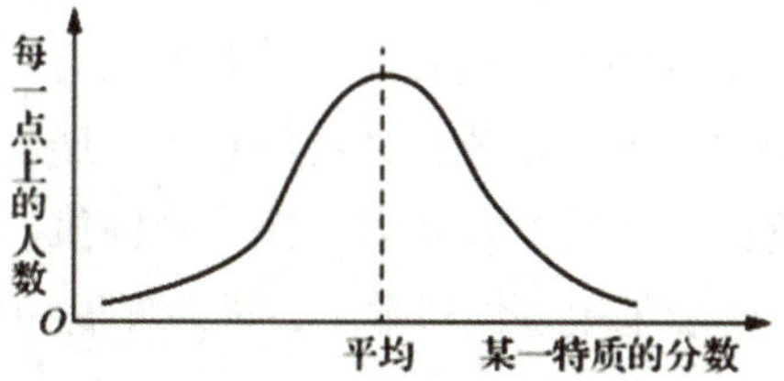

图 4-2　特质的分布

奥尔波特将人格特质分为3类：首要特质、核心特质和次要特质。

首要特质是一个人最典型、最具概括性的特质，如林黛玉的多愁善感、曹操的狡猾奸诈，但并不是所有的人都会发展出这样明显的首要特质。核心特质是代表一个人主要特征、构成个体独特性的重要特质，在每个人身上有5～10个，如林黛玉的清高、率直、聪慧、孤僻、内向、抑郁、敏感都属于她的核心特质。次要特质是个体一些不太重要的特质，对于理解个体的人格，作用不是很大，如个体对于食物和衣着的偏好。

人格类型理论主要阐述人群之间的差异，而特质理论则强调个体之间的不同，它们都在试图更好地说明人格之间的差异。不同的人格类型或特质会有典型和非典型的外在表现，例如佳琪的朋友小艾，属于典型的外向性格，非常愿意和朋友聚会聊天。朋友都说，只要是有聚会，小艾一定会参加。但是小艾还有善良和善解人意的一面，当舍友因生病或有其他事情需要她帮忙的时候，她会毫不犹豫地推了最喜欢的聚会而选择陪伴舍友。

人格类型或特质在本质上没有好坏之分，只是代表了我们与其他人的差异，而且人有很多面，简单地以某一个行为特点来判断一个人，很容易犯经验主义错误。接纳和认可人格框架的每一面才能更好地理解自己和理解他人，对每个人来说，看待别人和自己的视角越多、越灵活，自己的适应性也会越强。

第二讲　丈量自我——大学生人格发展中的问题

一、人格发展不足

（一）无聊

无聊心理的主要特点是空虚、幻想、被动，感觉不到自我存在的意义与人生的价值，其核心在于没有确立合适的人生目标。空虚是因为没有目标或目标太低，人一旦失去目标的指引，生活就没有动力；缺乏对生命意义的深刻认识，就会出现茫然混日子的现象，对生命意义的否定发展到极端是对生命的否定。幻想是由于目标定位不准确或者目标太多而导致的心理负担，实质是对责任的恐惧。被动是由于目标不是自己内心渴望的，未获得内心的自觉与认同，表现为只是为了学习而学习，为了考试而考试，疲于应付，在学习和生活中缺乏主动性和创造性。

（二）不良的意志品质

不良的意志品质是指意志发展的不良倾向，主要表现为生活缺乏目标、随波逐流、无所事事、懒散倦怠、浑浑噩噩、醉生梦死；还有的意志发展不成熟曲解意志品质，把刚愎自用、轻率当作果断，把犹豫、彷徨当作沉着冷静，把固执己见、执着一念当作顽强等。不良的意志品质一经形成，会带来很多性格缺陷，最后发展为人格缺陷。

（三）懒散

懒散是指一种懈怠、闲散、拖拉、疲沓的生存状态。主要表现为活力不足、没有计划、随波逐流、百无聊赖、心情不爽、情绪不佳、犹豫不决、顾此失彼、做事磨蹭。无法将精力集中在学业中，无法从事自己喜欢的事，在大学生活中常常是踏着铃声进教室，做事拖沓，无休止地拖下去，虽下决心改正，但不能自拔，不接受教训，对任何事没有信心，没有欲望。

（四）退缩

退缩是指在困难面前表现出怯懦与畏难的心理，并选择逃避与后退。主要表现为在困难面前缺乏勇气和信心，不表明自己的态度，不敢承担责任，不敢冒险，不敢与坏人坏事做斗争，回避困难，逃避责任等。这样的人常抱怨自身的不幸，却宁愿忍受痛苦而不主动追求。

（五）褊狭

褊狭是人们常常说的“小心眼”，主要表现为心胸狭窄、耿耿于怀、挑剔、嫉妒。褊狭是种有百害而无一利的人格特征。褊狭人格多出现于性格内向者，尤其是女性。褊狭不是与生俱来的，而是后天习得的。

（六）虚荣

虚荣是指过分看重荣誉、他人的赞美，自以为是。虚荣心与自尊心、自卑感紧密相连。没有自尊心，就没有虚荣心，也就没有自卑感，虚荣心是自尊心与自卑感的混合产物。虚荣心强的人一般性格内向、情感脆弱、自尊敏感；既有些自卑，又担心别人伤害自己的尊严，过分介意别人的评论与批评；与人交往时防御性强，喜欢抬高自己的形象，他们捍卫的是虚假的、脆弱的自我。

（七）自我中心

自我中心是指考虑问题、处理事情都以自我为中心，将自我作为思考问题的出发点与归宿。表现为一切以自己为出发点，目中无人，甚至自私自利。遇到冲突时，认为对的是自己而错的是他人。特别是那些自尊心强、优越感强、自信心强、独立的大学生，比较容易陷入自我中心之中，当这种倾向与一些不健康的思想意识和心理特征，如个人主义、自私自利、过强的自尊心、唯我独尊相结合时，自我中心与自我膨胀便会呈现出来。

（八）环境适应不良

环境适应不良主要是指大学生在学习、人际关系、异性交往等方面表现出的不适应。表现为出现强烈的失落感、孤独感，不能适应环境的改变。

二、人格发展缺陷

（一）自卑

自卑是对自己不满、鄙视、否定的情感。进入大学后，有些大学生发现“山外有山，人外有人”，尤其是当学习、社交等方面显露出某些不足时就会陷入怀疑自己、否定自己之中，产生自卑心理。

（二）害羞

害羞在大学生中并不少见。比如不敢在大众场合发表意见，害怕与陌生人打交道，路上见到异性同学会手足无措，见到教师会难为情，说话感到紧张等。害羞是一个人自我防御心理过强的结果，他们常常过于胆小被动，过于谨小慎微，过于关注自己，自信心不足。他们特别在意自己在别人心目中的形象，总觉得自己时时处在众目睽睽之下，于是敏感拘束，一句话要反复思考多次，一件事总要左思右想，并为此搞得神经紧张，坐立不安。

（三）怯懦

怯懦主要表现为缺乏勇气和信心，害怕可能面临的困难和挫折，在挫折、困难面前常常知难而退，甚至不战而败。有些大学生过去的经历是一帆风顺的，因而特别害怕失败。“只能成功，不能失败”的非理性意念是造成一些学生怯懦的主要因素。

（四）狭隘

受功利主义影响，大学生中经常出现“狭隘”现象。凡事斤斤计较、耿耿于怀、好嫉妒、好挑剔、容不得人等，都是心胸狭隘的表现，即日常说的“气量小”。心胸狭隘往往影响人际关系，伤害他人感情的同时也给自己带来烦闷和苦恼，影响自己的情绪和在他人心目中的形象。

（五）拖拉

拖拉是不少大学生的通病。拖拉是指可以完成的事而不及时完成，今天推明天，明天推后天，正是：“春天不是读书天，夏日炎炎正好眠，秋多蚊虫冬又冷，一心收拾待明年。”

拖拉一方面耽误学习、工作；另一方面容易导致心理压力过大，引起焦虑，总觉得有事情没完成，干别的事也难以安心，还会贻误时机。

【知识加油站】

如何改变拖拉的习惯?

改变拖拉的习惯，首先要充分认识其危害性，找到自己拖拉的原因，下决心改变。其次要科学安排时间，凡事有轻重缓急，要一件一件完成，还要讲究科学的学习和工作方法。再次要敢于做不合心意或者需要花大力气的工作，必须完成的事，与其拖着、欠着，还不如及早动手，完成后会有一种如释重负的感觉，会有一种欣喜感、满足感、成就感，而拖拖拉拉只会带来疲倦、松垮及焦虑。

（六）抑郁

抑郁是大学生常见的情绪困扰，是一种感到无力应付外界压力而产生的消极情绪，常伴有厌恶、痛苦、羞愧、自卑等情绪体验。抑郁人皆有之，对于大多数人来说，抑郁只是偶尔出现，并且很快会消失的；但那些性格内向，多疑多虑，不爱交际，生活中遭遇意外挫折的人容易长期处于抑郁状态，甚至导致抑郁症。

（七）焦虑

焦虑是个体主观上预料将会有某种不良后果产生或模糊的威胁出现时产生的一种不安感，并伴有忧虑、烦恼、害怕、紧张等情绪体验。在这个竞争不断增强的社会里，每个人都可能处于一定的焦虑状态。适度的焦虑对于保持生命活力是必要的，这里所说的焦虑主要是指不适当的高度焦虑。被焦虑困扰的大学生常表现出烦躁不安、思维受阻、行动不灵活、身体不舒服等症状。

【知识加油站】

如何克服焦虑?

不适当的高度焦虑对身心健康是不利的。为此，应增强自信，相信车到山前必有路，总会有办法的；应不怕困难，磨炼意志；无所谓的担忧正是焦虑之本质，应当机立断，积极行动。总之，凡事尽最大的努力、把注意力从担心失败转移到积极行动、争取成功上来。

三、人格障碍

人格障碍，是指人格发展的内在不协调，指在没有认知障碍或智力障碍的情况下，个体出现异常的情绪反应、动机和行为活动。多数心理学家认同病态人格区别于精神病，它是正常人格的一种变异，介于精神病与正常人之间。人格障碍者行为问题的程度不同，有的人在社会生活中与正常人一样，只有他的家人才能感觉到他的怪僻与难以相处；严重者表现为明显的社会适应障碍，不能正常地学习和生活。值得重视的是，人格障碍与精神病是相互转化的，严重的人格障碍如果得不到及时有效的矫正，会成为精神病的高发人群。由于大学生中患人格障碍的较少，因而常常不能引起高度重视，但患有人格障碍的学生一经滋事，绝非小事。

（一）人格障碍的特点

（1）主要表现为情感和意志障碍，但思维和智能并无异常，一般始于青春期。

（2）有紊乱不定的心理特点和难以相处的人际关系，这是各类人格障碍患者最主要的行为特征。

（3）遇到困难时，不是积极地解决，而是想方法设法推卸责任，归咎为命运的捉弄或他人的过错，从而使自己摆脱尴尬或自己假想中的两难处境。

（4）他们没有责任心和责任感，对别人造成了伤害，也能做出自以为是的辩护。

（5）他们的认知、行为等具有绝对的恒定和一致性。

（6）缺乏自知，且不能从生活经验中吸取教训。

（7）他们不会先自我感知到人格上存有障碍，这与精神病不同，只有通过别人的埋怨或先发使他们的不良行为得以暴露，他们才会情绪不安。

（二）产生人格障碍的原因

（1）生物遗传因素。有调查表明，人格障碍患者亲属中，人格障碍的患病率要高于一般人，且血缘关系越亲近患病率越高。

（2）病理生理因素。人格障碍患者对静态和紧张刺激的自主反应程度比正常人低，他们倾向于缺乏焦虑，因而不能从经验中吸取教训。

（3）后天生活环境和社会因素。这是形成异常人格的外因，而且是很重要的因素，人格障碍患者的异常情绪反应和行为方式，都是儿童成长过程中习得的。儿童期间单纯通过观察、模仿，即可习得许多情绪反应和行为方式，包括一些社会不良的行为，并可通过条件反射机理而巩固下来。追溯人格障碍患者的童年，常可发现不良环境对人格偏离所产生的影响。家庭成员特别是父母的行为对儿童人格的影响极大。另外，成年人在长期严重的精神打击下（如冤狱、单独隔离禁闭），也会发生显著性的人格改变。

（三）大学生的人格障碍类型

人格障碍的类型有很多，目前尚无统一公认的分类。参照美国《心理障碍的诊断和统计手册》（DSM-Ⅲ）中的分类，人格障碍分三大类：第一类以行为怪僻、奇异为特点，包括偏执型、分裂型人格障碍；第二类以情感强烈、不稳定为特点，包括癔症型、自恋型、反社会型、攻击型人格障碍；第三类以紧张、退缩为特点，包括回避型和依赖型人格障碍。下面选取大学生中出现频度相对较高的几种类型进行简要介绍。

1. 自恋型人格障碍

自恋型人格障碍的主要特征如下：对批评的反应是愤怒、羞愧或者耻辱，有时未必直接表露出来；喜欢指使别人，要他人为自己服务；过分自高自大，对自己的才能夸大其词，希望受到特别关注；坚信他关注的问题是世界上独有的；对无限的成功、权力、荣誉、美丽或理想的爱情有非分的幻想；认为自己应享有他人没有的特权；渴望持久的关注与赞美；缺乏同情心；有很强的嫉妒心。

自恋型人格障碍的核心特征是以自我为中心。自恋型人格的大学生，自我评价过高，主观自我高于客观自我，因而在生活中爱听表扬忌听批评，且具有高度幻想性，特别是过高的自我评价带来成功的虚幻体验，希望引起别人的重视。一般而言，这类学生天赋较好，一直处于被关注的中心，自信心与自尊心都较强，缺乏失败的生活经历与亲身体验。因一直生活在理想世界中，当其面临挫折或失败时，无法面对现实世界而容易导致心理崩溃。

2. 回避型人格障碍

回避型人格障碍的主要特征有：在没有从他人处得到大量的建议与保证之前，对日常事情不能做出决策；明显的无助感，希望别人为自己做出人生的重要决定；依赖性强，很少独立地开展计划或行动；过度容忍，为讨好别人甘愿做自己内心不愿意做的事，不轻易拒绝别人；容易因未得到赞许或遭到批评而受到伤害；当亲密关系中止时感到失落无助甚至崩溃；经常受被人抛弃的念头折磨，且在交往中担心被朋友抛弃。

回避型人格障碍的核心是退缩，当面临内心的冲突时，他不是选择解决问题而是选择逃避，一味地迁就忍让。这与个体的不良成长环境和早期生活经验有关。

3. 冲动型人格障碍

冲动型人格障碍又称爆发型或攻击型人格障碍，是一种以行为与情绪有明显冲动性为主要特征的人格障碍。发作前没有先兆；发作时不考虑后果，不能自控，易与他人发生冲突；发作之后能认识到错误，间歇期一般表现正常。

4. 不成熟型人格障碍

不成熟型人格障碍的主要特征有：情绪幼稚，依赖性极强；以自我为中心，缺乏道德感、义务感，对别人缺乏同情心；不遵守社会道德，甚至胡作非为，不讲道理；不善于与人相处、不珍惜友谊；自我欣赏，自以为是，听不得一点儿批评和意见；适应能力差，习惯于让别人照顾自己，如处境不良或遭受挫折，则容易自暴自弃、暴怒发狂，残忍伤害自己及别人。

【案中观察】

我这是怎么了？

我平时对自己要求很严格，一点儿时间也不许自己浪费，成绩一直是班上前几名，大一的时候还任班干部，深得教师喜欢。大一后半学期，父亲节约开支给我买了块表作为奖励。大二上半学期，我开始害怕将表弄丢了，结果果真在一次早操中将表丢了。父母挣钱不容易，所以表弄丢之后我很内疚，常常有意识地到寝室和马路边努力寻找，希望能够找回，但始终没找到。后来我家添置了沙发，平时我喜欢坐在沙发上看书。一次母亲说别坐坏了，以后我就再也不敢坐沙发了，后来发展到看见椅子也害怕了。最近，我老是想着自己是否渴了或者饿了，泡在盆里的衣服是现在洗还是过一会儿洗，椅子该不该坐，见到电灯要反复检查电灯开关，出了门要反复看是否锁好门等。

评析：这是典型的强迫型人格障碍。他的强迫型人格障碍表现为对特定的人、物或场景有按捺不住的恐惧、紧张心理，心里明知不对却不能克制。强迫型人格障碍的主要特征是把冲突理智化，过分压抑情绪，因此其纠正的方法主要是减轻和放松精神压力，同时给予合理的心理疗法。

第三讲 浪遏飞舟——大学生健全人格的塑造

大学生健全人格的塑造是心理健康教育的重要组成部分，它不仅关系到大学生自身的健康与成才，也关系到社会的发展和进步。凡是有理想、有志向的大学生，都希望自己的人生辉煌卓越，但辉煌的人生首先要具备健全的人格。

一、健全人格的含义

健全人格是指各种良好人格特征在个体身上的集中体现，国内外学者关于健全人格都做了相应论述。

美国心理学家罗杰斯提出“机能充分发挥型人”的特征：①接受自身体验的意愿；②对自我的信任；③自我依赖；④作为人而继续成长的意愿。

美国心理学家奥尔波特提出人格健全的六个特点：①自我扩展的能力；②体现自我客观化；③体现定向一致的人生观；④密切的人际交往能力；⑤情绪上有安全感和自我认可；⑥体现知觉的现实性。

美国人本主义心理学家弗洛姆提出“创发者”模式，他认为“创发者”有四个特征：①创发性爱情；②创发性思维；③有真正的幸福感；④以良心为其定向系统。

中国台湾学者白博文提出健全人格的条件：①自知之明；②自我统整；③良好的人际关系；④乐观进取的工作态度；⑤明达的人生观。

我国学者高玉祥提出健全人格的特点：①内部心理和谐发展；②能够正确处理人际关系，发展友谊；③能把自己的智慧和能力有效地运用到能获得成功的工作和事业上。

在综合国内外学者对健全人格看法的基础上，我们认为健全人格包括以下几个方面的内容。

（一）和谐稳定的人际关系

和谐稳定的人际关系是人格健全水平的反映，同时又影响和制约健全人格的形成与发展。具有健全人格的人常常以诚恳、公平、谦虚和宽容的态度对待他人，同时也得到他人的尊重和接纳。

（二）良好的社会适应能力

社会适应能力反映了人与社会的协调程度。人格健全的人能和社会保持良好的密切接触，以一种开放的态度，主动关心社会、了解社会；观察社会中的各种事物和现象，看到社会发展的积极面和主流；在认识社会的同时，使自己的思想、行为跟上时代的发展，与社会的要求相符合，并且能够很快适应新的环境。

（三）乐观的态度

态度乐观的人常常看到社会生活的光明面，对前途充满希望和信心，对自己从事的工作和生活抱有浓厚的兴趣，能充分发挥自身的智慧和能力，并获得成功。即使在工作、生活中遇到困难和挫折，也能耐心地去应对；相反，态度悲观的人常常看到社会生活的阴暗面，对任何事物都不感兴趣，思想、行为很难跟上时代发展的步伐，与社会的要求不相符合，不能很快适应新的环境。

（四）正确的自我意识

自我意识是个体对自己和自己与他人、周围世界关系的认识。具有健全人格的人对自己有恰如其分的、全面客观的评价，充满自信、扬长避短，愉悦地接纳自己，并在日常生活中能有效地调节自己的行为与环境保持平衡。缺乏正确自我意识的人常常表现出自我冲突、自我矛盾、自视清高、盲目自信，做力所不能及的事情；或者自我否定、妄自菲薄，轻易放弃一切可能的机遇。

（五）良好的情绪调控能力

情绪标志着人格的成熟程度。人格健全的人情绪反应适度，具有调节和控制情绪的能力。经常保持愉快、满意、开朗的心境，并富有幽默感；当消极的情绪出现时，能合理地宣泄、排除、转移和升华。

【小试牛刀】

下面是一项小测试，不妨试一试。

（1）当你站立时，为了舒服，你总是爱把胳膊放在椅背上吗？

（2）你有咬手指或手指甲的习惯吗？

（3）当你与人交谈或倾听别人谈话时，喜欢不停用手指击打桌面吗？

（4）当你站立时，你喜欢双臂抱肩吗？

（5）开会时，你总是不断改变姿势，以求坐得更舒服些吗？

（6）当你谈话时：

①你感到抑扬顿挫，眉飞色舞，手舞足蹈；

②你感到有些紧张；

③你把手轻轻地放在衣兜里。

（7）聚会时，不论你想不想吸烟，你总爱点上一支吗？

（8）参加宴会时，你总是把眼睛盯在一盘菜或附近几样菜上吗？

（9）看到别人把大拇指藏在手心，拳头紧握时，你害怕吗？

评分：第6题回答①得2分，回答②得1分，回答③得0分。其余8题，回答“是”得1分，“不是”得0分。

结果分析：

0～3分者——人格健全，不论在什么情况下，都能沉着坚定、稳重。你的举止表现说明你是一个沉着老练、遇事不慌、自信、自强、分寸得当、自制力强的人。这种自我控制能力是健全人格的重要特点。

4～7分者——人格健全状况欠佳。表面上看，你很平静，但常常失去平衡。高兴时，你信口开河、夸夸其谈；不高兴时，你冷眼相看、袖手旁观、情绪变化大。对你来说，至关重要的是学会自我控制，从而达到人格结构的稳定与健全。

8～10分者——人格健全问题严重。你很不沉着，如果不学会自我控制，坚定信心，你在哪里都无法安定，总不舒服，也许你自己还不以为意，可在别人眼里却很刺眼。关键是要达到内心的平衡、和谐和安定，同时注意与周围的环境相适应。

二、健全人格的塑造

对于大学生健全人格的塑造，一是要适应人格发展的需要，二是要服从社会进步的需要。这是大学生健全人格塑造的基本原则和指导思想，也是鉴别大学生健全人格塑造效果的尺度。那么如何塑造健全的人格呢？

（一）树立正确的世界观、人生观与价值观

世界观、人生观、价值观是个性倾向性的中心内容，是一个人理想信念的基础，是一个人对现实生活各个方面态度的核心，是调节和控制个人行为的最高层次，直接决定一个人人生道路的方向。如果有了正确的世界观、人生观与价值观，就能对社会、对人生持正确的认识，并采取适当的态度和行为反应；就能使人站得高、看得远，并正确地体察和分析客观事物，做到冷静而稳妥地处理事情；同时，胸怀开阔，保持乐观主义的态度，提高对心理冲突和遭受挫折的耐受能力，有利于保持心理健康。大学阶段是一个人形成世界观、人生观与价值观的重要阶段，大学生应该自觉努力学习，树立正确的世界观、人生观与价值观。

（二）正确认识自我，积极悦纳自我

人格的核心是自我意识。心理学研究表明，凡是对自己的认识和评价与本人的实际情况越接近的，表现出的自我防御行为就越少，社会适应能力就越强。相反，自卑感过重的人或过于夸大自我的人，常会感到紧张焦虑而导致心理问题产生。因此，大学生应该深入了解自己，正确认识和评价自己，要充满自信，不苛求自己，不追求十全十美的形象，不

因自己存在的缺点和不足而沮丧，不以己之长来比人之短，也不以己之短来比人之长。制定目标要尽可能符合自己的实际情况。如果目标过高，难以实现，就会倍感压力；如果目标过低，轻易取胜，则易滋长自负心理。因此，正确认识自我、积极悦纳自我的态度对于促进心理健康至关重要。

（三）努力学习科学文化知识

学习科学文化知识，增长智慧的过程也是优化人格的过程。卡尔·荣格有句名言："文化的最后成果是人格。"培根也有句名言："知识就是力量。"事实上，有不少人格发展缺陷源于无知，如无知容易使人自卑、粗鲁，而丰富的知识则使人自信、坚强、理智等。有了智力基础，人格发展的速度与质量才有保证。当前，许多理工科的大学生缺乏人文知识，文科大学生缺乏科学精神，这对于人格的健全发展是不利的，当代大学生应做到科学与人文并重。

（四）积极参加实践活动，从小事做起

实践是人格发展的必由之路。无论是知识的获取、能力的形成，还是意志的磨炼都离不开实践。如一个人的勤奋、坚韧、乐观、细致等人格特征都是长期实践锻炼的结果。大学生应积极参加各种有益身心健康的实践活动，如近年来兴起的青年志愿者活动对于大学生健全人格的发展与塑造就很有意义。

一个人的言行往往是其人格的外化；反过来，一个人日常言行的积累成为习惯，就是人格。优化人格就是要从身边的小事做起，无论是集体还是社团组织的活动，都要积极参与。许多人所具有的坚韧、正直、细致、开朗等人格特征，其实都是一点一滴形成的。从我做起，从小事做起，是每一个大学生努力完善人格的起点，是优化、健全人格的有效途径。

（五）发展良好的人际关系，融入集体

人格的发展、塑造过程是个体实现社会化的过程，是个体与他人、集体、社会相互作用的过程。通过与他人交流，可以看到别人的长处、自己的不足，能够及时调整人格发展的方向。当代社会是一个合作与竞争并存的社会，人际交往能力成为大学生的基本素质之一，对大学生的生活、学习和就业都具有极大的影响和作用。

集体是优化人格的土壤，也是表现人格的舞台。一个人的人格特征在集体中形成，在集体中展现。通过与集体中他人的交往，自己的某些人格品质或受到赞扬、鼓励，或受到压制、排斥，这有助于个体做出有针对性的调整。

（六）把握尺度，防止"过犹不及"

人格发展和表现的度是十分重要的，否则就会"过犹不及"，适得其反。具体来说，应该是：坚定而不固执，勇敢而不鲁莽，豪放而不粗鲁，好强而不逞强，活泼而不轻浮，机敏而不多疑，稳重而不寡断，谨慎而不自负，忠厚而不愚蠢，老练而不世故，谦让而不软弱，自信而不自负，自谦而不自卑，自珍而不自娇，自爱而不自恋。

人格的“度”还表现在不同的人格特质要协调发展，做到“刚柔并济”，对于“刚”者应多发展些“柔”，对于“柔”者应多发展些“刚”，这样才能形成合理、和谐的人格结构。此外，还要因人、因时、因地地表现人格特征，有时表现“刚”比表现“柔”好，有时表现“柔”比表现“刚”好，有时应多表现自信，有时应多谦恭，即所塑造出的人格应有韧性，有较强的应变、适应能力。

人人都想追求健全的人格，但是不同的人由于客观条件和具体环境的不同，人格层次也不同。每个人要根据自身的情况提出合理的人格塑造的目标，健全人格的塑造是一项系统的自我改造、自我实现的工程，要从小事做起，贵在坚持。健全的人格塑造既是大学生成长发展的要求，也是时代的呼唤，只要不懈地努力，就可以使自己的人格更加健康、完善。

【心理训练】

个性发现

目的：认识他人，坦诚反馈，了解自我。

准备：每人1张“个性特征表”（见表4-1），1张白纸，1支笔。

操作：指导者给每人发1张“个性特征表”，请大家仔细阅读，然后研究一下团体内其他成员每个人的个性，把你的认识记下来，对每个人可选择一种类型或选择多种（3～5种）特征。每人都写完后，指导者按顺序找出其中一人，请其他人说出对他的分析，最后由他本人发表对别人评价的感受及自我分析。这两类分析也许非常一致，也许差别很大。为什么会有差别，深入探讨一下会有许多收获。

表 4-1　个性特征表

类　型	长　处	短　处	适合职业
乐天型	热切、诚恳、乐观、抱希望、富感情、优越感、感性强	冲动、浮躁、不坚定、意志弱、易怒、易懊恼	讲解员、生意人、演员
易躁型	意志坚决、坚强、敢冒险、独立敏锐	急躁、激烈、不太会同情人、易谋私利、骄傲自大、报复心重、不太会深思	将军、老板、政治家
忧郁型	思想深远、透彻、能自治、诚实、可靠、有天分、有才华、理想主义、完美主义、忠心	抑郁、沉闷、忧愁、痛苦、多猜疑、情绪化、好自省、过分追求完美、易怒、悲观	艺术家、哲学家、教授
冷静型	平静、稳定、随遇而安、温和、自足、实事求是、善分析、有效率	冷淡、缺感情、迟钝、懒惰、无动于衷、不易悔悟、自满	教师、科学家、作家

【阅书观影】

1. 书目推荐——《突破天性》，布赖恩·利特尔著

本书提供了一种新的看待自己和他人的方式，通过个人计划、个人建构、稳定特质、自由特质等多个层次、多种视角来认识自己和他人。布赖恩·利特尔告诉人们，想要了解

他人，不能问“你属于什么人格类型？”，而应该问“你生命中真正重要的事情是什么？”

2. 影视推荐——《黑天鹅》

本电影讲述的是挑选天鹅舞演员的故事。舞蹈“天鹅湖”排练的过程中，因前领舞贝丝离去，总监托马斯决定海选新领舞，且要求领舞分别饰演黑天鹅与白天鹅。女主角妮娜原本是循规蹈矩的顺从者，在竞争领舞的过程中一步步触碰到自己内心所隐藏的激烈的阴暗面，然后撕裂结痂，直击心中的真“恶”，并与之反抗。电影通过妮娜的改变展现了人性中善恶截然分开带来的心灵折磨。

主题五　学海无涯“乐”作舟——学习篇

培育能力的事必须继续不断地去做，又必须随时改善学习方法，提高学习效率，才会成功。

——叶圣陶

【活动任务书】

<table>
<tr><td>活动名称</td><td>发掘潜力，超越自我</td><td>姓名</td><td></td><td>完成时间</td><td></td></tr>
<tr><td rowspan="2">目标</td><td colspan="5">学习目标：
1. 通过活动，正确评估自己，找到学习潜能发挥的匹配点，优化学习能力
2. 学会制订学习计划，掌握学习方法
3. 通过学习心理问题的各种表现，查找影响自己学习的非智力因素的各要素，认识自己，学会学习</td></tr>
<tr><td colspan="5">思政目标：
认识自我，将自己的追求和国家的理想相结合来实现自身价值</td></tr>
<tr><td>任务</td><td colspan="5">1. 通过游戏，认识到人是各有所长、各有所短的，人的潜能各有不同
2. 自我放松，释放潜能
3. 开启你的记忆力</td></tr>
<tr><td>实施过程</td><td colspan="5">1. 根据具体活动内容，以个人或者小组形式制订计划，明确任务等
2. 按计划和分工实施任务
3. 各小组交流学习成果，整合知识</td></tr>
<tr><td>注意事项</td><td colspan="5">要用心去感受，在活动中全身放松</td></tr>
<tr><td rowspan="3">组员及
分工情况</td><td>队号</td><td colspan="2"></td><td>队长</td><td></td></tr>
<tr><td>队员</td><td colspan="4"></td></tr>
<tr><td>任务分工</td><td colspan="4"></td></tr>
</table>

【心理导航】

赵某，女，18岁，某农业院校大一学生。父母均在家务农，姐弟3人，赵某排行老大，家庭经济状况一般；不太主动与人交往，性格敏感、内向。从小学到高中，赵某学习刻苦，成绩优秀，一直担任班干部。父母对其要求严格，采用权威式管教方式。进入大学后，她依旧保持着高中的学习热情和学习方式，可学习效果却很不理想，考试成绩只能勉强及格。

近几个月来，她郁郁寡欢，食欲缺乏、睡眠较差，觉得精力不济。对于学习她没有兴趣，难以集中注意力复习功课，常伴有头痛、失眠；每逢考试就紧张焦虑，有大难临头的感觉；尽管考试尚能及格，但觉得自己没用，成绩太差，对不起父母。近几个星期她常因头痛而缺课，并对此非常不安、自责。

想一想：

（1）赵某为什么会出现考试焦虑？

（2）你出现过考试焦虑吗？你是怎么克服的？

第一讲　精进不休——大学生学习心理概述

一、学习和学习心理概述

【知识加油站】

大学学习的新模式

（1）微课——基于学校资源、教师能力与学生兴趣，以主题模块组织起来的相对独立又完整的小规模课程教学，其主要形式是课堂教学视频（课例片段）。

（2）慕课——即大规模在线开放课程。

（3）翻转课堂——重新调整课堂内外的时间，将学习的决定权从教师转移给学生。

（4）在线学习平台，又叫网络教学平台，是网络在线学习和教学全过程的技术支持系统。

（一）学习的概念

许多心理学家、教育学家和哲学家从不同的角度提出了学习的定义。联合国教科文组织在1987年所发布的关于教育的报告《教育——财富蕴藏其中》指出：“学习是指个体终身发展、终身教育的理念。”我们认为，学习的概念有广义与狭义之分。从广义上讲，学习是人和动物在生活过程中通过实践训练而获得的由经验引起的相对持久的适应性的心理变化，即有机体以经验方式引起的对环境相对持久的适应性的心理变化。从狭义上讲，学习是指学生在教师的指导之下，有目的、有计划、有组织、有系统地进行学习。

【小试牛刀】

以下哪些行为可能是学习?

（1）躺在床上看小说。

（2）蜜蜂采蜜。

（3）去图书馆自习。

（4）蜘蛛结网。

（5）在操场上散步。

（6）练习骑自行车。

（7）鹦鹉学舌。

（二）学习心理的概念

了解大学生学习中的心理特征和心理障碍，对于培养他们健康的学习心理，提高学习水平，使他们成为学有专长的人才具有十分重要的意义。那么什么是学习心理呢？学习心理就是学生在学习过程中，由于受到各种内在因素与外在因素的影响或刺激而形成的各种心理反应。对大学生的学习心理的研究主要是从学习目的、学习动机、学习兴趣、学习策略、常见的学习心理问题等方面展开的。

【知识加油站】

联合国教科文组织对大学生提出的要求

—学会做人	learn to be
—学会做事	learn to do
—学会与人相处	learn to be with others
—学会学习	learn to how to learn

二、大学生学习的特点

（一）学习的自主性

大学生自我支配的时间较多，因此学习具有相当大的自主性，无论从学习内容、学习时间，还是学习方式都更加强调个体在学习活动中承担的角色。自主性的学习方式将贯穿于大学学习的整个过程，并反映在大学生活的各个方面，如学习的自主安排，学习内容、学习方法的自主选择，以及大学生自学能力的培养等。因此，培养和提高自主学习能力，是大学生必须完成的一项重要任务，也是进行终身学习的基本条件。

【知识加油站】

大学学习与中学学习的不同

大学生自走进校园的第一天起，就会发现现实生活中的大学与想象中的大学有很多不同，特别是在学习方面。那么，大学学习与中学学习究竟有哪些不同呢?

1. 学习目的不同

中学主要是传授基础科学、文化知识，本质上是一种中等水平的普通教育，为广大学生的继续深造和就业做一般性的基础文化知识准备，基本没有考虑未来职业的具体要求，中学的学习是基础学习。而大学学习则主要是一种专业学习，其培养目标是培养未来社会的生产者和建设者，尽可能照顾到未来具体职业的特殊教育，因此大学学习具有职业定向性的特点。

2. 学习内容不同

中学教学内容是多科性的、全面的、不确定方向的。大学教学则是一种基本定向的专业教学，在学习内容上表现出多元化和丰富性的特点，具体表现为以下几点：一是专业化程度较高、职业定向性较强；二是范围广，既有自然科学，又有人文科学，特别是一些交叉学科； 三是逐步走向社会，扩展到生活领域，从社会实践中学习；四是注重能力的培养；五是注重情感态度的学习；六是开始创新探索，进行科学研究。

3. 学习方法不同

中学时期，教师教学生是“手拉手”领着教，教师安排得详细周到，不少学生养成了依赖教师、只会记忆和背诵的习惯。而大学教师则是“引着走”，提倡学生自主学习，课外时间要自己安排，逐渐从“要我学”向“我要学”转变，不采用题海战术和死记硬背的方法，提倡生动活泼地学习，提倡勤于思考、自主学习。

（二）学习的能动性

在学习方法的选择上，大学生更应发挥能动性。大学生学习的能动性主要表现在两个方面。

（1）大学生对学习内容具有自主选择性。大学生选择学习内容主要考虑以下几方面：学科内容与职业的契合性、学科的实用性、自己的兴趣、未来的职业生涯选择及对自身素质的拓展等。如计算机、外语始终是学生学习的重点与热点，就是因为科技发展日益显示出其重要性。再者，大学生可以控制自己的学习时间、学习方法与学习内容。自学能力已经成为衡量大学生学业拓展能力的重要指标。

（2）高校更加重视学习知识活化能力，即知识应用能力，课程设计、学年论文、毕业论文与毕业设计都体现着知识的运用能力，也充分体现学生的主观能动性。

（三）学习的专业性

大学生的学习是在确定了基本的专业方向后进行的，因此其学习的职业定向性较为明确，是为将来走上工作岗位、适应社会需要所进行的学习，专业与学科群的划分也将大学学习与未来职业生涯紧密联系在一起。专业学习要求大学生既要了解本专业的前沿知识与经典理论，又要掌握与专业相关的基础知识与能力。

（四）学习的广泛性

广泛性反映了大学学习的多层面、多角度的特点，表现在两个方面。

第一，大学生在学习过程中可以通过各种不同的途径和渠道吸收知识，也可以靠广泛的兴趣去探求课程之外的知识。上课时间之外，学生有较多时间自由支配，可以在学校为其提供的各种条件下进行广泛的学习，如参与学术报告、知识讲座、专题讨论、社会调查等。

第二，大学生在学习活动中可以发展自己的兴趣，不断丰富、调整自己的学习内容，形成合理的知识结构。如果想取得事业成功，必须同时具备人文素质和科学文化素质，这犹如一枚硬币的正反两面，是不可分割的。

（五）知识的学习与能力、素质的培养并重

无知必然无能，目前正在进行的高等教育改革一再强调知识技能的学习与实践能力的培养同样重要。那种只重视学生学习具有实用价值的知识，忽视学生创造能力的培养，必然遭到摒弃。

（六）大学生学习的研究探索与创新性

大学生学习的目的不仅在于掌握知识，更在于探究知识的形成过程与科学的研究方法，了解学科的发展前沿、存在的问题及解决的思路。目前，高校普遍加强大学生创新能力的培养，在课程设置、课程安排、课程衔接上突出学生的主体地位，加大对学生实践环节的培养，旨在提高大学生的创新能力。

三、大学生学习的心理因素

（一）影响大学生学习心理的智力因素

智力因素是学习的必要心理条件，也是成才的必要条件。中国的心理学家普遍认为，智力因素包括观察力、注意力、记忆力、思维力和想象力五种因素，并以思维力为核心。学习过程是以一定的智力发展水平为前提的心智活动过程。

（1）观察力对学习心理的影响：观察力是大学生学习的基本智力条件。大学生以观察作为学习的基本手段，以获得基本的、丰富的感性材料，以利于大学生更好地理解和掌握理论知识，满足大学生自我发展的需要。良好的观察力能使大学生从学习中积累经验，促使他们产生强烈的探索欲望。大学生们从细致的观察中发现问题、提出问题，解决问题，弄懂其中的道理，从而加深对所学知识的理解。国外心理学家和教育学家对学习成绩较差的大学生进行了长期研究，认为他们普遍缺乏观察力，因此也就缺乏探索进取心。观察力还是决定大学生成才的关键条件。是否有创造力，是大学生能否成才的关键，而观察力强

则是富有创造性学习能力的大学生的重要心理特征。

（2）注意力对学习心理的影响：注意力是心理活动对一定对象的指向和集中。大学的学习丰富多彩，图书馆是大学生学习的最佳场所。大学生在随意阅览中获得许多知识，这种无意注意所获得的知识是比较零散的、不成体系的。在大学的课程中，理论课和一些专业课比较枯燥无味，但是大学生必须全神贯注地学习，以应付繁重的学习任务，所以必须依靠有意注意。但有意注意也会消耗大学生更多的精力，造成大脑紧张、心理压力加大。有意后注意是一种更高级的注意形态，是大学生进行创造性学习的必要条件。有意后注意就是事前有预定目的，不需意志力努力的注意。这种注意的形成有两个条件，一是要对活动有浓厚的兴趣；二是活动的自动化，因为它是由有意注意通过努力学习而转化来的。

【案中观察】

F同学，男，17岁，大学二年级。下面是他对咨询师的自述。我现在感到学习压力很大，注意力经常不集中，学习效率也很低，有时做一道题要花很长时间，上自习课看书总是走神。看到周围的同学学习很刻苦，我也不敢懈怠，每天拼命学习。每天早上7点起床，有时早餐也来不及吃就要赶到教室，中午也舍不得休息，吃过晚饭，看一会儿报纸，就去看书，要到晚上12点甚至凌晨1点才睡，结果第二天上课总是犯困。

想一想：

1. F同学的这种情况对学习心理有什么影响？
2. 该如何去帮助他？

（3）记忆力对学习心理的影响：记忆是人们最熟悉的心理现象，每个人都能随时体验到，人人都希望自己有良好的记忆力。记忆力与大学生的学习更是有着十分密切的关系，记忆力好的大学生，学习和工作的效率较高，就大学教师对“聪明大学生”的特点的看法做调查，其中43.8%的大学教师认为记忆力强是“聪明大学生”的智力特征之一。

【案中观察】

法国历史上著名的军事家拿破仑具有超强的记忆力。据说他能记住每一个士兵的面孔和名字，能将18世纪军事家所重视的一切军事理论全部熟记在心。常常在大战正酣之际，捕捉到转瞬即逝的战机，不用看地图仅凭记忆就能果断地发布命令，从而改变两军的命运，使他的大军犹如狂风席卷了整个欧洲。他的名言“没有记忆的大脑，等于没有警卫的要塞”流传至今。

（4）思维力对学习心理的影响：思维也就是我们常说的思考、思索，是一种高级的心理活动，即反映客观事物一般属性和内在联系的心理活动。比如，人们遇到问题时常说“我要想一想”，这里的“想一想”指的就是思维。思维力是智能结构的核心，是学习成功的智力要素。我国的教育家孔子也曾说过：“学而不思则罔，思而不学则殆。”可见思维力在学习活动中的重要意义。人们要得到对于客观事物的理性认识，必须通过思维才能实现。

（5）想象力对学习心理的影响：想象力是在表象基础上创造新形象的能力或本领。想象力是智力结构的动力因素，是智力活动的翅膀。人的认识活动要富有创造性，就离不开丰富的想象力。想象力和思维力是相互交叉、相互渗透的，如果没有想象力的支持，是不可能产生创造性思维的。

【集思广益】

情景剧表演

学生小方，以高分考进了某大学，父老乡亲都为她感到骄傲。但是进入大学后，她对于学校采取双语教学的方式却一直不能适应，因为在她的家乡，基本上不用英语交流，而同寝室的同学上课却能用英语对答如流。学习上的竞争压力使得小方产生了退学的念头，幸好辅导员及时发现，在教师和班级同学的帮助下，小方终于走出了困境，认识到自己的问题，敢于直面学习上的挑战。

请小组内自行分配，完成该情景剧的角色表演。

（二）影响大学生学习心理的非智力因素

美国心理学家特曼等人曾对1 500名学生进行了长达50年的追踪研究，结果发现150名成功者与150名不成功者之间在智力上并没有什么大的不同，主要是进取心、自信、兴趣等非智力因素起着重要的作用。非智力因素指不直接参与认知过程的心理因素。非智力因素是大学生学习的重要心理条件，它决定一个人肯不肯学。下面介绍影响大学生学习心理的部分非智力因素。

（1）兴趣。“兴趣是最好的教师”，这句话充分说明了兴趣与学习的关系。浓厚的兴趣能推动个体进行探索性的学习，对某一学科有着强烈而稳定兴趣的大学生，会将此学科作为自己的主攻方向，在学习中主动克服困难，排除干扰。兴趣是大学生成才的重要因素，大学生有学习兴趣后，会刻苦钻研，向着更高目标迈进。

（2）情感。情感分为情绪和情操两种形式，情绪是比较低级的情感形式，一般与人的生理需要相联系，但也与社会需要有联系；它持续的时间比较短暂，但也有比较持久的；它的外部表现比较明显，但也有不太明显的。而情操则是习得的、比较高级、比较复杂的情感，它与人的社会需要相联系，其主要表现形式有理智感、道德感和审美感，统称为高级社会情感。在学习活动中，适当的激情、良好的心境、饱满的热情是重要的心理品质；而情操则是推动学习的强大动力，是一个人取得学业成就大小的先决条件。人是自己情感的主人，在学习过程中，学生既要通过学习活动形成和发展自己的情操，又要保持和激发积极的情绪状态，满腔热情地投入到学习中去；要学会用理智支配情感，做情感的主人；要克服消极的情感，防止它们对学习活动产生阻抑作用。

（3）态度。学习态度是指学生在学习情境中表现出来的比较稳定的心理倾向。大学生的学习态度直接影响其学习行为和学习成绩。教师的课堂风格、人格魅力与教学水平直接影响学生的学习兴趣，在很多情况下，学生会有意或无意地吸取、模仿教师的某些行为，把教师作为自己心目中的模范，学习中会产生积极的态度。

（4）意志。有人曾对大学生的学习做这样的描述，大学生之间差别最小的是智力，差别最大的是意志。因此，意志在大学生的学习中起着重要作用。在学习活动中，大学生第一要下定决心，明确学习目的；第二要树立信心，相信自己的力量；第三要持之以恒，百折不挠，只有这样才能取得学习的成功。在学习过程中，大学生必须通过具体的学习、工作来培养自己的意志，必须通过攻克难关、迎战困难来锻炼自己的意志。总之，要利用一切机会和环境培养自己良好的意志品质。只有那些在学习上克服重重困难、勇于攀登高峰的人，才能称为意志坚强的人。

【案中观察】

你相信奇迹吗？你相信既盲又聋哑的人能成为作家吗？有的，这个人便是伟大的海伦·凯勒女士。她在一岁多的时候，因为生病，从此眼睛看不见，并且又聋又哑了。由于这个原因，海伦的脾气变得非常暴躁，动不动就发脾气摔东西。她家里人看这样下去不是办法，便替她请来一位很有耐心的家庭教师苏丽文小姐。海伦在她的熏陶和教育下，逐渐改变了。她了解每个人都很爱她，所以她不能辜负他们对她的期望。她利用仅有的触觉、味觉和嗅觉来认识四周的环境，努力充实自己，后来更进一步学习写作。

几年以后，当她的第一本著作《我的一生》出版时，立即轰动了全美国。海伦虽然五官残缺，但是她能克服不幸，完成大学教育。之后更致力于教育残缺儿童的社会工作，这种努力上进的精神，实在值得我们效法。海伦·凯勒能够不因身体缺陷而自暴自弃，反而更加努力上进，所以才有卓绝的成就。

（5）性格。陶行知先生从教育实践中得出，良好的性格特征主要有以下四个方面：一是努力奋斗；二是实事求是；三是独立意识；四是创造精神。一个具有良好性格特征的大学生，可以保证其具有正确的学习动机、稳定的学习情绪、持久的学习兴趣和顽强的学习意志，从而提高心智活动的水平，获得学习活动的圆满成功。

第二讲　学海泛舟——探索大学生的学习动机

动机对人的行为、活动有极为重要的意义，它决定个体活动的自觉性、积极性、倾向性和选择性。

学习动机是指引发与维持学生的学习行为，并使之指向一定学业目标努力的一种内在驱动力。学习动机反映学习者的某种需要，它决定学习的方向与进程，是影响学习效果的重要因素之一。

马云曾说过，人要永远问自己3个问题：你有什么？你要什么？你放弃什么？只有明白自己要什么，走得才会踏实、稳健！正如他的求学经历和创业经历一样，明确目标，做好规划，不断实践，不断创新。

【心理自测】

你的学习动机怎么样?

说明：请仔细阅读以下每一题，根据你的实际情况，逐一回答每个问题，符合的在左侧对应的括号内画"√"。

(　　) 1. 一读书就觉得疲劳与厌烦，极少主动学习。

(　　) 2. 除了教师指定的作业，不想再多看书。

(　　) 3. 如果别人不督促的话，极少主动学习。

(　　) 4. 看书时，需要很长时间才能进入状态。

(　　) 5. 在学习中遇到不懂的地方，根本不想设法弄懂它。

(　　) 6. 心里常想：自己不用花太多的时间，成绩也会超过别人。

(　　) 7. 迫切希望在短时间内大幅度提高自己的学习成绩。

(　　) 8. 为了及时完成某项作业，宁愿废寝忘食、通宵达旦。

(　　) 9. 为了学好功课，放弃了许多感兴趣的活动，如体育锻炼、看电影、郊游等。

(　　) 10. 常为短时间内成绩没能提高而烦恼不已。

(　　) 11. 课本上的基础知识没啥好学的，只有看高深的理论、读大部头作品才带劲。

(　　) 12. 花在课外读物上的时间比花在教科书上的时间要多得多。

(　　) 13. 把自己的时间平均分配在各科上。

(　　) 14. 觉得读书没意思，想去找个工作做。

(　　) 15. 平时只在喜欢的科目上狠下功夫，对不喜欢的科目则放任自流。

(　　) 16. 给自己定下的学习目标，多因做不到而不得不放弃。

(　　) 17. 总是为同时实现好几个学习目标而忙得焦头烂额。

(　　) 18. 几乎毫不费力就实现了自己的学习目标。

(　　) 19. 为了实现一个大目标，不再给自己制定循序渐进的小目标。

(　　) 20. 为了应付每天的学习任务，已经感到力不从心了。

评分与评价：

画"√"得1分，未画"√"不得分，将各题得分相加，算出总分。

● 如果你的总分在14分以上，说明你有严重的学习动力不足，需要调整。如果总分在6～10之间，说明你的学习动机存在问题，必要时要调整。

● 上述20题可分成4组，分别测查4个方面的学习困扰：1～5题测试你的学习动机是不是太弱；6～10题测试你的学习动机是不是太强；11～15题测试你是否缺乏学习兴趣；16～20题测试你在学习目标上是否存在困扰。

● 如果你对某组中3道以上的问题回答"是"，则说明你在相应的学习方面存在一定程度的困扰。

一、学习动机的分类

（一）直接性的近景学习动机和间接性的远景学习动机

根据学习动机的作用与学习活动的关系，学习动机可以分为直接性的近景学习动机和间接性的远景学习动机。

直接性的近景学习动机与学习活动有直接联系，是由对学习活动的直接结果的追求所引起的。例如，学生的求知欲、对某一专业或者某一学科的浓厚兴趣，或者教师上课的风格、教学内容及形式等都会直接影响学生的学习动机。

间接性的远景学习动机与人生意义和社会意义相联系，是社会要求在学生学习上的反映。这类动机一旦形成，就具有较大的稳定性和持久性，不易为生活中的偶然因素所改变，能在较长时间内起作用。例如，大学生如果认识到学习不仅是为了自己的个人前途，而且是为了国家的未来和发展，由此产生的学习动机就是间接性的远景学习动机。

（二）外部学习动机和内部学习动机

根据学习动机的动力来源，学习动机可以分为外部学习动机和内部学习动机。

外部学习动机又称外部学习动机作用。它是指由外部因素所引起的动机，如分数与文凭、奖励与惩罚等。有些大学生是为了得到同学的肯定、教师的夸奖、父母的赞赏而努力学习的。他们从事学习活动的动机不是在于学习活动本身有什么意义，而是在乎学习活动之外的东西。

内部学习动机又称内部学习动机作用。它是指由内部因素支配和推动的动机，如好奇心、自尊心等。学生自身对学习的兴趣、希望提升自己的能力等内部因素，都会促使学生更加积极主动地学习。

（三）正确学习动机和错误学习动机

根据学习动机的社会意义，学习动机可以分为正确学习动机和错误学习动机。

正确学习动机的关键点是利他主义。例如，有的大学生非常勤奋地学习，是因为他意识到自己是祖国未来发展的重要力量，即现在时常说的“少年强则国强”。他知道自己必须努力学习，以后才能担负起祖国发展的重任。

错误学习动机中最具代表性的是利己主义。例如，有的大学生刻苦努力学习只是为了个人的前途，而很少考虑报答父母、回馈社会、报效祖国等。

二、影响大学生学习动机的因素

（一）外部因素

1. 社会因素

社会环境对大学生的影响复杂且持久，随着高校近年来的不断扩招，每年应届毕业生的供给越来越大于需求，因此，每年似乎都是“最难就业年”。而大学生就业机制不完善，就业不公平的现象普遍存在，这对大学生的学习积极性产生着不同程度的影响。此外，当大学生通过专业实习和社会实践了解到本专业的现实工作状况，发现现实和理想存在较大差距时，就会对自己的事业前景感到悲观，从而降低自己的学习动机。

2. 学校因素

高校课程设置的缺陷和人才培养方案的不合理，使教学与实际应用脱节严重，学校安排的教学活动对大学生没有吸引力，大学生认为实际工作远比课堂学到的东西多，这些在某种程度上也会影响大学生的学习动机。此外，一所学校的校风校纪、学风教风、教学条件、校园文化、教师教法、师生关系等，都对学生的身心发展有着潜移默化的影响。

3. 家庭因素

家庭对大学生学习动机的影响较为复杂，不合理的家庭教育会深刻影响大学生学习的主动性。家长的期望值高未必能增强学生的学习动机，但家长的期望值偏低以及对子女学习疏于关注，往往会制弱大学生的学习动机。此外，家庭提供的学习条件、家庭氛围、经济基础等，也对大学生的学习动机产生影响。

4. 互联网因素

在科学技术高速发展的大背景下，信息技术已经渗透到社会的各个方面，“互联网+教育”已经成为一种新的教育形式。大学生学习的方式和途径多样化，在一定程度上可以提升大学生的学习兴趣和学习动机。但同时存在一些问题，例如，部分大学生把大部分课外时间用于上网，相当一部分大学生不同程度地沉迷于网络，直接以学习为目的上网的大学生所占比例很少。

【心理自测】

手机依赖症

（1）一坐上公交车、地铁，马上拿起手机查看所有来电、讯息或玩游戏。

（2）只要忘了带手机或手机没电了，马上觉得心烦意乱、定不下心。

（3）当一段时间手机铃声不响，会感到不适应，并下意识地看一下手机。

（4）总有“我的手机铃声响了”的幻觉，甚至经常把别人的手机铃响当作是自己的。

（5）接听电话时，常觉得耳旁有手机的辐射波环绕。

（6）经常下意识地找手机，不时地拿出手机看看。

（7）经常害怕手机自动关机。

（8）晚上睡觉也开着手机。

（9）当手机经常收不到信号时，会产生焦虑和无力感，而且脾气也变得暴躁起来。

（10）最近经常有手脚发麻、心悸、头晕、冒汗、肠胃功能失调等症状。

如果上述描述有一半以上是符合的，那么你很可能已经患上了“手机依赖症”，一定要小心对待。

（二）内部因素

1. 学习动机不当

一些大学生认为上大学就是为了找份理想工作、拿高薪，设计个人的幸福生活。在学习动机内容中，缺乏对社会利益、国家利益的考虑，学习动机的自我性、功利性突出，社会性欠缺；学习行为上表现为突出的急功近利倾向，向往能掌握快速发财的“技巧”、轻松成才的“秘诀”或“策略”等。

2. 学习目标不明确

学习目标与个人的职业生涯规划关系密切，许多大学生没有意识到职业生涯规划的重要性，而且也不知道该如何进行职业生涯规划。他们既没有搜集有关信息，也不懂得如何搜集有关信息，因此无法对自己进行准确定位。大学生特别是新生对社会更是缺乏了解，不知道社会对人才的需求状况如何，也不知道各种工作岗位要求的人才素养如何，因此他们对自己将来的事业、生活等都没有把握。部分大学生认为，自己仍然是学生，不急于了解社会及人才市场的供求状况，结果导致学习目标不明确，不知道自己所学专业与社会发展及人才市场的需求关系，从而无法对学习的价值和目标进行准确的定位。

3. 学习兴趣不浓厚

兴趣是最好的教师。学习动机的最大缺失就是没有学习兴趣。有些大学生所学的专业，起初并不是自己的选择，而是家人从好找工作、挣钱多的设想帮助选定的，较少考虑大学生自己的兴趣。他们平时与专业教师、高年级学生交流少，对专业前景多是一知半解，学习缺乏热情。更有少数大学生认为，专业对自己影响不大，只要读过大学或者拿到毕业证就行了。

4. 学习策略不当

学习策略主要指在学习活动中，为达到特定的学习目标而应掌握的学习规则、方法和技巧，即大学生能够自觉地用来提高学习成绩的谋略。学习策略使用不当，导致学习成绩不佳，降低了大学生的自信心和成就感，因此也会对大学生的学习动机产生消极影响。

【集思广益】

激发学习动机，培养创造性思维

有两个房间，其中一个房间里面有三盏灯，另外一个房间里面有控制这三盏灯的三个开关。但是这两个房间是分开的，没有联系。现在要求每个房间只能进去一次，你能判断出这三盏灯分别是由哪个开关控制的吗？

分小组讨论，每组想出尽可能多的答案，最后由小组代表分享。

三、学习动机的培养

心理学家阿列克谢·列昂捷夫曾说过：“学生学习的自觉性是和动机分不开的。事实上，有正确学习动机的学生才有主动性，学习劲头大，能克服困难，提高学习效果。”学习动机是学生学习活动的主观意图，是推动学生进行学习的内在力量。因此，学习动机的培养是使大学生把社会和教育对他的客观要求变为自己内在学习需要的过程。不过，外部学习动机是通过激发内部学习动机来发挥作用的。因此，培养学习动机的关键在于内部学习动机的形成。

（一）寻找适合自己的“强化物”

想想自己平时在学习和生活中，做什么能感到高兴和舒服，那就可以在完成任务之后给自己适当奖励，例如，看电影、逛街、吃美食、打游戏等。

【知识加油站】

强化物

强化物是心理学实验中的重要概念，分为正负两种。强化物就是那些能够提高特定反应的可能性，或使特定反应的概率增加的任何事物或事件。

正强化又称阳性强化。个体做出某种行为或反应，随后或同时得到某种奖励，从而使行为或反应强度、概率或速度增加的过程。这里的某种奖励就是正强化物。

当有机体自发做出某种反应之后，随即排除或避免了某种讨厌刺激或不愉快情境，从而使此类反应在以后的类似情境中发生的概率增加，这种操作即为负强化。这里的某种刺激就是负强化物。

（二）寻找适合的榜样

选择身边同龄人中的优秀学习代表，将他们的学习方式借鉴到自己的学习行为中，并鼓励自己坚持努力学习。

（三）发动周围的同学帮忙监督

比如在寝室里宣布自己的学习计划，以此获得周围人的支持与监督。

（四）设置合理的学习目标

（1）分析实际：①本专业的总体培养要求；②本专业的基本要求及特点；③自己现有的知识基础；④可利用的时间和精力。

（2）明确自己的实际情况后，再设置目标。评价目标是否合理的一种方法是看目标是否设置在虚线之间，如图5-1所示，即目标位于自己的真实水平上下。例如，如果自己的真实水平是80分，理想水平与保险水平分别为90分与70分，那么可以将目标设置在75～85分。

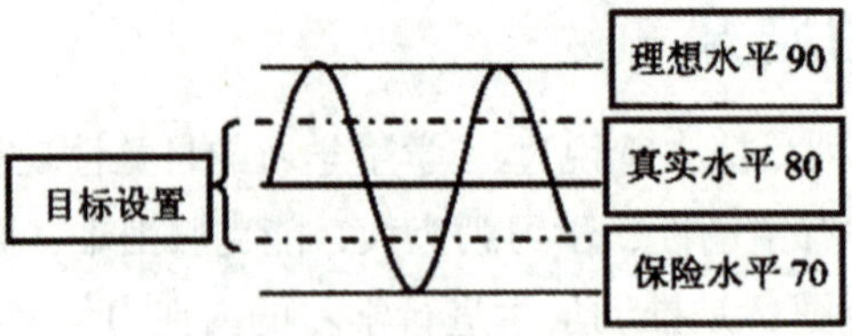

图 5-1　合理设置目标

【案中观察】

覃某某，是一名广西偏远地区的贫困大学生，他的父亲在他上小学二年级时就去世了，母亲年过六旬且因患病基本丧失劳动能力，家庭仅靠他的兄长一人务农勉强维持生计。

跨入大学校门，面对清寒的家境，他在心中坚定了"用知识改变命运"的人生信念。虽然在物质上，他不及大多数同学，但好强的他在学习上却始终与同学竞争。别人吃早餐的时候，他在学习；别人睡懒觉的时候，他在学习；别人出去玩的时候，他还在学习。清苦的生活成为他刻苦拼搏以改变人生命运的动力。

由于之前所受教育的差异，刚开始到学校时，他的基础相对较差。为了尽快赶上同学，他坚持请教老师与同学，课余时间就将同学们的笔记借来参考并综合到自己的笔记里。当课程繁重时，他每天六点十分起床，有时复习到凌晨一点才休息。学习成了他大学生活的主题。在他读大学的前六个学期，他期末加权平均成绩达到87.38分，名列全专业第二名，综合素质测评名列专业第一名，大四的时候被学校推荐为免试硕士研究生。

评析：大学是进入社会的提升"跳板"之一，很大程度上为个人未来的成长道路奠定了坚实的基础。

第三讲　择善而从——应对学习问题的策略

一、学习风格

不同的人适合的学习方法并不相同。从生理上看，有的人喜欢在音乐背景下学习，有的人喜欢在安静的环境下学习；有的人上午的学习效率高，有的人则需要夜深人静时才能集中精力；有的人擅长左半脑的推理思考，有的人擅长右半脑的直觉思考。学习者在完成学习任务时表现出的一贯、典型、独具个人特色的学习策略和学习倾向就是学习风格。

在不同学习风格的背后，起决定作用的是人的智能类型。哈佛大学教育学教授霍华德·加德纳从解决问题的不同方式提出了多元智能理论（见图5-2），他把人的智能分为8种，分别是语词智能、自然智能、内省智能、人际智能、身体动觉智能、音乐智能、视觉空间智能和数学—逻辑智能。不同的智能类型匹配不同的学习方式，都可能达到相当的成就。没有人能够学会一切知识，更有效的成功之道是选择适合自己的学习方式，在自己擅长和喜欢的智能领域学习研究。

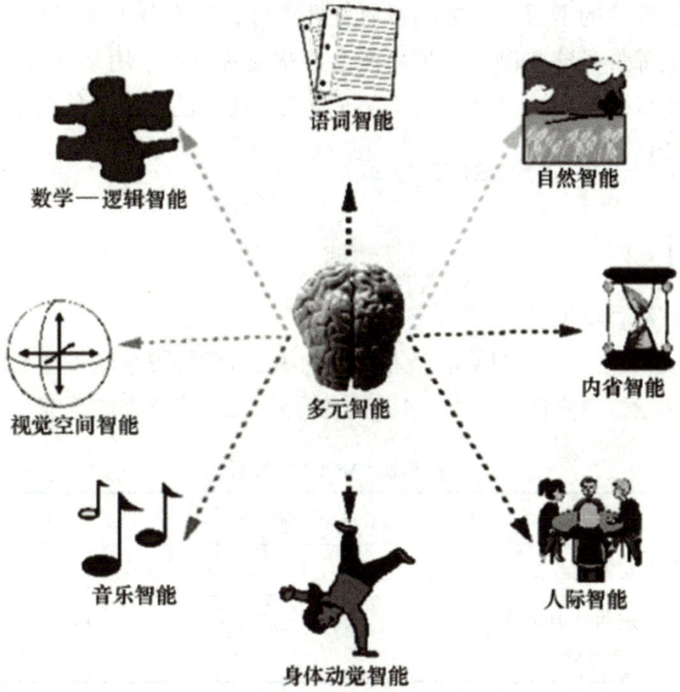

图 5-2　多元智能理论

表5-1具体给出了多元智能类型的特点及学习方式建议。

表 5-1　多元智能类型的特点及学习方式建议

多元智能类型	特点及学习方式建议
语词智能	有很好的听说能力，喜欢阅读、写作，对名称、时间、地点的记忆好，喜欢讲故事。用听说的学习方式，效果更好
数学—逻辑智能	喜欢研究图形和关系，喜欢完成有一连串指令的工作。把知识分类、利用抽象思维找到一般规律的学习方式，效果更好
视觉空间智能	喜欢通过阅读、看录像和观察的方法学习，喜欢形象思考。阅读课堂讲义，特别是做图表的学习方式，效果更好
音乐智能	对声音很敏感，学习和读书的时候也喜欢听音乐，喜欢声调和节拍。在优美的音乐旋律中学习，效果更好
身体动觉智能	对事件能够做出恰当的身体反应，善于利用身体语言来表达自己的思想和情感。适合身体操作、协调的学习方式
人际智能	喜欢生活在人群中。叙述、分享和合作的学习方式，效果更好
内省智能	喜欢独处，能意识到自己的优缺点和各种感觉，有创造性思维，喜欢反思。独立的学习方式，效果更好
自然智能	对自然界和环境变化具有敏锐的观察力。通过自己直接观察和体验的学习方式，效果更好

基于多元智能理论的学习方式之间没有好坏之分，它充分考虑了每个人的生理和心理潜能，每个人身上都具备这些倾向，你可能会喜欢或者习惯采用某种或某几种学习方式。大学生可以发现并归纳自己的学习方式，发挥所长，使自己达到最佳的学习效果。

二、改变对待学习的思维方式

【心里自测】

测一测你的内隐心理模式。

表5-2考查的是你对智力的观点。请根据个人看法给下面2个题目评分，1分代表非常不同意，2分代表不同意，3分代表中立，4分代表同意，5分代表非常同意。

表 5-2 内隐心理模式测试

	非常不同意	不 同 意	中 立	同 意	非常同意
1. 智力一般无法产生太大的改变					
2. 一个人可以学习新东西，但是无法改变自己的智力					

如果你平均得分在3分以上，说明你对智力的看法偏向固定不变，如果你平均得分低于3分，则说明你对智力的看法偏向可以改变。

（一）成长型思维与固定型思维

教育心理学家德韦克发现人们在看待能力、智力、创造力等个人特质时，会表现出两种截然不同的思维模式，而且这种思维模式通常是内隐的，她把这种思维模式称为心理模式。一种是成长型思维，人们相信自己的能力和智力是可以改变，能够成长的；另一种是固定型思维，人们相信自己的能力和智力是固定不变的，两者在很多方面有着完全不同的想法和表现（见表5-3）。

表 5-3 固定型和成长型两种思维模式的比较

比较方面	固 定 型	成 长 型
相信	能力、智力是固定不变的	能力、智力是可以提高的
遇到挑战时	倾向于避免挑战	倾向于迎接挑战
遇到阻碍时	自我保护或者轻易放弃	面对挫折，坚持不懈
对努力的看法	认为努力是不会有结果的，而且越努力说明能力越差	认为熟能生巧
对批评的看法	尽力避免，忽视批评中有用的反馈	态度更中性，愿意从中学习
看到他人成功	觉得他人的成功是一种威胁	从中获得新知和灵感
结果	很早就停滞不前，无法取得原本有潜力的成就	能取得很高的成就

其实，很多人从小就被训练成固定型思维模式，比如常被灌输“你不够聪明”“智商是天生的”“你只能学文科”等，这些人长大后要么努力证明自己，要么为了避免失败而只做自己擅长的事情。具有成长型思维模式的人，则更愿意接受新的挑战，面对挫折更努力。

德韦克对一些初中生进行了一项两年的追踪研究发现：在起始数学成绩相同的情况下，成长型思维模式的学生只需要一个学期的时间，数学成绩就显著领先于固定型思维模式的学生，且两者之间的差距呈持续扩大的趋势。

尽管两种思维模式的差异是显著的，但是这种差异本身也不是一成不变的，让自己的心理模式发生改变的前提，就是改变自己的固定型思维模式，逐步形成成长型思维模式。

（二）学习重要的知识有难度

让枯燥乏味的专业学习变得轻松有趣是所有学生的心愿。可是，几乎所有重要知识的学习，都有一定的难度，轻松的学习往往也是无效的学习。认知心理学研究发现，人们在学习一个新概念的时候，心思花费越多，越愿意尝试去用自己的话语重新演绎它，或者尝试理解这个概念在不同语境下的不同意义，就越能牢固地掌握这个概念。这背后的依据是长时记忆的工作原理：所有存储在长时记忆中的信息都是放射性地、相互联系地存储的，提起一点往往能想起一串。这就是我们容易记住故事而不是随机的单词的原因。

此外，学习也与神经传递可塑性原理有关，大脑的学习过程就像架桥，在两座山峰之间铺设第一根连线的时候最困难，但是只要两座山峰之间有了连线，铺设好了桥梁，后续的信息传递就变得越来越容易。当你在学习过程中遇到了挫折，恰恰是你在努力的标志，并不代表着失败。面对挫折继续努力，你会积累更多的专业知识。只有让学到的知识与技能在头脑中“随时待命”，你才能在以后遇到问题时，思路清晰，并抓住解决问题的机会。心理学家发现，知识或技能越容易被提取到，就越不容易被记住；相反，你在检索知识时花费的努力越多，就越能深化记忆。你在专注、努力的过程中学到的东西会变得更有可塑性。

【知识加油站】

大脑神经可塑性

直到20世纪60年代，研究人员一直都认为大脑的变化只会发生在婴幼儿阶段，但是之后的很多研究打破了这种认知，后天环境中的学习和训练可以深刻地改变我们的认知、情感和运动等方面的能力，因为我们的大脑有很强的可塑性。大脑神经可塑性指的是神经元细胞之间连接、生成和修改的能力。大脑神经可塑性遵循的原则是“用进废退”，当我们学习新知识时，信息在大脑内部神经元细胞之间的传递速度是非常缓慢的，但是随着信息通过的次数越来越多，神经传递的速度也越来越快。经常传递的神经通路之间会生成一种物质，叫作髓鞘，它能使兴奋神经的传递速度加快，并保证其定向传导，那些不用的神经通路则开始萎缩，停止增长。这种因学习带来的大脑变化不是短暂的、表面的变化，而是生理结构水平上持久的变化。

你一定有过乘坐出租车的经历，是否对出租车司机超强的空间导航能力赞叹不已？伦敦拥有25 000多条密密麻麻、错综复杂的街道，这些街道排布得毫无规律，一般人很难把握方向，然而你在伦敦市区任何一个地方乘坐出租车，出租车司机都会尽可能地选择最短路线将你送到目的地。这是因为伦敦出租车司机要想通过执照考试，需要记住全部复杂的街道路线，并进行灵活导航，执照考试通过率只有50%。伦敦出租车司机的大脑结构和一般人真的存在区别吗？2000年，伦敦大学认知神经学家埃莉诺·马圭尔教授用fMRI（功能性磁共振成像）脑扫描仪扫描了16位伦敦出租车司机，发现他们脑中与空间导航能力相关的“海马回”背部区域比其他人的要大很多，而且驾龄越长，其海马回就越大。埃莉诺·马圭尔及其团队想搞清楚到底是这些司机本来就具有很强的空间导航能力，还是学习之后的影响。于是他们继续考察了出租车司机在学习“知识”过程中大脑的情况。他们组织这些出租车司机进行一些课程的学习，在课程开始的时候使用fMRI脑扫描仪扫描了一次这些司机的大脑，在课程结束的时候又扫描了一次。结果发现：海马回变化最大的司机最有可能通过课程考试。这有力地证明了，独一无二的学习经历确实能让大脑的生理结构发生切实而深刻的变化。

三、有效的学习策略

学习策略指学习者为了提高学习的效果和效率，有目的、有意识地制定有关学习过程的复杂方案。说到底，学习是让我们的大脑学会知识和技能，怎么知道大脑是否学会了这些呢？就是再次见到能认识——再认；换个地方能应用——迁移。这都与大脑的重要功能——记忆相关。大学生了解记忆和学习的特点，采用有效的学习策略就能事半功倍。

（一）检索学习

所有信息进入大脑都需要先经过筛选登记，没有登记的信息很快被遗忘。很多人的首要学习方式就是反复阅读，反复的次数很多，甚至产生已经对这个知识很熟悉的错觉，一到考试的时候却发现自己记得并不牢靠。有效的学习策略就是检索学习，也就是说努力从你的记忆中检索相关的知识和技能，进行自我测验，而不只是机械阅读记忆。测验可以帮助我们判断自己学到了什么，所以考试并不是洪水猛兽，而是帮助我们了解自己学习情况的有效手段。当你读书或者研究笔记的时候，请时不时停下来，合上书本问自己以下几个问题，以提高检索学习的效果。

- 这段的核心概念是什么？
- 哪些术语或者概念是我没有接触过的？
- 我可以如何定义它们？
- 这些概念和我以前学的知识有什么联系吗？

（二）间隔学习

到底是花3小时集中学习的效果好，还是每天1小时，连续进行3天的间隔学习的效果好？以下的实验结果为我们做出了解答。

研究者挑选了38名住院外科实习医生进行实验。这些医生要参加4节有关显微镜手术的课程，学习如何把细小的血管重新连接起来。研究者将这些医生平均分成两组：一组医生在一天内就上完了全部4节课；另外一组医生是每周上一次课，每节课之间有一周的间隔时间。所有课程结束后，研究人员对两组医生进行了测试，两组医生测试结果之间的差异非常显著，间隔学习的医生们表现得更好。

间隔学习比集中学习的效果更好，这是因为长期记忆存储信息需要一个巩固的过程，这个过程可能需要数小时，甚至数天。快速频繁地练习，只能产生短时记忆。间隔学习，虽然会有一些遗忘，但是重新复习、检索所学的过程，会促进知识巩固、强化记忆。你可以利用间隔学习的原则给自己制订一份自测计划，在每个学习阶段之间都留出一段时间间隔，之后再进行自测，寻找那些可能被你遗忘的知识，重新进行检索学习，这会让你记得更牢。

【知识加油站】

间隔学习法让记忆更牢固

以学习新单词为例，在我们背诵记忆了单词之后，再定期进行回顾，比如过一天、过一周、过一个月再复习一遍这些单词，这样基本就能记住这些单词。

研究表明，一般需要至少回顾三次，短期记忆才能转化成长期记忆。那应该以怎样的频率进行回顾呢？

加州大学圣地亚哥分校的心理学教授Harold Pashler带领研究小组对一千多人进行了记忆测试。研究小组让参与者记忆一些随机问题的答案，一段时间后对他们进行测试，看他们记住了多少。在测试之前，研究者设定了不同的回顾频率，让参与者复习这些问题的答案。最后再进行比较，看哪种回顾频率能带来最好的测试结果。

Pashler研究出的最佳回顾频率如图5-3所示。

Time to Test	First Study Interval
1 Week	1~2 Days
1 Month	1 Week
3 Months	2 Weeks
6 Months	3 Weeks
1 Year	1 Month

图5-3　最佳回顾频率

具体来说就是，如果考试在一周后，而且你希望考试前复习两次，那么最佳频率就是今天一次，明天或者后天一次；如果你还想加一次复习，那么第三次应该在考试前一天。

如果考试在一个月之后，那么最佳频率是今天一次，一周后一次，第三次在考试前一天。

总结下来就是，离考试时间越远，那么第一次和第二次复习的间隔时间应该越长，这个间隔时间占距离考试的总时间的比例也越低。

（三）联系学习

在学习过程中尽可能提问，加深对所学内容意义的理解，主动与以前所学的知识相互联系都是有效的学习策略。东尼·巴赞创立的思维导图体现了长时记忆存储信息相互联系的特点，从一个思考中心出发，向外散发各种主题节点，充分利用不同的颜色、图像、记号等手段调动左右脑来加深记忆（见图5-4）。

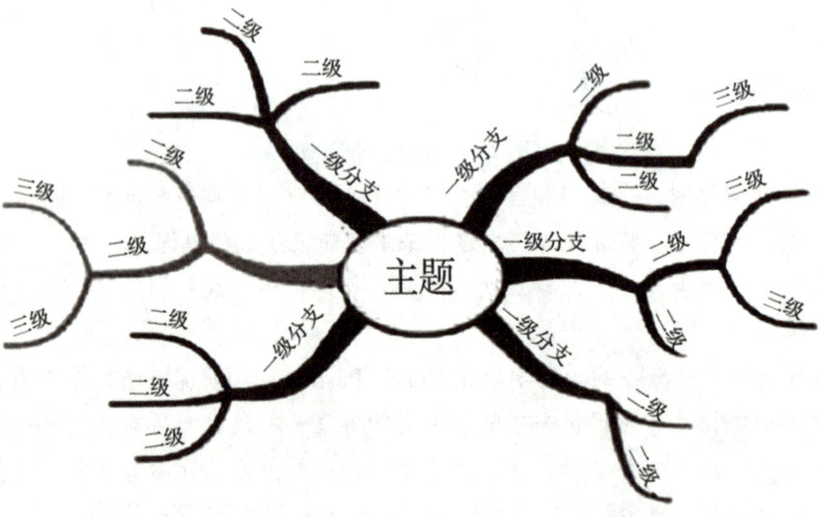

图 5-4　思维导图举例

除此之外，长时记忆存储信息还有形象化的特点，对于某项技能，视觉化是一个非常重要的学习策略，能够帮助人们克服困难和实现目标。具体来说，你可以在大脑中尽可能详细地想象某个技能，这个想象在大脑中激活的神经通路和实际做的时候一样，多次想象练习后可以达到学习的目的，比如飞行员、运动员进行的模拟训练。大脑其实不能分辨真假，在想象中获得成功并坚持不懈，它会让外部事实与想象一致。

【小试牛刀】

视觉化——为梦想插上翅膀

闭上眼睛，深呼吸，在大脑中想象一个梦想中的场景，尽可能详细地“看到它”。你当时在哪？是什么场景？你有什么感受？保持这种感受……往回看，看到现在的你，正在为实现梦想而努力，你知道这个过程不是一帆风顺的，你会遇到什么困难？尽可能详细地“看到它”，给自己信心和鼓励，正是你不懈的努力才走到实现梦想的这一刻。你克服了这个困难……

做完以上的练习你有什么感受？

____

做完以上的练习你有哪些发现？

____

注意：在想象过程中尽量感受自己的情绪，同时尽可能详细地想象实现梦想的过程，特别是克服困难的过程。

（四）优秀学习习惯

优秀学习习惯的养成，需要我们刻意练习，不断反思，付出努力。接下来对优秀学习习惯进行总结，大家可以将自己原来的学习习惯与下面的学习习惯进行对照，找出自己的薄弱环节，并进行调整。

（1）课前阅读相关材料。

（2）在阅读材料的时候，给自己出模拟考试题，并尝试作答。

（3）在课上努力回答这些假设性问题，从而验证阅读内容的记忆效果。

（4）复习时找到那些记不清或者不知道的术语，重新学习。

（5）在阅读笔记中抄写重点术语和定义，确保自己能够理解。

（6）做模拟测试题，找出自己学习中漏掉的概念，重点学习。

（7）用自己的方式（如思维导图）把课上的信息重新组成一份学习指南。

（8）写出复杂或重要的概念，不时地进行自测。

（9）在整个学习过程中，把复习和练习间隔开。

（10）对于需要创造性学习的内容，不要设限。

第四讲　循序渐进——大学生常见的学习心理问题及其调适

大学阶段的学习是学生步入社会前的最后一次集中系统的学习，是在普通教育的基础上，以专业教育为基础的一种教育。大学阶段的学习是为学生适应某个具体的专业而做好知识和能力准备的过程，是从“求学期”向“创造期”的过渡阶段。这一阶段学生将会学习更多的课程，学习主要包括基础理论的学习和高级专业技能的学习，学业上也将接受更多的挑战。

一、大学生学习的心理特点

大学生入学后，面临全新的学习环境和看似轻松的学习氛围，由于学习方式的改变，不少同学会表现出多方面的心理不适，因此，要尽快完成从初高中阶段被动学习向大学阶段自主学习的转变。大学生学习心理的主要特点如下。

（一）学习智力发展达到全盛时期

大学生智力发展进入了顶峰时期。心理学家沙伊等人用了20年的时间，对成年人的数字、词语流畅、语义理解、归纳推理和空间定向五种基本认知能力进行了追踪研究，发现18～35岁年龄段的人在这五种基本能力测查中得分最高。大学生精力充沛，思维敏捷，记忆力强，抽象逻辑思维高度发展，独立思考时思路活跃，表现出强烈的求知欲，体力和精力都处于鼎盛期，能适应大学阶段繁重的脑力学习工作。

（二）学习动机发展到了核心层

大学生学习动机的一般发展进程是：直接性学习动机随年级的升高而逐渐减弱，而以学习的社会责任感为主导的学习动机则随年级的升高而加强，专业性的学习动机也随着年级的升高而日益巩固和发展。这表明，大学生的学习动机是不断向以学习的社会意义、人生意义为内容的深层动力的核心层发展的。

（三）学习意识基本成熟

随着主体意识的萌芽，大学生的自我意识和学习意识也基本成熟。学习的自我意识形成是学会学习的关键，这种意识的增强主要表现为更强的学习独立性、自主性和可控性。如对学习内容主动选择程度的提高，能够合理安排学习、娱乐和休息的时间。大学生对新环境、新生事物敏感，富有猎奇心，对与专业有关或无关的知识均表现出兴趣，自主学习的意识也随之增强。但由于知识面窄、社会阅历尚浅及缺乏实践等原因，大学生鉴别真伪的能力较弱，很容易把伪科学知识当作新知识接受，表现出认知结构和思维的片面性、单纯性。

（四）学习情感丰富

大学生在学习过程中有丰富的情感表现，学习效果较好时明显表现出快乐、满足等情绪情感；学习效果不好时容易表现出沮丧、失落等情绪情感。这种丰富的学习情感反应使得大学生在学习时大脑处于活跃状态，联想和想象能力较强，有助于发散思维的训练，从而帮助有效应对不同情况，做出学习行为的调整。

二、大学生常见的学习心理问题及其调适

大学生入学后，可能表现出多方面的心理不适，如学习动机不当、考试焦虑、注意力不集中、记忆力减退等。

（一）学习动机不当及其调适

学习动机是学习活动的驱动力，虽然它不直接参与大学生学习的认知过程，但直接影响学习过程和学习结果。学习动机对学习的影响主要表现在两个方面：一是指向作用，即指引学习的方向，增强注意力。一般来说，学习动机较强的大学生更能专注于学习内容，

不容易分心；二是提高大学生学习的努力程度，即使学习再累再辛苦，也能够持久地学习，从而保障较好的学习效果。

1. 学习动机不当的主要表现

并非学习动机水平越高，学习效率越高，二者呈倒"U"形曲线关系，如图5-5所示。也就是说，当学习动机水平处于中等时，学习效率最高；而学习动机水平过高或过低时，都会降低学习效率。学习动机水平过低时，不能激发大学生学习的积极性，表现出缺少抱负和期望，没有上进心，学习态度不认真，没有压力感和急迫感，甚至厌倦学习和逃避学习，把大量的时间精力用在与学习无关的活动上；学习动机水平过高，主要表现为大学生学习过于勤奋，争强好胜，学习效果不好时容易自责，情绪紧张、焦虑，造成较大的心理压力，进而干扰记忆和思维活动，降低学习效率。

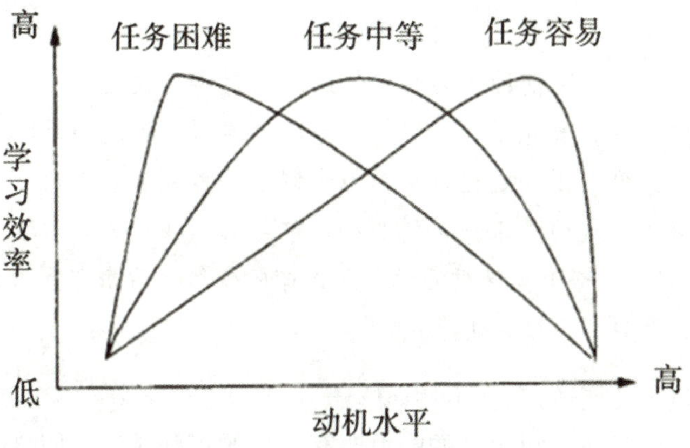

图 5-5 学习动机与学习效率的关系

2. 学习动机不当的调适方法

（1）学习动机不足的调适方法。培养和激发学习动机是调节学习动机不足的重要方法。学习动机的培养和激发是相互联系的两个方面，学习动机的培养是将社会的需要变成自己内在需要的过程，学习动机的激发是使已经形成的学习动因在实际的学习行为中成为真正起作用的动机，以提高学习的积极性。具体说来，可从以下方面着手提高学习动机。

①分解学习目标和任务。将学习目标和任务分解为多个较易完成的、小的、阶段性的目标和任务。每当完成一个又一个小的目标和任务时，所带来的成功感会使人感觉到自己有能力、有实力去完成整体学习任务，并建立起积极的信念，如"一切皆有可能""我可以做到""我比过去做得更好"等。

②发现自己的特长和优势。有些人喜欢拿自己和比自己优秀很多的人比较，于是就觉得很自卑，认为自己一点长处也没有。找到合适的比较对象可以更好地认识自己的缺点，发现自己的优势，从而提升自我效能感。自我效能感是指个体对自己是否有能力完成某一行为所进行的推测与判断。一些学习成绩不好的大学生，由于对自己的学习能力持怀疑态

度，表现出很低的自我效能水平，在学习中放弃尝试和努力，不去尝试完成他们本应该可以完成的学习任务。如果能看清自己的学习特长和优势，就能较为准确地评价自己的学习能力，从而采取适合自己的学习策略，以获得较好的学习效果。

③进行合理的归因。归因是指人们根据有关信息、线索对别人或自己的行为的原因加以解释或推论的过程。消极归因者倾向于认为消极事件的产生原因在时空上是稳定的，在效果上是普遍的，是由个体内部因素所造成的，从而形成一种消极的解释风格和对失败的消极期待，进而会引发个体动机、认知、情绪方面的障碍。这类大学生往往认为自己学业上的失败是无法控制的，是注定要发生的，从而放弃努力，自暴自弃，害怕失败，并由此产生焦虑及其他消极的情绪。大学生要学会积极归因，进行归因训练，改变消极的归因方式，这样会减少习得性无助的发生。

【知识加油站】

习得性无助

学生在学习过程中，既可能因为各种各样的原因对学习失去兴趣，也可能因为遇到困难、挫折而产生厌学情绪。长此以往，这部分学生的学习成绩就会下降，逐渐成为学习困难生。部分学生在遇到学习困难或挫折后，由于调适不良或连续挫败，往往会产生一种无助心理，从此放弃努力，从而带来一系列的不良学习心理和行为。心理学把这种现象称为学习上的“习得性无助”，即个体连续经受失败，体验到行为后果与行为无关而产生的一种无助心理，并从此放弃努力的行为缺陷。

（2）学习动机过强的调适方法。

①进行恰当的自我评价。对自己的能力要有充分的正确认识，使自己的抱负和期望契合自己的能力发展水平。

②建立正确的认知模式。首先，改变“把努力和勤奋看成成功的唯一条件”的认识。其次，要认识到任何成功都与自身的能力和环境因素有关，努力是成功的必要条件，但非唯一条件。最后，建立正确的认知模式：“只有努力才能成功”或“努力+能力+环境=成功”。

③以宽容的心态对待自己，降低对学习成败的敏感度。

④培养广泛的兴趣爱好，积极参与各类文化娱乐活动，注意劳逸结合，重视提高综合素质，培养多种特长。

⑤树立远大目标，淡化名利得失，克服虚荣心理，学会调整情绪，保持旺盛的学习斗志。

（二）考试焦虑及其调适

考试焦虑是考生由于面临考试而产生的一种心理反应，它是在应试情境刺激下，受个人的认知、评价、个性、特点等影响而产生的，以对考试成败担忧和情绪紧张为主要特征。考试过度焦虑不利于复习和应试，它会降低考生的学习效率和考试成绩，也会影响考生的身心健康。

1. 考试焦虑的具体表现

情绪上表现出担忧、焦虑、烦躁不安；学习时注意力不集中，记忆力下降，看书效率低，思维迟钝；行为上表现为坐立不安，手足无措；身体上表现为头痛、食欲下降、恶心、心慌、睡眠不好等，严重的还会出现明显的生理、心理反应，如过分担忧、恐惧、失眠、健忘、食欲减退、腹泻等。

2. 考试焦虑的调适方法

一是要有充分的复习准备，平时学习做到刻苦勤奋，考试时就会“艺高胆大”，充满信心；考前全面复习，尽量熟悉考试题型、时间、地点、要求等，做到心中有数，胸有成竹。二是要正确对待考试结果，不以一次成败论英雄；考试成绩只是对自己阶段性学习的一个考查，人生的好坏并不是由考试结果所决定的，端正对考试的态度有助于缓解考试焦虑。三是学会放松，缓解考前心理压力，发挥出应有的水平。

放松有许多方法，这里介绍一种简单的放松方法。

第一步：以舒服的姿势坐好，保持身体两边的平衡。

第二步：用鼻子深深地、慢慢地吸气，再用嘴巴慢慢地吐气。

第三步：想象身体各部位的放松，放松的顺序：脚、双腿、背部、颈、手心；可以播放轻音乐，想象自己在轻柔的海滩上，暖暖的阳光照在身上，赤脚走在海滩上，海风轻轻吹拂，听海浪拍打海岸，将头脑放空，达到放松的目的。

【心理自测】

请阅读表5-4中的句子，选择最符合你感受的答案，不要用太多时间去思考。每题都有“从不”“有时”“经常”“总是”四种答案且分别对应1分、2分、3分、4分。

表 5-4　考试焦虑测试

	从　不	有　时	经　常	总　是
1. 在进行考试时，我有信心，并且感到轻松				
2. 在考试时，我感到心慌意乱				
3. 考虑到考试的分数，妨碍了我进行考试				
4. 遇到重要的考试时，我会发呆、愣住				
5. 考试时，我发觉自己净想着我能否学成毕业				
6. 我越尽力想如何答题，就越是慌乱				
7. 怕考得不好的念头，干扰我不能集中注意力专心答题				
8. 当参加重要的考试时，我感到异常的心神不安，神经过敏				
9. 即便对考试有了充分准备，我还是感到神经非常紧张				
10. 在发卷之前，我开始感到极为不安				
11. 在考试中，我感到非常紧张				

（续表）

	从 不	有 时	经 常	总 是
12. 我希望考试不要如此厉害地烦扰我				
13. 在重要的考试中，我紧张得连胃也不舒服				
14. 当进行重要的考试时，我似乎被自己击倒了				
15. 当参加重要的考试时，我感到非常恐慌				
16. 在参加重要的考试之前，我非常担忧				
17. 在考试之中，我发觉自己总想着失败的结果				
18. 在重要的考试中，我感到自己的心脏跳得特别快				
19. 在考试之后，我试图不再担忧，但是做不到				
20. 在考试中，我的神经很紧张，甚至把知道的内容也忘记了				

计分方法：

第1题的四种选择的计分：从不＝4分，有时＝3分，经常=2分，总是＝1分。第2～20题的四种选择的计分：从不＝1分，有时＝2分，经常=3分，总是=4分。依次将每题得分相加，即为总分。

忧虑性分数是将第3、4、5、6、7、14、17、20题的得分相加。

情绪性分数是将第2、8、9、10、15、16、8、19题的得分相加。

结果分析：

男生：总分在30分以下正常，30～35分有轻度焦虑，36～45分有明显焦虑，46分以上有较严重的焦虑。

女生：总分在26分以下正常，27～32分有轻度焦虑，33～41分有明显焦虑，42分以上有较严重的焦虑。

忧虑性、情绪性判断男女一样。忧虑性分数在10分以下正常，10～16分有明显忧虑性，17分以上相当忧虑。情绪性分数在11分以下正常，12～18分有明显的情绪反应，18分以上情绪相当不稳定。

（三）注意力不集中及其调适

注意力是心理活动对一定对象的指向，具有指向性、选择性和集中性。注意力是人类学习的前提，哪里有注意力，哪里就有思考力和记忆力；没有注意力，就没有大学生的学习。注意力在大学生学习中具有极其重要的意义。

1. 注意力不集中的主要表现

不少大学生在学习中都遇到过这些令人苦恼的事情：听课的时候神游千里之外，听不进去教师讲授的课程；看书的时候脑海里不断回响着音乐的旋律，过了半个小时，一页书都没有看完……再就是学习的时候特别容易受环境的干扰，教室外的小小动静都能引起注意力的转移，而且长时间不能回到学习中去，尽管想竭力控制不在学习时开小差，可似乎总也不能管住自己跑偏的思绪，这些都是注意力不集中的表现。

2. 注意力不集中的主要原因

一是由于青年时期发展任务多，因而导致压力与心理冲突加剧，特别是由于恋爱、交友等因素更容易分散学习时的注意力；二是生活事件导致心理应激，如考试失败、家庭生活发生重大变故、经济困难、评优失败、失恋、宿舍关系失和等造成的思想负担过重，导致学习精力分散；三是学习动机不足，学习焦虑过低，缺少压力与紧迫感；四是作息时间不规律，熬夜、通宵上网等导致白天精神困倦。

3. 注意力不集中的调适方法

一是学会注意力转移，遇到应激事件与挫折时，能够尽快从中解脱出来，如考试前心情烦躁、郁闷，注意力又无法集中，这时你就不要强迫自己了，应该换一种方式放松一下烦躁郁闷的心情，如听听音乐，看看电视，上上网，这样做就会分散一下紧张的注意力，让烦躁郁闷的心情能够及时得到缓解和放松；二是适当强化学习动机，保持适当的学习压力与学习焦虑，并进行积极的自我激励与自我暗示，如考前及考试过程中，在心里默念5～10遍“我是最棒的，我有信心能考好”；三是养成良好的学习习惯与生活习惯，保持旺盛的精力，如看书用手指着；四是选择理想的学习环境，减少与学习无关的活动，并进行适当的自我监控，如明亮的书房、舒适的桌椅、合适的灯光、必备的学习用品等。

（四）记忆力减退及其调适

记忆力减退是许多大学生感到头痛的问题，它不仅直接影响学习的效率，而且还会影响大学生学习的兴趣和情绪。很多大学生总是抱怨自己的记忆力差，别的同学看书是过目不忘，而自己却是过目就忘，这种挫败感实在是太打击人了。记忆力减退的调适可从以下方面着手。

1. 保持良好的情绪状态

心理学研究认为，愉快的心情会引起人体内的一系列生理变化，如肌肉舒适放松，心脏有规律地跳动，体温略微上升等。这些愉快的体验会引起身体的快感，在这种状况下学习，记忆效果会有所提高；而心情不愉快时，心跳会加快，血压会升高，这时人的精神难以集中，记忆效果也不好。

2. 掌握最佳记忆时间

人体的各种生理和心理功能每天都会随着时间推移作规律性的运动。根据一项研究显示，人在一天中，生物机能上午7—10时逐渐上升，10时左右精力充沛，处于最佳工作和学习状态，之后趋于下降；下午5时再度上升，到晚上9时又达到高峰，晚上11时过后又急剧下降。然而具体到每个人这一规律不尽相同，因为每个人每天学习的最佳时间与其长期养成的学习、生活习惯有很大关系。为了提高记忆效果，大学生应注意掌握自己最佳的记忆时间，把需要记忆的内容放到最佳记忆时间去学习。

3. 遵循记忆规律，掌握科学记忆方法

（1）了解遗忘规律，及时复习。

德国心理学家艾宾浩斯的研究表明，遗忘的进程不是均衡的，表现为先快后慢、先多后少。因此，要克服遗忘就必须及时复习，当天学习的内容最好当天就复习，此后随着时间的推移可以逐渐拉长复习的时间间隔。

（2）不断变换记忆的起始位置。

系列位置效应是指记忆材料在系列位置中所处的位置对记忆效果发生的影响，包括首因效应和近因效应。在一项实验研究中，研究者先让参加实验者按一定顺序学习一系列单词，然后让他们自由回忆，不必按照他们学习的顺序回忆出来，想到哪个单词就说出哪个单词。结果发现，最先学习的和最后学习的单词的回忆成绩较好，而中间部分的单词回忆成绩较差，这分别对应首因效应和近因效应，而其效果较差的中间部分称为渐近部分。由此可见，我们在学习的时候应该不断变换学习的开始位置。比如在背诵一篇课文时，不要每次都从开始读到末尾，有时也应该从文章的中间部分开始读起，这样才不至于对开始和结尾部分的内容印象深刻，而对中间部分的记忆却不够准确。

【知识加油站】

系列位置效应

在系列学习中，对处于不同位置的记忆材料的回忆效果不同；系列位置效应是指对接近开头和末尾的记忆材料的记忆效果好于中间部分的记忆效果。对开头和结尾的内容记忆效果较好，分别叫首因效应和近因效应，而其效果较差的中间部分称为渐近部分。系列位置效应一般在自由回忆中出现，是双重记忆理论的重要证据。

（3）灵活运用记忆方法。

①联想记忆法：通过建立事物间的联系而记忆的方法。

②形象记忆法：对抽象的材料赋予一定形象进行记忆。

③口诀法：将记忆材料编成有韵律的口诀进行记忆。

④谐音记忆法：利用谐音把毫无意义的材料变为意义生动的材料。

（4）加深理解记忆。

知识是按照一定的网络结构保存在大脑里面的。我们在学习的时候要在理解的基础上，总结归类所学的知识点，把零散的知识点关联到整个知识网络中去，这样可以加深理解记忆，避免遗忘。比如在记英语单词的时候，不停地写、不停地念单词，不如比较下这个单词与别的单词有什么联系，了解一下这个单词都能用在什么情景下，或者看看这个单词的例句，虽然这样比较花费时间，但却是一种更为有效的记忆方式。

【心理训练】

找出大学生最重要的学习目标

活动目的：帮助大学生明确大学里最重要的学习目标。

活动过程：

（1）请在纸上写出你大学四年所要完成的五件大事。

（2）你发现这些大事与学习相关吗？请满怀信心地体验和分享你对这五件事情的期望与喜悦。

（3）现在有特殊事件发生，你必须在五件大事中抹掉两件，请用笔把它们划掉。抹掉就意味着完全地失去了，这两件事你永远也不能接触了。你现在的心情如何？

（4）现在又有特殊事件发生了，请你再抹掉一件。这一件也是你永远不可能再接触的，与你永远无关了，这时你的心情如何？

（5）残酷的现实再一次降临，你还要在剩下的两件事中再抹掉一件，这时你的心情又如何？

（6）现在只剩下一件事了，这就是你四年内最想干的，对你来说也是最重要的一件大事，这就是你当前为之奋斗的目标。

提炼总结：我们要看到的不是失去的那四件事，而是剩下的那一件事。在大学四年里，集中精力，最重要的目标在于把这一件事做好！当大学时光结束时，这件事就是你对自己大学阶段的一个交代。其他四件事，你也可以妥善地安排和计划，让它们作为你大学生活的补充。

【阅书观影】

1. 书目推荐——《认知天性》，彼得·布朗等著

这本书是11位认知心理学家10年的科研心血。以罗迪格教授为主要负责人的团队在项目上投入了10年时间，首次提出人类认知规律和学习之间的紧密联系，透彻解读人类普遍的学习过程规律。根据脑神经科学研究成果，本书推导出了有利于大脑的简单学习法则。

2. 影视推荐——《三傻大闹宝莱坞》

法兰、拉杜与兰彻是皇家工程学院的学生，三人结为好友。在以每学期42场考试、成绩排名张榜公布、竞争激烈的学院里，大家都追求高分数，只有兰彻是个非常与众不同的学生，他不死记硬背知识，因为真正热爱工程而学习，为人们展示了主动学习的魅力。这个特立独行的兰彻有句口头禅“一切都好”，这句话充分诠释了这种乐天派心态的关键——就算不能解决问题，至少可以平复心绪，打败恐惧，增加直面问题的勇气。

主题六　非宁静无以致远——情绪篇

能控制好自己情绪的人，比能拿下一座城池的将军更伟大。

——拿破仑

【活动任务书】

<table>
<tr><td>活动名称</td><td colspan="2">控制自我情绪情感</td><td>姓名</td><td></td><td>完成时间</td><td></td></tr>
<tr><td rowspan="2">目标</td><td colspan="6">学习目标：
1. 结合日常生活和学习的经验，总结出健康情绪的意义
2. 了解大学生的情绪特点，能够对常见的情绪困扰进行灵活的、适当的、有效的自我调节
3. 认识到健康情绪的重要性，学会培养健康情绪的多种技巧</td></tr>
<tr><td colspan="6">思政目标：
有效调控自己的情绪，更好地去适应社会的发展，实现自身的可持续发展</td></tr>
<tr><td>任务</td><td colspan="6">1. 尝试总结自身的情绪特点
2. 尝试与不同情绪类型的人进行沟通交流
3. 尝试在产生情绪困扰的状态下运用调节技巧进行自我控制
4. 结合活动目标，将总结、沟通、调节的经验进行归纳，以供讨论</td></tr>
<tr><td>实施过程</td><td colspan="6">1. 根据具体活动内容，以小组形式制订计划，明确任务
2. 按计划和分工实施任务
3. 各小组交流学习成果，整合知识</td></tr>
<tr><td>注意事项</td><td colspan="6">真诚地剖析自己、认清自己，注重生活中对情绪潜移默化的培养和熏陶</td></tr>
<tr><td rowspan="3">组员及
分工情况</td><td>队号</td><td colspan="3"></td><td>队长</td><td></td></tr>
<tr><td>队员</td><td colspan="5"></td></tr>
<tr><td>任务分工</td><td colspan="5"></td></tr>
</table>

【心理导航】

某女大学生刚上大学时，常感到不习惯，觉得自己压力很大，做什么事情总是没有精神，这种情况在期末时尤为突出。当同学们在用功复习时，这位女生却怎么也看不进去书，有时候她甚至有点痛恨别人读书。她和从前的同学联系，诉说自己现在的状况。同学们劝她说，大学和高中是不同的，不要管别人如何学习，只要有自己的学习方法，在原来的基础上提高自己就可以了。可是她发现还是控制不了自己的情绪。该生经常一个人上课、自习、吃饭，觉得一个人很自在。她还有个问题就是当情绪不太好的时候就吃东西，常常是在这个食堂吃过，又跑到另一个食堂继续吃。

但是她发现这种发泄带来了更多的问题。首先是钱的问题，这个学期她买的东西越来越贵，次数越来越多，好像越贵才越刺激、越满足。但她的家境并不宽裕，于是这位女生觉得对不起父母，因而自责。但是越自责，就越想放纵自己。好像有两个自我在斗争：一个让自己恢复理智，另一个让自己放纵，而她总是屈服于后者。再者是发胖的问题，这对一个女孩子而言是很敏感的，而且这位女生很注重自己的外表。她常常在晚上不睡觉吃东西，偷偷摸摸直到吃完为止。第二天清醒之后，又不想接受自己的样子，可是下一次又控制不住自己。

这位女生生活不规律、学习不规律、饮食不规律，对什么都没信心，对什么都没兴趣。她觉得对不起所有对她有期望的人——父母、同学、师长，包括她自己，可还是很难控制自己的情绪，觉得自己好像有两种人格在厮杀。她很害怕，却不知道该如何做。

想一想：

（1）案例中的这位女生是什么类型的情绪问题？具体表现是什么？

（2）如果你是她的同学，你应该如何去帮助她？

第一讲　多愁善感——情绪概述

一、情绪的含义

心理学家和哲学家已经为“情绪”的确切含义辩论了一百多年，一直没有一个统一的结论。一般而言，情绪是指人们在内心活动过程中所产生的心理体验，或者说，是人们在心理活动中，对客观事物是否符合自身需要的态度体验。情绪的产生和人的需要是否获得满足是密切相关的，当客观事物能满足人的需要时，人就会产生积极（正性）的情绪，如高兴、兴奋、愉快、满意、幸福等；当客观事物不能满足人的需要时，人就会产生消极（负性）的情绪，如悲伤、愤怒、厌恶、生气、失落等。

情绪不是自发的，而是由客观事物所引起的。我们面对即将到来的考试，或上台演讲

之前，总会焦虑、担心；在海边散步或到风景秀丽的地方旅游，我们会感觉心旷神怡。但客观事物并不是情绪产生的直接原因，其中认知因素起了重要的中介作用。假如我们在山林里看见一只熊，通常会有恐惧反应，但我们在动物园里看见关在笼子里的熊，就不会出现恐惧反应。虽然同样是面对熊，但在不同的情况下我们出现的情绪反应是明显不同的，之所以如此，关键在于我们的判断和评价的结论是不同的。前者令人感到危险，而后者则让人感到安全。

情绪有其生理基础。在不同的情绪状态下，人的心率、血压、呼吸，乃至人的内分泌系统与消化系统等，都会发生相应的变化。例如，人在焦虑状态下，会感到呼吸急促、心跳加快；在恐惧状态下，会出现身体战栗、瞳孔放大；在愤怒状态下，则会面红耳赤等。这些变化都是受人的自主神经支配的，不是人的意识所能控制的。例如，当我们面对考试的压力时，不可避免地会出现一些情绪反应，它具有极大的不随意性和不可控制性。

情绪是人对需要满足程度的一种内心感受和体验。人的不同情绪状态必然会反映在人的知觉和意识中，从而形成不同的内心感受和体验，如我们在受到伤害时，会感到痛苦；当面临极度危险境地时，会产生毛骨悚然的恐惧感；当自己的某些需要得到充分满足时，会感到愉快幸福；在被欺辱时，会感到愤怒；在和朋友聚会时，会感到由衷的开心；在失去亲人时，会感到悲伤；在面对重大考试时，会感到焦虑不安。

情绪不仅表现为生理反应和内心体验，而且也会直接表现在人的外在行为中，主要表现在人的表情、语态和行为过程中。面部表情能直接反映人的情绪状态，人们可通过一个人的面部表情的变化，来了解一个人的情绪状态。例如，当观看自己喜爱的明星的演唱会时，不由自主地会喜笑颜开；当考试结果不尽如人意时，会愁容满面。体态行为也同样反映着一个人的情绪状态。例如，在期末考试过后，我们可通过考生们的体态行为，如坐立不安、手舞足蹈、垂头丧气等，看出他们此时此刻的情绪状态和面临的境地。声音语态则是指人们在交流时声音的声调、音色和节奏的快慢等，如一个人悲伤时，会出现语调低沉、言语缓慢、语言断断续续；而当一个人兴奋时，则会出现语调高昂、语速加快、声音抑扬顿挫、清晰有力。

【集思广益】

心理情景剧表演——《小红的故事》

请四名同学用表情把小红在四个情景中的不同情绪表演出来。

情景一：爸爸妈妈给小红买了一个新书包。

情景二：早晨起床时，小红发现自己长出了青春痘。

情景三：上课了，老师公布了考试成绩，听到自己的成绩很低，而且老师要找家长。

情景四：下课了，同学又因为小事和她吵架。

提问：这四位同学的表演你看懂了吗？他们表演的情绪正确吗？为什么？

二、情绪的类型

（一）人类的基本情绪

情绪的种类复杂多样。我国心理学家林传鼎从《说文解字》中找出9 395个正篆字，发现其中有354个字是描述人的情绪的，并将它们分为安静、喜悦、哀怜、悲痛、烦闷、恐惧、惭愧、耻辱、嫉妒等18类。我国古代有“喜、怒、忧、思、悲、恐、惊”被称为“七情”。虽然情绪的类别很多，但一般认为人类有四种基本情绪，即快乐、愤怒、悲哀和恐惧。

快乐是指一个人盼望和追求的目的达到后产生的情绪体验。由于需要得到满足，愿望得以实现，心理的急迫感和紧张感解除，快乐随之而生。快乐是人类的基本情绪之一，是一种积极的感受。快乐的程度取决于事情的重要程度和目的达到的意外程度。如果追求的目的非常重要，并且目的的达到带有突然性，则会引起极大的欢乐，否则只能引起微小的满意。一般把快乐的程度分为满意、愉快、异常的欢乐、狂喜。

愤怒是指所追求的目的受到阻碍，愿望无法实现时产生的情绪体验。愤怒时紧张感增加，有时不能自我控制，甚至出现攻击行为。愤怒也有程度上的区别，一般的愿望无法实现时，只会感到不快或生气，但当遇到不合理的阻碍或恶意的破坏时，愤怒会急剧爆发。这种情绪对人的身心的伤害也是明显的。一般把愤怒的程度分为轻微的不满、生气、愠怒、大怒、暴怒。

悲哀是指心爱的事物失去时，或理想和愿望破灭时产生的情绪体验。悲哀的程度取决于失去的事物对自己的重要性和价值。失去的东西价值越大，引起的悲哀就越强烈。悲哀时带来的紧张的释放，会导致哭泣。当然，悲哀并不总是消极的，它有时能够转化为前进的动力。一般把悲哀的程度分为遗憾、失望、难过、悲伤、悲痛。

恐惧是指企图摆脱和逃避某种危险情景而又无力应对时产生的情绪体验。恐惧的产生不仅仅由于危险情景的存在，还与个人排除危险的能力和应对危险的手段有关。一个初次出海的人遇到惊涛骇浪或者鲨鱼袭击会感到恐惧无比，而一个经验丰富的水手对此可能已经司空见惯，泰然自若。婴儿身上的恐惧情绪表现较晚，可能是与他对恐惧情景的认知较晚有关。恐惧具有很强的感染力，一个人在恐惧时，往往会引起周围人的不安和恐惧。

（二）基础情绪和社会情绪

从情绪形成与发展的角度，可将情绪分为基础情绪和社会情绪。基础情绪是指与人的生理需要相联系的内心体验，如人的恐惧、焦虑、满足、悲哀等。

社会情绪也称情感，是指与人的社会性需要相联系的情绪反应，表现为一种较为复杂而又稳定的态度体验。例如，一个人的善恶感、责任感、羞耻感、内疚感、荣誉感、美感、幸福感等，是后天随着人的成长而逐步形成与发展的。社会情绪是在基础情绪上形成与发展起来的，同时又通过基础情绪表现出来。

（三）心境、激情和应激

根据情绪发生的强度、速度、持续时间的长短，可以把情绪状态划分为心境、激情和应激。

1. 心境

心境指人比较平静的、持久的、影响人的整个精神活动的情绪状态，也就是平常所说的心情，如恬静、烦闷、郁郁寡欢等。心境的特点从其发生的强度来看，微弱而平稳。从其影响范围来看，具有弥散性的特点，即不是关于某一事物的特定的体验，而是使人的整个活动都感染上某种情绪的色彩，往往以同样的情绪状态看待一切事物，使自己的整个生活都渲染上某种情绪色彩，影响着人的全部行为表现。从延续的时间看，心境持续时间长，少则几天，多则数月、数年，这与客观事物的重要性有关。个人确认的重大事件引起的心境持续的时间会比较长。此外还与人的个性有关。性格外向的人的不良心境持续时间短；性格内向的人对同一件事件所引起的心境持续时间长，他们易耿耿于怀、郁郁寡欢。心境对人的生活、工作、健康有重要的影响。积极乐观的心境，可以提高活动效率，有利于健康；而消极悲观的心境则会降低人的活动效率，使人经常处于焦虑状态，不利于健康。人的世界观、理想、信念能决定心境的基本倾向，对其有重要的调整作用。

2. 激情

激情是强烈的、爆发性的、短促的情绪状态，如暴怒、狂喜、剧烈的悲痛、绝望等。激情通常是由生活中具有重要意义的事件所引起的。对立面的冲突或过度的抑制都容易引起激情。重大成功之后的狂喜、亲人突然死亡引起的极度悲伤、惨遭失败后的绝望和异常恐惧等，都是激情状态。激情的特点是很强的激动性、冲动性和外显性的外部行为表现。例如，愤怒时全身肌肉紧张、咬牙切齿、双拳紧握，狂喜时眉开眼笑、手舞足蹈等。

处于激情状态下的人往往出现“意识狭窄”，即人的认识活动的范围往往会缩小，理智分析能力受到抑制，控制自己的能力减弱，往往不能约束自己的行为，不能正确地评价自己行动的意义及后果，甚至做出鲁莽的行为或动作。有人认为激情状态下完全失去理智、无法控制自己是正常的。其实，人能够意识到自己的激情状态，也能够有意识地调节和控制它。例如，屠格涅夫曾劝那些刚愎自用、好争吵的人，在将要争吵时先把舌头在嘴里转十圈；林则徐在自己的房间里用“制怒”的条幅作为座右铭。这些提醒和暗示都可以起到缓和爆发激情的效果。

3. 应激

应激是出乎意料的紧张情况所引起的急速而高度紧张的情绪状态，是人对某种意外的环境刺激所做出的适应性反应。当人们在突如其来的或十分危险的条件下，必须迅速地、几乎没有选择余地地采取有效行动，此时人的身心处于高度紧张状态，即为应激状态。

应激可表现为两种状态：一种是积极的状态，它使人精力旺盛，思路特别清晰，动作机敏、准确，从而化险为夷、转危为安，及时摆脱困境，也就是我们常说的急中生智；另一种是消极的状态，它使人手足失措，慌乱不已。一个人如果长时间处于应激状态，就会出现意识自觉性降低、思维混乱、分析判断能力减弱、感知和记忆能力减弱、感知和记忆出错、注意力的分配与转移出现困难等情况。

三、情绪的产生机制

我们每天的活动都伴随着一定的情绪，有时轻松、有时焦虑、有时快乐、有时忧愁，那么，是什么在左右着我们的情绪？情绪产生的机制是什么？

（一）情绪与情境

人的情绪的产生，必然有其发生的情境。如当我们面对成功的学业、优美的环境时，都可随之产生愉快的心情；反之，人际冲突、学习压力、生活中的挫折，甚至恶劣的气候会使我们感到烦躁和抑郁。此外，人的自身生理和心理的反应也同样会引起情绪的变化。例如，人在青春期阶段，由于身体上的急剧变化所引起的内分泌紊乱，也会造成情绪上的躁动。女生因为月经周期带来生理上的变化也容易导致情绪的波动。

（二）情绪和需要

情绪的产生和变化背后反映着我们不同的需要。当得到他人称赞时，会感到一种荣誉感和喜悦感，因为满足了自己的自尊和成就的需要；当受到他人的冷落时，会产生失落感和孤独感，因为自己未被接纳或者需要没有得到满足。大学生在学习和生活的过程中，也是追求和实现各种需要的过程，满足如完成学业、培养能力、发展自我、追求爱情，还有娱乐、健康、兴趣的需要等。这些需要是多层次的，有眼前的需要，也有长远的需要。实现和满足这些需要，会受到各种条件的制约，各种需要之间还会出现相互矛盾，这些都会引起情绪上的波动。

（三）情绪与认知

在我国民间流传着这样一个故事：有位老太太有两个女儿，女儿都出嫁了，大女儿家开伞店，小女儿家开洗衣店。老太太天天为女儿们忧愁，为什么呢？在雨天，担心小女儿家洗的衣服晒不干；在晴天，担心大女儿家的雨伞卖不出去。总之，每天都有让她忧愁的事。后来，一个人跟她说："老人家，您好有福气啊！下雨天，您大女儿家生意兴隆；大晴天，您小女儿家生意好做。对您来说，哪一天都是好日子。"老太太转念一想，不禁眉开眼笑了。

我们在生活中都会有这样的体会：同样的事件作用于不同的人身上往往会引起不同的情绪，发生不同的行为反应。为什么会出现这样的情况呢？原因就在于刺激与反应之间存在着一个重要的中介因素，那就是认知。情绪虽然是与客观事物是否满足人的需要相联系的，但是面对同样的事物，不同的人却会有着截然不同的情绪感受。这是因为每个人站在不同的角度，会产生不同的认知。心理学研究表明，人们只有通过认知对客观事物与需要的满足做出判断与评价，才会产生相应的情绪反应。认知改变，情绪也相应地发生变化。有这样一个故事，在沙漠里迷路的两个人只剩下半壶水。一个人想："太糟了，只剩下半壶水肯定要命丧沙漠了。"另一个人想："太好了，竟然还有半壶水。"两个人面对相同的局面，认知却有天壤之别。这样一来，前者觉得绝望了，甚至轻易地放弃了；而后者充满了信心，最终走出了沙漠。同样。在同一门考试中，成绩刚刚及格的不同学生对此有着不同的感受，有的人庆幸，好歹及格了；有的人惋惜，怎么没考得更好一些；有的人会感到无地自容，因为他从小到大从没有得过这么低的分数。

（四）情绪与行为

行为是人的情绪的重要表现形式，而情绪对行为也有一定的调节作用。一个人的情绪状态，会导致人产生或消除行为的动机，并直接影响到人的行为模式、过程和效果。当人在做能满足自己需要的一些行为时，会体验到一种欣慰和充满热情的情绪感受，它会使自己的行为得到加强；而当人的某一行为破坏或阻碍了自己的某一种需要时，就会产生厌烦、排斥的情绪感受，它会使自己的行为减少或停止。可见，情绪与行为的关系并非单一的决定与被决定的关系，而是相互影响的关系。

四、情绪的重要性

（一）情绪影响身心健康

情绪可以直接影响人的身心健康。俗话说："笑一笑，十年少；愁一愁，白了头。"生物科学家巴甫洛夫认为，忧愁、顾虑和悲观可以使人得病，积极、愉快、坚强的意志和乐观的情绪可以战胜疾病，更可以使人强壮和长寿。

不良情绪是形成各种疾病的原因之一。我国古代就有"内伤七情"的说法，认为当人的"喜、怒、忧、思、悲、恐、惊"七种情绪过度时，容易产生心理疾病。现代医学研究表明，许多疾病的发生都与人的情绪失调有关，如溃疡、偏头痛、高血压、哮喘、月经失调等。有些人患癌症也与长期心情压抑有关。

美国新奥尔良的奥施纳诊所曾做过统计，发现500个连续求诊而入院的肠胃病人中，因情绪不好而致病者占74%。美国耶鲁大学医学院门诊部也做了相关的统计，结论是在求诊的病人中，因情绪紧张而致病的占76%。

美国哈佛大学的一些学者，用了40年的时间，对204位成年人做了跟踪调查，结果发现在21岁至46岁，过着舒畅精神生活的59人中，只有2人在53岁得了重病，其中1人死亡。而在同一时期内，得不到舒畅精神生活的48人，都在55岁以前死去。

美国生理学家爱尔马为了研究心理状态对健康的影响，设计了一个很简单的实验：把一支玻璃试管插在有冰水的容器中（此容器中冰水混合物的温度正好是0摄氏度），然后收集人们在不同状态下的"汽水"并将其置于玻璃试管中。

当一个人心平气和时，他呼出的气变成水后是澄清透明、无杂无色的；悲痛时水中有白色沉淀；生气时有紫色沉淀。爱尔马把人在生气时呼出的“生气水”注射在大白鼠身上，几分钟后大白鼠就死了。由此爱尔马分析：生气（十分钟）会耗费人体大量精力，其程度不亚于参加一次3 000米赛跑；生气时的生理反应十分剧烈，人体分泌物更具毒性，因此总是生气的人很难健康。所以他告诫道：人尽量不要生气，母亲切勿在生气（或刚生完气）时给孩子喂奶，因为这时母体分泌的乳汁是有毒的。

古代学者阿维森纳，曾把一胎所生的两只羊羔置于不同的外界环境中生活：一只羊羔随羊群在水草地快乐地生活；而在另一只羊羔旁拴了一只狼，这只羊羔总是看到在自己面前那只野兽的威胁，在极度惊恐的状态下，根本吃不下东西，不久就因恐慌而死去了。

有医学心理学家做过这样一个实验：把一只饥饿的狗关在一个铁笼子里，让笼子外面的另一只狗当着它的面吃肉骨头，笼内的狗在急躁、气愤和嫉妒的负性情绪状态下，产生了神经症性的病态反应。

以上这些实验和案例告诉我们，长期被恐惧、焦虑、抑郁、嫉妒、敌意、冲动等负性情绪困扰，容易导致身心疾病的发生。

相反，积极的情绪则有利于人的身心健康。古代医书《黄帝内经》中运用阴阳五行学说，阐述了各种情绪之间的相克关系，如恐胜喜、喜胜忧、悲胜怒、怒胜思、思胜恐。现代医学研究发现，良好的情绪能保证机体内脏器官和腺体的正常活动，增强机体对各种外来不良因素的抵抗力，有益于人的健康。马克思说过：“一种美好的心情，比十副良药更能解除生理上的疲惫和痛楚。”这句话非常形象地说明了积极而正常的情绪体验是保持心理平衡与身体健康的重要条件。

（二）情绪影响学习和工作效率

同一个人，在高兴、愉快、喜悦的情绪状态下学习、工作的效率比他在忧愁、悲伤、痛苦的情绪状态下的学习、工作的效率高得多。这是因为积极的情绪能提高机体的活力，使人处于欣喜状态，情绪高涨、活力增强、干劲倍增，提高学习和工作的效率。相反，消极的情绪则是压抑人们积极性的内部障碍，它使人消沉、反应迟钝，降低学习和工作的效率。

对大学生而言，最典型的例子是焦虑对学习的影响。一般而言，平时情绪稳定、不易过分焦虑的人比那些易激动、焦虑的人学习成绩好；稳定的情绪可以提高学习效率，而高焦虑情境下的学习效率低下；适中的焦虑程度对大多数人可产生最佳的学习效果。

【案中观察】

情绪与成绩

甲、乙、丙是技术相当的运动员。在田径比赛中，甲取得了好成绩；乙上场后，既不嫉妒也不背思想包袱，而是吸取甲的经验，发挥自身的长处，取得了更好的成绩；丙因害怕裁判偏心，无理挑剔甲和乙的技术犯规，对场地设施也不满意，心怀嫉恨，结果成绩很不理想。客观条件相同，但三人的情绪不同，造成了不同的精神状态，影响了他们水平的发挥。不同的情绪状态造就了不同的结果。也许，他们的人生会因此而不同。

评析：成功路上，最大的敌人不是缺少机会，或资历浅薄，而是缺乏对自己情绪的控制。愤怒时，不能制怒，使合作者望而却步；消沉时，放纵萎靡，白白浪费许多稍纵即逝的机会。情绪健康与否与我们的人生息息相关，主要表现在身心健康和事业发展两方面。

（三）情绪影响人际关系

情绪的外部表现是表情，表情具有信号传递作用，属于一种非言语性交际。人们可以凭借一定的表情来传递情感信息和思想愿望。心理学家研究发现，在日常生活中，有55%的信息是靠非言语表情传递的，38%的信息是靠言语表情传递的，只有7%的信息才是靠言语传递的。

大学生的情绪表现直接影响人际交往关系，对其建立和谐的人际关系有着重要的作用和意义。心理学研究发现，在人际交往中，人们往往喜欢那些喜欢自己的人，前者的喜欢似乎是对后者喜欢的一种回报。这种现象在现实生活中就表现为，当一个大学生对他人表现出热情、真挚、友好的情感时，这种情感通过表情等来表达，他人也会给予同样的回报，从而有助于人际关系的良好发展；而当一个大学生对他人表现出冷漠、无情时，他人也往往引起疏远、反感甚至憎恶的情感，从而导致人际关系的不良发展。

（四）情绪影响行为目标的实现

一个人的情绪状态，会导致人产生或消除行为的动机，并直接影响到人的行为模式及过程和效果。例如，一个大学生因取得优异的成绩而产生成就感，使得他对学习更加努力；而过度的焦虑情绪，会使他感到心烦意乱，而无法专心学习；对考试的过度恐惧感，也会使他在考试中发挥失常，最终影响考试的成绩。

五、情绪与情商

为什么面对困难和烦恼，有的人轻松愉快、灵活应对，有的人情绪沮丧、精神沉沦？为什么有些人智商一般，却事业有成？

研究人员在寻找答案时发现，在成功要素中，智商因素仅占20%，而管理情绪、抓住机遇的能力等情绪智力因素发挥着更重要的作用。

情绪智力（情商）是由美国耶鲁大学沙洛维教授和新罕布什尔大学梅耶教授提出来的，他们认为，情绪智力是个体检测自己或别人的情感，并识别、利用这些信息指导自己的思想和行为的能力。

情绪智力的内涵包括情绪的知觉、评估和表达能力；情绪对思维的促进能力；理解、分析情绪，获得情绪知识的能力；对情绪进行成熟调节的能力。简而言之，情绪智力就是情绪的自我认知、表达、理解、调节他人情绪与他人相处、合作的能力。其核心要点：认识和管理情绪（包括自己和他人的情绪）、自我激励、正确处理人际关系。

情绪智力的功能如下。

（一）评价和表达

情绪智力首先表现为对自己和他人情绪的识别、评价和表达。这项功能使人们相互理解、和谐相处，建立良好的人际关系，对人类的生存和发展起促进作用。

（二）调节

识别自我情绪，通过认知和行为策略有效地自我调节，以摆脱焦虑、忧郁、烦躁等不良情绪；同时，在觉察和理解他人情绪的基础上通过认知活动或行为策略有效地调节和改变他人的情绪反应。

（三）解决问题

暂时的情绪波动可以帮助我们思考未来，考虑各种可能的结果，影响认知操作的结果；可以帮助我们打破定势，激发灵感，创造性地解决问题。

（四）动力作用

情绪能激发动机来解决复杂的智力活动。如把情境（临近的考试或面试等）带来的焦虑，转化为促使个体进入全面准备过程的动力。高情绪智力可以充分发挥情绪在解决问题中的积极作用。

【心理自测】

测试你的情商（EQ）有多高

美国耶鲁大学心理学教授彼得·塞拉斯提出：现代社会，凡期盼在人生道路上获得成功者，不但要有高智商（IQ），而且要有高情商（EQ）。你关心过自己的情商水平吗？根据国内外有关情商的研究，这里设计了一组测试指标，你不妨试试，测一测你的情商有多高。

对下列问题请回答“是”或“否”。

1. 对自己的性格类型有比较清晰的了解吗？（ ）
2. 知道自己在什么样的情况下容易发生情绪波动吗？（ ）
3. 懂得从他人的言谈与表情中发现自己的情绪变化吗？（ ）
4. 有扪心自问的反思习惯吗？（ ）
5. 遇事三思而后行，不赞同“跟着感觉走”吗？（ ）
6. 遇有不顺心的事能够抑制自己的烦恼吗？（ ）
7. 遇到意想不到的突发事件，能够冷静应对吗？（ ）
8. 受到挫折或委屈，能够保持能屈能伸的乐观心态吗？（ ）
9. 出现感情冲动或发怒时，能较快地“自我熄火”吗？（ ）
10. 听到批评意见以及与实际情况不符的意见时，没有耿耿于怀的不乐吗？（ ）
11. 在人生道路的拼搏中，相信自己能够成功吗？（ ）
12. 决定了要做的事不轻言放弃吗？（ ）

13. 工作或学习上遇到困难，能够自我鼓励克服困难吗？（ ）
14. 相信"失败乃成功之母"吗？（ ）
15. 办事出了差错自己总结经验教训，不怨天尤人吗？（ ）
16. 对同学、同事们的脾气和性格有一定的了解吗？（ ）
17. 经常留意自己周围人们的情绪变化吗？（ ）
18. 与人交往知道要了解和尊重他人的情感吗？（ ）
19. 能够说出亲人和朋友们的一些优点和长处吗？（ ）
20. 不认为参加社交活动是浪费时间吗？（ ）
21. 没有不愿同他人合作的心态吗？（ ）
22. 见到他人的进步和成就没有不高兴的心情吗？（ ）
23. 与人共事觉得不能"争功于己，诿过于人"吗？（ ）
24. 朋友相处能够严于律己、宽以待人吗？（ ）
25. 知道失信和欺骗是友谊的大敌吗？（ ）

结果分析： 上述25个题，情商所包含的五个方面的内容：①认识自身的情绪；②控制自身的情绪；③自我激励；④了解他人的情绪；⑤人际关系管理。

如果你在第1～4题中答"是"达3个以上，则表明你对自身的情绪有较高的认知；如果你在第5～10题中答"是"达4个以上，则表明你对自身的情绪有较高的控制力；如果你在第11～15题中答"是"达4个以上，则表明你善于自我激励；如果你在第16～18题中答"是"达3个，则表明你能够了解他人的情绪；如果你在第19～25题中答"是"达5个以上，则表明你擅长人际关系管理。

总体衡量： 25个题中答"是"达到20个以上者属高情商，答"是"在14～19个之间者属中等情商，答"是"在13个以下者情商则偏低。倘若发现你的情商偏低，也无须恐惧，找准欠缺点，有针对性地加强自我修养和锻炼，情商是可以提高的。

第二讲 怡情悦性——大学生的积极情绪及培养

一、大学生情绪健康的标准

（一）正确的人生追求

正确的人生追求是大学生学习与生活的一种精神支柱。有了它，大学生就能在遭受挫折、打击和失意时，依然"心有所持，情有所依"，始终保持坚强的精神和健康的情绪。只有确立正确人生态度的人才能百折不挠，才能在现实生活中遇到不顺心的事情（如失恋、失败、疾病等）时，始终保持乐观向上的情绪。目前很多大学生对自己的人生追求没有清晰的认识，往往"人云亦云"，人生追求随着周围环境等的改变而改变，又或者不同人生追求的矛盾导致内在冲突而引发各种情绪。因此，在大学期间清晰地认识自己及正确的人生追求是非常重要的。

（二）保持宽广的胸怀

保持宽广的胸怀是大学生形成健康情绪的基本条件。大学生宽广的胸怀表现在对待生活琐事能开阔视野、豁达胸襟，不只关注眼前琐事。古人云：“君子所取者远，则必有所待；所就者大，则必有所忍。”一个人只有把眼光放在远大的事业上，才会有宽阔的胸襟和豁达的度量。大学生看问题应站在全局和长远的角度，不能因暂时的不利境遇而烦恼沮丧，不能为微不足道的小事而大动感情。在为人处世上，应当从渺小的个人感情中解脱出来，摆脱“自我中心”的认知，以宽广的胸怀去接纳他人，以真心、诚心去打动他人。

（三）理性地适应生活

人生活在一个现实的情感世界中，世界是复杂多变的。有甜蜜，也有苦涩；有顺心的时候，也有不如意的时候；有眼泪，也有欢笑；有冷嘲热讽，也有炽热友谊。大学生如果不能适应这些变化，情绪将会随之起伏动荡，时喜时悲，时怒时愁，不良情绪将会由此而形成；如果能主动适应它，不管生活怎样起伏变化，都始终不改愉快、乐观的精神面貌，坦然处之，理智地对待环境条件、生活、学习、交往等方面的情绪问题，就能在现实生活中形成并保持健康情绪。当代大学生理性地适应生活包括三种水平：理智接受现实的水平、理智评估自己的水平和理智控制情绪的水平。其中，具备理智接受现实的水平是理性地适应生活的前提，具备理智评估自己的水平是理性地适应生活的关键，具备理智控制情绪的水平是理性地适应生活的保证。

（四）善于寻找身边的欢乐

经常保持欢悦乐观是健康情绪的重要表现。因为乐观的情绪是身心和谐的象征，是心理健康的标志，它能使人从内心到外表都感染上愉快的色彩，更让人享受到对生活的满足感，从而更加热爱生活、热爱人生。保持乐观情绪的前提是善于寻找身边的欢乐。大学生活中有欢乐也有忧伤，有的人经常看到欢乐的一面，因此而感到生活很美好；有的人却总是看到忧伤的一面，当然会生活得很不称心。当然，要善于在身边寻找欢乐，多看生活中欢乐的一面，并不是只看生活中美好的东西，而否认痛苦和困难的存在，生活中的现实是无法逃避的。我们提倡的是无论欢乐还是忧伤，都应以乐观的心态去面对。虽然乐观的心态并不能改变客观事物本身，但是却可以使我们勇敢面对现实，不畏困难，使我们鼓足勇气战胜我们所遇到的挫折和失败。

二、大学生如何培养积极的情绪

（一）培养音乐审美

音乐作为一门艺术，是人的情绪体验的一种表现方式，曲调和节奏不同的音乐可以使人产生不同的情绪体验。我国医学经典著作《黄帝内经》两千年前就提出了“五音疗疾”；

《史记》中提到“故音乐者，所以动荡血脉，通流精神而和正心也”；埃及在远古时代的古典著作中称“音乐是灵魂之药”。

【知识加油站】

在忧郁时，可以听：①圆舞曲（肖邦）；②欢乐颂（贝多芬）；③阿莱城姑娘（比才）；④弦乐小夜曲（莫扎特）；⑤少女的祈祷（巴达捷芙斯卡）；⑥蓝色多瑙河（小约翰·施特劳斯）。

在愤怒时，可以听：①海顿小夜曲（海顿）；②月光（德彪西）；③水上音乐（亨德尔）；④沉思曲（马斯奈）；⑤小夜曲（舒伯特）；⑥棕发少女（德彪西）；⑦寒鸦戏水（古筝独奏曲）；⑧牧羊曲（古琴独奏曲）。

在悲伤时，可以听：①春之声圆舞曲（小约翰·施特劳斯）；②拉德斯基进行曲（老约翰·施特劳斯）；③打字机（安德森）；④玛祖卡舞曲（肖邦）；⑤幽默曲（德沃夏克）；⑥匈牙利舞曲第五章（勃拉姆斯）。

（二）培养幽默感

大学生要保持积极的情绪状态，不是被动地等待快乐的来临，而是要始终拥有好奇心，发现和主动创造能使自己感到快乐的事情，并能够充分地享受愉快。特别是当一个人身处逆境时，一方面要能客观地面对现实，另一方面要避免陷入激动的状态，最好的办法是以幽默的态度应对现实。

（三）快乐地迎接每一天

也许我们都曾有过这样的感受，每天都在一种熟悉的、模式化的生活中，慢慢地就会觉得生活变得越来越乏味，快乐也越来越少，而烦恼和不安却与日俱增。事实上，只要我们学会从今天做起，把自己的每一天都安排好，就会发现快乐其实很简单。

【知识加油站】

做好九件事，快乐每一天！

（1）善意、礼让。

（2）及时问候亲友。

（3）适当地款待自己。

（4）做适量的运动。

（5）尝试新事物。

（6）保持感激的心情。

（7）做事情不要拖延。

（8）穿着优美整洁，仪容仪表得体。

（9）试着去帮助别人。

（四）培养积极的认知方式

积极的认知就是在看到事物不利方面的同时，更能看到有利方面。这种看待问题的方式，容易使人看到希望、增强信心、始终保持积极的情绪。这种积极的认知方式在生活中应该得到广泛的应用。

总之，大学生要善于调控自己的情绪，用理智战胜情感，成为情绪、情感的主人，时刻保持愉快的心境，促进情绪和情感的成熟稳定；应当积极寻求多种途径以形成良好的情绪和情感，从而培养完善的、高水平的心理素质，为成才和成功奠定良好的基础。

第三讲　黯然神伤——大学生的消极情绪管理

大学生情绪所表现出来的特点既有积极的一面，也有消极的一面，这是正常现象。如何驾驭情绪，做情感的主人，是大学生所面临的一个实际问题。大学生的情绪会影响其身心健康，所以做好自我调节很重要。

一、愤怒情绪及其调适

（一）愤怒情绪产生的原因

（1）人格特质。先天气质类型是一些大学生激动易怒的重要原因。如胆汁质的大学生更具有冲动、易怒的情绪特征；自我评价偏高、鲁莽、冲动的大学生也容易发怒。

（2）年龄阶段性。大学生正处在身心急剧发展、情感丰富强烈、情绪波动起伏大的青年期，他们精力充沛、血气方刚，因而容易在外界刺激下产生愤怒情绪。

（3）认知偏差。有些大学生容易动怒是因为存在一些错误的认识，如认为发怒可以威慑别人，使人尊重自己；发怒是男子汉气概的体现；发怒可以维护自己的利益或尊严等。

（4）家庭环境。生活在终日争吵不休甚至充满暴力的家庭环境中，以及成长过程中缺失个性修养教育，都是造成大学生易怒性格的原因。

（二）愤怒情绪的表现

愤怒是由于客观事物与主观愿望相违背，或愿望一再受阻、无法实现时的激烈情绪状态，程度可以从不满、愠怒、激愤到暴怒，特别是当人们认为自己所遭受的挫折不公正、不合理时，最易产生愤怒情绪。愤怒极大地影响着人们的身体健康，会导致心律失常、失眠、高血压、胃溃疡等身体疾病；还会使人的自制力减弱，不能正确评价自己行为的意义，甚至做出冲动行为，如打架斗殴、毁损物品等。

（三）愤怒情绪的调适方法

要克服激动易怒的不良情绪，大学生应该做到以下几点。

（1）加强修养、开阔心胸。发怒并不能解决任何问题，只会激化矛盾和招来他人的厌恶和敌意。只有加强自身修养，以开阔的胸襟宽容、体谅他人，不为小事斤斤计较，才能得到别人的信任、尊重和理解，才能与他人建立真诚的友谊。

（2）合理疏导，缓解不良情绪。对于不良情绪（如愤怒等），如果一味克制、压抑而不加以疏导，同样会影响身体健康。因此，大学生要学会通过适宜的途径合理疏导不良情绪，可以采取与他人交谈、写书信、记日记等方式缓解愤怒情绪，还可以在情绪激动时进行体育活动或喊叫以宣泄愤怒。但是无论采用哪种方式，都要适时适度，既不能损害自身，也不能影响他人，更不能危害社会。

（3）冷静克制，退一步海阔天空。在与他人发生矛盾冲突，即将动怒时，要用理智和意志控制冲动的情绪，尽量缓解或避免怒气发作。这时可以暂时离开使自己动怒的环境，待心情平复后再回来；可以进行自我暗示，如在情绪激动时提醒自己要冷静，心中默念“冷静”。深呼吸也是制止愤怒的好方法，在即将要发火的时候，深呼吸，同时在心中默数“1，2，3……”直到100，这时你也许会发现，你已经没有那么愤怒了，那个激怒你的人的面目似乎也没有那么可恶了。

【心理自测】

情绪稳定性测试

1. 我有能力克服各种困难。（　）

A. 是的　　B. 不一定　　C. 不是的

2. 猛兽即使关在铁笼里，我见了也会惴惴不安。（　）

A. 是的　　B. 不一定　　C. 不是的

3. 如果我能到一个新环境，我要（　）。

A. 把生活安排得和从前不一样　　B. 不确定　　C. 和从前相仿

4. 整个一生中，我一直觉得我能达到所预期的目标。（　）

A. 是的　　B. 不一定　　C. 不是的

5. 我在小学时敬佩的教师，到现在仍然令我敬佩。（　）

A. 是的　　B. 不一定　　C. 不是的

6. 不知为什么，有些人总是回避我或冷淡我。（　）

A. 是的　　B. 不一定　　C. 不是的

7. 我虽善意待人，却常常得不到好报。（　）

A. 是的　　B. 不一定　　C. 不是的

8. 在大街上，我常常避开我不愿意打招呼的人。（　）

A. 极少如此　　B. 偶然如此　　C. 有时如此

9. 当我聚精会神地欣赏音乐时，如果有人在旁边高谈阔论，我（　）。

A. 仍能专心听音乐　　B. 介于A、C之间　　C. 不能专心并感到恼怒

10. 我不论到什么地方，都能清楚地辨别方向。（　）

A. 是的　　B. 不一定　　C. 不是的

11. 我热爱所学专业和所从事的工作。(　)

A. 是的　　B. 不一定　　C. 不是的

12. 生动的梦境常常干扰我的睡眠。(　)

A. 经常如此　　B. 偶然如此　　C. 从不如此

13. 季节气候的变化一般不影响我的情绪。(　)

A. 是的　　B. 介于A、C之间　　C. 不是的

以上各题的答案，选A得2分，选B得1分，选C得0分。请将得分相加，算出总分。17～26分为A型，13～16分为B型，0～12分为C型。

A型：情绪稳定

你的情绪稳定，性格成熟，能面对现实。通常能以沉着的态度应对现实中出现的各种问题，行动充满魄力，有勇气，有维护团结的精神。有时，也可能由于不能彻底解决生活中的一些难题而强颜欢笑。

B型：情绪基本稳定

你的情绪有波动，但不大，能沉着应对现实中出现的一些问题。然而在大事面前，有时会急躁不安，无力摆脱环境的支配。

C型：情绪激动

你的情绪易激动，容易产生烦恼。通常难以应对生活中遇到的各种阻挠和挫折，容易受环境支配而心慌意乱，不能面对现实，常常急躁不安、身心疲乏，甚至失眠等。要注意控制和调节自己的心境，使自己的情绪保持稳定。

二、焦虑情绪及其调适

（一）焦虑情绪的表现

焦虑情绪是人处于应激状态时的正常反应，适度的焦虑可以唤起人的警觉、激发斗志、集中注意力，这些是对人有利的，而过高的焦虑或无焦虑则不利于人们能力的正常发挥。焦虑情绪以长期的神经质、多虑为主要特征，是一种紧张、担忧、焦急混合交织的情绪体验，当人们在面临威胁或预料到某种不良后果时，便会产生这种情绪体验。

处于焦虑状态的人会因为一些日常琐事终日担心，会有莫名的不安感，脑海里尽是些解不开的愁思，过分警觉，心情放松不下。被焦虑感困扰的大学生内心感到紧张、着急、惶恐、害怕、心烦意乱，注意力难以集中，记忆力减弱，同时常常伴有头痛、心律不齐、失眠、食欲缺乏及胃肠不适等身体反应。

（二）焦虑情绪产生的原因

（1）人格特质。研究表明，具有谨小慎微、依赖性强、对困难过分夸大、自怨自艾等个性特征的大学生更易产生焦虑感，因此完美型人格也被称为“焦虑型人格”。

（2）社会因素。生活节奏的不断加快、竞争的日趋激烈，使人们的思想、观念、心理

和行为受到巨大冲击。大学生的人生观尚未稳固成形、心理发展尚未完全成熟、前途未定，因而更容易产生困惑、迷惘、紧张、焦虑和无所适从的感觉。

（三）焦虑情绪的调适方法

（1）少拖延，早办事。焦虑的出现，很多时候是因为需要在很短的时间内完成很多或者很复杂的事情，这种“时间不足”的情况却往往是由于故意拖延所致的。有些大学生习惯性地将事情拖到最后期限才处理，有些大学生则把问题拖到最后一刻才肯面对。若在一开始便能当机立断、积极行动，便会有充裕的时间、空间、资源、精神和体力去准时完成计划，焦虑出现的可能性也会大大减少。

（2）及时消除烦恼。再有能力的人，也会有一些难以解决的问题和烦恼，若处理不当，焦虑就会出现并累积。出于自尊，很多人会羞于向别人提及自己的问题和烦恼。其实找人倾诉的好处有很多，由于人各有专长，一个人认为难以处理的事，在其他人眼中可能十分容易，而且将事情向别人倾吐后，不愉快的情绪亦会随之宣泄，压力和焦虑会得到释放，感情的负担得到释放，人会变得较为冷静和清醒，解决问题的能力也会提升。

（3）保持均衡的生活方式。均衡的生活方式，可使身心保持健康，减少焦虑的发生。对大学生来说，学习固然是非常重要的一环，但切不可忽略身体健康和感情生活的均衡发展。运动有强身健体、保持体态及舒缓紧张的功效，是预防或消除焦虑的重要手段。在感情生活方面，应增进与家人、朋友的联系，他们会在你遇到挫折时成为重要的精神支柱，帮助你消除障碍及面对生活上的种种挑战。

（4）不过分追求完美。怎样才算不过分追求完美呢？答案因人而异。以个人的能力只能做到80分，就不要勉强自己做到100分。大学生需要以坦诚的态度，通过不断反省和与人沟通来了解自己的长处、弱点及性格特质，从而确定要求和期望。若能量力而行，焦虑出现的概率自然会减少。

三、抑郁情绪及其调适

抑郁一词其实有许多不同的意义，可以指一种情绪状态，也可以代表症状、症候群或一种临床疾病。抑郁是每个人一生中时常体验到的负向情绪之一。抑郁来自人们面对困难或挫折时，产生的悲哀、孤独、虚无等情绪，这些情绪难以借助行动或思考获得排解，从而导致了抑郁情绪。

（一）抑郁情绪产生的原因

（1）社会因素。就社会层面而言，抑郁程度与生活压力、社会支持有关。个体感受到的压力越大，越容易有抑郁情绪产生。而社会支持，则在生活压力和个人的身心健康中起到了缓冲的作用，能保护个人免于生活压力的负面影响。个人拥有的社会支持越多，抑郁程度就越低。当面临生活中的种种变动与挫折时，若能有人给予一些安慰和鼓励，哪怕只是陪伴，或默默地支持、尊重其决定，也能给予其莫大的勇气。这些支持可能来自家人、朋友、师长或辅导人员。

（2）心理因素。就心理层面而言，个人过去的成长经验以及早期与重要之人分离都可能让个体在心理上变得特别脆弱。面对生活变动，人们容易心情低落，感觉郁闷。除此之外，抑郁程度还与个人的性格特质、思维模式等有关，如有过高的自我要求、强烈的人际需求、内向或神经质的性格倾向等的人抑郁的程度通常较高。许多研究指出，抑郁者对自我、环境和未来，皆持负面看法。他们认为自己是没有价值、没有能力的，习惯于自我贬低、自责，同时倾向于以消极方式解释外在环境和经验，对事情的后果和未来也持无望、悲观的态度。研究也指出，抑郁者常有一些非理性的观念。

（3）生物因素。就生物层面而言，抑郁情绪还与基因影响、神经化学传导物质的不平衡、肾上腺素过低有关。有些抑郁情绪会与生理周期或者季节有关，例如，女性在月经来临前、服避孕药后，感到抑郁的概率会略有增加，产后容易并发抑郁症；有些人在冬季特别容易感到抑郁，这极可能和接受日照时间短有关。整体而言，个体所体验到的抑郁情绪，往往不是由单一因素引发的，而是许多因素作用后的结果。

（二）抑郁情绪的表现

在情绪方面，抑郁情绪表现为悲伤、沮丧、低落；在行为方面，抑郁情绪表现为哭泣、动作缓慢、社交退缩、对日常活动失去兴趣，甚至出现自我伤害、自杀的行为；在认知方面，抑郁情绪表现为认为自己没有价值，得不到帮助，对事情持悲观看法，对未来充满绝望，对环境则有不满、厌恶的想法；在生理方面，抑郁情绪表现为食欲减退、睡眠困扰、疲倦、体重骤增或骤减等。

（三）抑郁情绪的调适方法

（1）寻找生活中快乐的亮点。善于捕捉生活中的快乐，发现生活中那些令人愉快的因素，既有利于身心的健康，也有利于激发进取精神，有信心迎接未来。在同样的客观情景下，人们感到快乐与否，与人们的主观观察和感受有着很大的关系。快乐离每个人都不远，但有人善于捕捉它，有人却任其从身边悄悄溜走。

（2）主动调节消极情绪。保持良好的心态，要有“海阔天空”般的情怀，更要有“不以物喜，不以己悲”的处事态度。

（3）认同自我。丧失自我认同感就等于丧失了对生活的把握，这常常与丧失自信有关。所以，应该摆正自己的需求与偏好，不要自我攻击，因为自我攻击只能打击自己的信心。值得注意的是，这时候的自我比以往任何时候都需要他人的赞同与接纳。如果过分注重他人的评价，就会变得像木偶一般顺从他人。久而久之，会认为获得赞许的唯一办法就是牺牲自己的需求和意愿，从而越发顺从和讨好他人。

（4）寻求社会支持。在遇到不开心的事情时，最好有一个温暖的家可以让自己感觉到支持的力量，有一群感情要好的朋友可以倾诉。在遇到问题时，大学生可以向亲人和朋友征求意见，这样就可以更勇敢地面对问题，而不会感到孤单寂寞。尽管他们未必可以直接帮忙解决问题，但至少会在了解情况后，给予鼓励和支持。

四、压抑情绪及其调适

大学生处在青年早期，即情感最丰富、最热烈的时期，同时也是一个充满压力和冲突的时期，而这往往会导致情绪的压抑性。据一项调查显示，约70%的大学生“时时感到有一种压抑感”。

（一）压抑情绪产生的原因

产生压抑情绪的原因是多方面的：自我的冲突、人际关系的紧张、生活的枯燥、成绩的下降、失恋、情感丰富而无所寄托的孤独寂寞、对现实社会的困惑、才能无人知的空虚、竞争的压力等。这些都容易使大学生产生挫折感，诱发情绪困扰，若这种困扰无处宣泄，持续若干时间后即形成压抑情绪。

（二）压抑情绪的表现

有压抑情绪的大学生的常见表现有：精神萎靡不振、缺乏朝气、缺少活力、成天唉声叹气、感觉活得太累；丧失广泛的兴趣，失去敏感的知觉和灵活的思维；与人交往缺乏热情，好发牢骚，对他人的喜怒哀乐缺少共鸣。长期、严重的压抑会诱发胃溃疡、高血压等疾病，往往还会导致心理异常，甚至厌弃人生。心理专家认为，适当的情感宣泄是防治压抑的有效途径。

（三）压抑情绪的调适方法

情绪的压抑主要是指负性情绪的过度内化，个体对负性不良情绪的反复体验，使得不良情绪问题堆积，没有找到合适的宣泄途径。长时间的情绪压抑其实是一种负性能量的堆积，因此，在情绪压抑时要学会情绪的转移。一是个体可以为自己设置一个目标，如参加某个兴趣小组或进行体育锻炼等。二是尽可能地改变周围的环境。环境可以营造良好的心境，这种心境会带来积极情绪。三是要发泄自己压抑的情绪，如找朋友倾诉、进行体育运动等都是宣泄不良情绪的好方法。如果通过上述方法仍无法调节压抑的情绪，应向专业心理医生进行求助。

【心理训练】

自我放松训练

请将四肢放松，两眼闭上，头脑里不要再想其他事情（两遍）。

放松练习现在开始：

（1）请你将双手高高地举起，尽量举高。坚持一会儿，再坚持一会儿。好，放松，完全放松（两遍）。

（2）请你用力握紧双拳，坚持一会儿，再坚持一会儿。好，放松，完全放松（两遍）。

（3）请你将小臂弯曲并挤压在大臂上，使你感到紧张。坚持一会儿，再坚持一会儿。

好，放松，完全放松（两遍）。

（4）请你将双肩向耳朵方向拱起，尽量拱起。坚持一会儿，再坚持一会儿。好，放松，完全放松（两遍）。

（5）请你用鼻子慢慢地深吸一口气，憋一会儿，再憋一会儿。好，慢慢地、一点点地把气呼出去（两遍）。

（6）请你两脚着地、与肩同宽，脚趾扒地，造成紧张感。坚持一会儿，再坚持一会儿。好，放松，完全放松（两遍）。

（7）请你转动你的眼球，听我的口令：左、下、右、上。反过来做一遍，右、下、左、上。

（8）请你把小腿尽量向前伸，坚持一会儿，再坚持一会儿。好，放松，完全放松（两遍）。

（9）请你收缩你的小腿肌肉，使之感到紧张。坚持一会儿，再坚持一会儿。好，放松，完全放松（两遍）。

（10）请你将头向后仰，尽量向后。坚持一会儿，再坚持一会儿。好，放松，完全放松（两遍）。

（11）请你收缩你的脑额，坚持一会儿，再坚持一会儿。好，放松，完全放松（两遍）。好，放松练习到此结束。你感到轻松一些了吗？

【阅书观影】

1. 书目推荐——《让你快乐起来的心理自助法》，阿尔伯特·艾利斯著

此书告诉人们如何长期而有效地坚持使用理性情感行为疗法，让自己从消极因素中跳出来，远离烦恼。

2. 影视推荐——《头脑特工队》

影片讲述了11岁女孩莱莉因为父亲工作的原因举家搬迁至旧金山，正要准备适应新环境，但就在此时，莱莉脑中控制欢乐与忧伤的两位脑内大臣乐乐与忧忧迷失在茫茫脑海中，大脑总部只剩下掌管愤怒、害怕与厌恶的三位干部负责，导致本来乐观的莱莉变成愤世嫉俗的少女。乐乐与忧忧必须要尽快在复杂的脑中世界回到大脑总部，让莱莉重拾原本快乐正常的情绪。影片最有意思的就是将人类的几种情绪拟人化表现，各个情绪小人特征鲜明又非常符合他们所代表的情绪。

主题七　君子之交淡如水——交往篇

一个人的成功，只有 15%取决于他的专业技能，而另外 85%则取决于他的人际关系和处世能力。

——戴尔·卡耐基

【活动任务书】

<table>
<tr><td>活动名称</td><td colspan="2">扩大我的“交际圈”</td><td>姓名</td><td></td><td>完成时间</td><td></td></tr>
<tr><td rowspan="2">目标</td><td colspan="6">学习目标：
1. 通过与他人的交流并结合个人日常学习和生活的经验，总结出人际交往的意义
2. 了解影响人际交往的因素，学会灵活运用人际交往的原则和技巧
3. 了解人际关系障碍的类型，学会掌控并灵活处理人际交往的矛盾</td></tr>
<tr><td colspan="6">思政目标：
1. 解决人际交往问题，建设和谐校园、和谐社会
2. 树立正确的人生观、价值观，学会与人交往，培养适应现代社会要求的良好素质</td></tr>
<tr><td>任务</td><td colspan="6">1. 尝试与周围不熟悉的同学进行交流
2. 尝试与几位任课教师沟通
3. 尝试与“有矛盾”的他人交往
4. 结合活动目标，将以上交往的经验进行总结，供课上思考讨论</td></tr>
<tr><td>实施过程</td><td colspan="6">1. 根据具体活动内容，以个人或小组形式制订计划，明确任务
2. 按计划和分工实施任务
3. 各小组交流学习成果，整合知识</td></tr>
<tr><td>注意事项</td><td colspan="6">与他人真诚地交流，体会人际交往的奥妙</td></tr>
<tr><td rowspan="3">组员及
分工情况</td><td>队号</td><td colspan="3"></td><td>队长</td><td></td></tr>
<tr><td>队员</td><td colspan="5"></td></tr>
<tr><td>任务分工</td><td colspan="5"></td></tr>
</table>

【心理导航】

他们为什么成了“孤岛”？

宿舍里的“游魂”

小保，来自农村，某知名高校大一新生。对大学校园生活无限憧憬的他，在第一个月的住校生活中就遇到了一些微妙的交际问题。在同宿舍的四个人中，另外三人都来自大城市，彼此的兴趣也有着惊人的相似之处：喜欢打游戏、爱看NBA比赛、爱好弹吉他。但对小保来说，他对计算机的认识还仅限于基本的系统操作；虽然对NBA这个词还略有印象，可对基本的篮球规则一无所知；至于吉他，在宿舍里欣赏三把吉他的现场演出更是他平生头一遭。虽说四个人平时在宿舍里的关系还不错，但小保总觉得，自己和另外三个人之间有一道无形的屏障，他无论如何努力都无法融入另外三人组成的“联盟”之中，尤其是当三位室友晚上在宿舍里练习吉他时，小保觉得浑身不舒服。

一开始，小保尝试在旁边坐着静静地听他们练习。但由于他对吉他一窍不通，又并非音乐爱好者，因此很快厌倦了。于是，他选择在三人练习吉他的时候躺在床上听广播，但这样做给小保带来的只有更为强烈的孤独感；同时，小保也担心其他三人会认为自己很难相处。出于无奈，小保选择了眼不见心不烦的策略，在图书馆和自习教室里度过自己的空余时间，或者在校园里游荡，直到快要熄灯才回宿舍。选择“自我放逐”的小保苦笑着说：“现在我在宿舍里‘树立’起刻苦读书的‘高大形象’，其实我更想和他们一起在宿舍里聊聊天，可是我实在不知道怎么才能融入他们的圈子……为了避免尴尬，我选择成为宿舍里的‘游魂’。”

到别处去“避难”

同是知名大学一年级新生的小斌则遇到了另外一种微妙的交际问题。小斌是某理科奥林匹克竞赛的金牌得主，其他学生认为十分晦涩难懂的专业课对于小斌而言易如反掌。开学第一个月，和小斌同一个宿舍的三位室友有近水楼台先得月的机会，时常就专业课问题来请教小斌，而小斌也乐此不疲地充当起了课外辅导教师的角色。但是小斌这位义务教师有个缺点，就是喜欢在给别人讲题时加上一句口头禅：“哈，这道题目简单！”对室友所犯错误的评价也是“一针见血”：“你这个地方犯的错误太低级了。”这样过了没几周，小斌发现，三位室友渐渐地不再向他请教问题，对他的态度也是冷冰冰的。

复习期中考试的那段日子，小斌主动问室友们有什么可以帮忙，结果接连碰了三个软钉子。更糟糕的是，小斌还听到关于自己的传闻，说自己“眼高手低，好为人师”。沮丧的小斌在电话里向父母抱怨自己好人没好报，父母则告诉小斌要当心“树大招风”，平时做人要懂得低调。这一席话让苦恼的小斌更为摸不着头脑，自己怎么就“树大招风”了呢？不愿在宿舍里受冷遇的小斌只好选择把图书馆和自习教室当作自己的“避难所”。

想一想：

（1）他们为什么会成了“孤岛”？

（2）你有什么好的办法可以帮助他们解决这种困境吗？

第一讲　人情世态——人际关系概述

与人交往和沟通，建立良好的人际关系，是每个人的基本社会需要，也是一个人健康成长的必备条件。当今社会，是一个合作与竞争并存的社会，可以说，人际交往能力已成为大学生的最重要的基本素质之一。因此，掌握人际交往的基本规律和技巧，提高人际交往能力，建立良好的人际关系，是大学生心理健康教育的重要内容。

一、人际交往的定义

社会心理学中所使用的“人际交往”，一般是指在社会活动中，人与人之间进行信息交流和沟通情感的联系过程。人际交往是群体成员共同活动的特殊形式，也是人们交流思想情感、传递信息的重要手段，而且还是人们表达思想情感、传递内心紧张、获得对方理解和同情的主要途径。在人际交往的过程中建立和发展起来的人与人之间的关系就是人际关系。

人际交往的心理因素包括认知、动机、情感、态度等。认知是个体对人际关系的知觉状态，是人际关系的前提。人与人的交往首先是从感知、识别、理解开始的，彼此之间不相识、不相知，就不可能建立人际关系。认知包括个体对自己与他人、他人与自己关系的了解与把握，它使个体能够在交往中更好地、更有针对性地调节与他人的关系。动机在人际关系中有着引发、指向和强化功能，人与人的交往总是缘于某种需要、愿望与诱因。情感是人际关系的重要调节因素，人们在交往过程中，总是伴随着一定的情感体验，如满意与不满意、喜爱与厌恶等。人们总是根据自身情感体验不断调整人际关系，情感直接关系着交往双方在情感需要方面的满足程度，可以说，情感是人际关系中最重要的部分，它往往被当作判断人际关系状态的决定性指标。态度是人际交往的重要变量，人每时每刻都在表现某种态度，态度直接影响着人际关系的建立、形成与发展，最终影响着人们的人际交往。

二、大学生人际关系的特点和作用

（一）大学生人际关系的特点

大学是一个特殊的社会，存在着各种各样的关系，对于学习和生活在其中的大学生来说，其人际关系有如下特点。

1. 人际交往愿望迫切

大学生思想比较单纯，精力充沛，兴趣广泛，活泼好动，对人际交往的需求强烈。每一位大学生都希望自己有良好的人际关系和人际环境。他们希望通过交往获得同学的认可、接受、尊重、信任，希望拓宽视野，满足自己多方面的需求。

2. 人际关系比较注重情感需求

大学生的人际关系比较注重情感需求的满足，他们的交往动机中功利因素少，情感因素多。他们崇尚高雅、真诚、纯洁的友谊，注重情感的沟通和交流，不是或主要不是从交往对象的家庭背景、经济条件、学习成绩等方面考虑的，交往的主要目的是获得情感需要的满足。这种满足既表现为消除孤独，寻求友谊，在同辈中找到情感交流的对象，也表现为通过与异性同辈的交往来满足友谊和爱情的需求。

3. 人际关系注重平等

很多大学生认为人与人的交往应该是平等的、互助的。大学生交往中的平等特点是由他们彼此关系的非利益冲突和较强烈的平等交往意识决定的。大学生之间不存在较大的利益冲突，且具有共同的学习任务和比较一致的学习目的，加之学校和教师对他们提出的要求、给予的机会都是平等的，这就使得每个大学生在学校或班级中都是平等的一员，因而他们的人际关系比较稳定，友谊比较长久，遇到矛盾和问题也比较容易解决。

4. 人际交往的内容比较丰富

由于大学生兴趣广泛、情感丰富、精力充沛、求知欲强，所以他们对各种自然的、社会的现象都很关注，希望自己见多识广。其结果是他们交往的内容比较丰富，特别是随着社会生活节奏的加快，他们人际交往的内容更加丰富和多样，不仅对专业以及感兴趣的知识和信息，如衣、食、住、行、工作等方面进行交流，而且还会敞开心扉，无所顾忌地进行情感的交流与宣泄，发生思想的碰撞和融汇。

【案中观察】

阿俊是一个爱交际的人，在学校里他不仅活跃于各种各样的社团，而且积极参加学校的各类比赛。大学两年的经历让他交到了很多朋友。周末或者空余时间他就会约上几个好朋友一起出去走走。良好的人际关系让阿俊不断成长、不断学习。每到期末复习的时候，阿俊总会找到合适的同学一起自习；每到课堂展示的时候，阿俊总会将自己的丰富经历和大家分享；每到学校有什么新的活动的时候，阿俊也会找到志同道合的小伙伴一起参与。良好的人际关系让阿俊的大学生活既充实又丰富多彩。

想一想：

良好的人际交往给阿俊带来了什么？

（二）大学生人际关系的作用

对于正处在学习和成长中的大学生来说，良好、融洽的人际关系对他们的成长具有重要作用。

1. 良好的人际关系有利于大学生之间的信息交流

人际交往的过程是彼此交流信息、知识、经验、思想和情感的过程。大学生通过建立良好的人际关系，能以各种方式迅速获得信息，并且人际交往比书本获得的信息更广泛，渠道更直接，速度更快。大学生随着交际范围的扩大和友谊的加深，能认识更多的人，听到更多的事，交换更多的思想，获得更多的信息。

2. 良好的人际关系有助于大学生提高学习效率

在一个人际关系健康和谐、有向心力和凝聚力的群体中，大家互相关心、互相帮助，大学生会感到心情舒畅，学习效率也会提高。因为良好的人际关系使大学生之间能相互仿效、相互帮助、相互启发，使师生之间情感相融、教学相长，从而使大学生的视野不断开拓，思想上不断受到启迪，知识上互相补充和促进，学习积极性不断提高。

【案中观察】

“独行侠”小飞

小飞是一名大二男生，是一个喜欢独来独往的人，在一次心理课堂上却一下子让全班同学记住了他。教师布置了一个关于“你的人际网络系统”的课堂练习，并请同学们当场分享。小飞的分享非常特别，他的人际网络系统里只放了一个人，那就是他自己。在他看来，与人交往是没有意义的，一个人做事效率会更高；生命有限，时间宝贵，要用有限的时间去做更有意义的事。同学们知道小飞这个想法后，感觉他是个以自我为中心的人，太过自负和自私，因此大家都远离了他。班级推荐入党积极分子，小飞也落选了。

小飞单独找到心理教师倾诉心中的困惑，他不明白为什么大家都孤立自己。在心理教师的帮助下，小飞意识到自己的错误，并打算积极改正。

评析：人际网络的重要性不光是其实用价值，还包括精神价值。美国作家柯达曾说过：“人际网络非一日所成，它是数十年来累积的成果。如果你到了40岁还没有建立起应有的人际关系，麻烦可就大了。”

3. 良好的人际关系是大学生全面发展和完善的重要条件

一个人的个性除受先天遗传因素的影响外，更主要的是受后天环境的影响。大学生如果长期生活在友好和睦的人际关系中，其个性就会变得乐观、开朗、积极、主动。同时，这样的人际关系也有助于提高大学生的自我认知和评价能力。一方面，大学生能通过他人对自己形象的评价，了解自己行为表现的恰当性和能力高低，从而不断调整自己的行为，努力进取，完善自己的个性，使自己的潜能得到进一步发挥，以达到自我意识与社会意识的统一；另一方面，大学生可以把他人的优点作为自己追求的目标，通过交流，学习他人的良好行为方式、积极态度、正向价值观念、优良品质等，从而不断提升自己。

4. 良好的人际关系能促进大学生的社会化进程

每个人的社会化进程都是在人际交往中进行的，人际交往是社会化的起点。大学阶段是大学生加速社会化的关键时期，随着他们人际交往范围的不断扩大，交往内容的逐步深化，交往形式的日趋多样，他们在交往中不断积累深化社会的经验，学到社会生活所必需的知识、技能、态度、伦理道德规范，明确了自我的社会责任，促进了自我成熟。

5. 良好的人际关系有利于促进大学生的心理健康

人际交往的时间越长、空间越大，人的精神生活越丰富，得到支持和帮助的机会越多，就越能保持心理平衡。

【案中观察】

社交剥夺实验

美国心理学家沙赫特曾做过一个实验：他以每小时15美元酬金招募被试到一个小房间去住。这个小房间与外界完全隔绝，没有报纸，没有电话，不准写信，也不让其他人进入，只有必需的食物及生活用品。有5人参加了实验。实验结果是：1个人在小房间里只待了2个小时就出来了；3个人待了2天；另1个人待了8天，这个待了8天的人出来以后说："如果再让我在里面待1分钟，我就要发疯了。"

评析：社交剥夺实验证明，每个人都不可能孤立存在，必须与他人交往。积极健康的人际交往对每个人而言都是必不可少的。

良好的人际关系能使大学生归属于特定的集体，交到志同道合的朋友，能在帮助他人的过程中获得心理上的幸福和满足，也能从与他人友好的相处中获得友谊和爱。但是，如果人际交往的需要得不到满足，处于一种不良的人际关系中，就会增加大学生的挫折感，引发内心的矛盾和冲突，情感上的孤寂、惆怅、空虚就会经常出现，从而带来一系列不良的情绪反应。而不良的情绪作用于生理活动，将成为各种疾病的催化剂，削弱人的抗病能力，使正常机能减退，并且削弱神经系统的工作能力，从而导致心理障碍。

三、人际交往的影响因素

在大学生群体中，人与人之间交往的程度或深度往往有很大的差别，有的一见如故；有的“老死不相往来”；有的情同手足，形影不离；有的时冷时热，若即若离。这些差别主要与交往双方的个人吸引力有关。人际交往过程中的影响因素如图7-1所示。

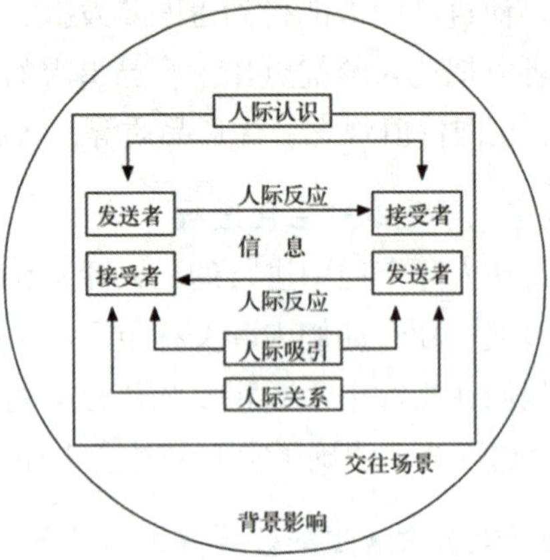

图 7-1　人际交往过程中的影响因素

（一）时空的接近性

俗话说：近水楼台先得月。这说明时空距离是形成密切的人际关系的一个重要条件。

空间距离越接近的人，就越容易产生人际交往，如同班同学、同桌、同寝室的人，不仅容易交往，而且交往频率高。频繁地交往也容易使双方相互了解和相互支持。因接触机会多而相识，因相识而彼此吸引，因彼此吸引而容易形成共同的经验、共同的话题、共同的体会、共同的兴趣以及共同的利益，从而建立友谊。另外，时间上的接近，如同龄、同期入学、同期毕业等，也容易在感情上相互接近、相互吸引。时空的接近性是形成密切人际关系的重要条件，但也不是绝对的。有的时候，时空过于接近，交往过于频繁，反而容易造成摩擦和冲突，影响人际关系的巩固和发展。

（二）双方的相似性

成语“惺惺相惜”，指的是才智相近的人会彼此珍惜。人们倾向于喜欢在某方面或多方面与自己相似的人，包括思想、信念、价值观的一致或相似，兴趣、爱好的一致以及年龄、学历、社会地位、职业、修养等方面的相似，这些都会让彼此间的关系融洽。

这种因为两人之间有很多相似点而彼此吸引的现象，说明了相似性是建立良好人际关系的基础。“物以类聚，人以群分”，言简意赅地表明了人际交往中的相似性作用。

相似性有助于交往，原因主要有以下几个方面。

（1）各种相似的因素创造了较多的共同参与社会活动的机会，因而人们接触机会多，就更容易熟悉和互相喜欢。

（2）相似性可使交往双方在交往过程中相互肯定、相互激励；反之，如果双方态度差异大，则容易相互否定，增加彼此的心理压力，使双方交往不愉快，从而在心理上不愿意与对方继续交往。

（3）相似性因素可以使交往双方的意见容易沟通，减少误会、曲解和冲突，从而形成良好的人际关系。如果人与人之间有着共同的理想信念、人生观、价值观以及共同的爱好、兴趣等，在工作和生活中，就容易有共同语言，产生心理共鸣，感情也易于交流，相处也比较融洽。相反，如果人与人之间的态度不相似，彼此之间没有共同语言，相处就比较困难。

（三）需要的互补性

需要和满足需要的期望是推动人们相互交往的根本原因，也是人际关系的动机和目的。良好人际关系的形成取决于交往双方彼此满足需要的方式和程度。在人际关系中，我们经常能看到两个性情极其不同的人却能和谐相处。像这种两人之间彼此吸引的原因，就称为互补性。人们重视虽与自己不同，但能与自己互补的朋友。因为彼此可以取长补短、各得其所。互补因素在婚姻生活中更为突出，互补会有助于爱情的巩固。例如，一个支配型的男性容易娶一个依赖型的女性为妻，一个喜欢控制人的强势女性容易与一个被动型不愿做决定的沉默男性结为夫妇，而支配型的男性与支配型的女性则很难做一对平和的夫妻。

除了两性之间男刚女柔的自然互补，在个人兴趣、专业、特殊才能等方面，多数人都会有希望自己所缺由别人补足的心理倾向。

（四）外表与个性特征

爱美之心，人皆有之，人们常常把外貌有吸引力的人视为拥有较多优良人格特征的人，一个人的长相、穿着、仪表、体态，往往是构成人际吸引力的重要因素。个性本身更是引人注意与令人欣赏的重要条件。

（1）长相因素。人们总是倾向于结交长相有魅力、心灵美的人，并且人们更重视的是心灵美。

（2）性格因素。人们对乐观开朗、助人为乐、富于幽默感、有进取精神的人非常倾慕。因为与这种人相处，能给人带来欢乐。

心理学家安德森在1968年进行的一项研究中，将555个描绘个性品质的形容词列成表格，让大学生被试者按照喜欢程度由高到低排列。结果显示，大学生最喜爱的个性品质前10位和最厌恶的个性品质前10位如表7-1所示。

表 7-1　大学生最喜爱和最厌恶的个性品质前 10 位

大学生最喜爱的个性品质前 10 位	大学生最厌恶的个性品质前 10 位
真诚、诚实、理解、忠诚、真实、可信、聪慧、可依赖、有头脑、体贴	古怪、不友好、敌意、饶舌、自私、狭隘、粗鲁、自负、贪婪、不真诚

（3）能力因素。人们都比较喜欢聪明能干的人，觉得与能力强的人结交是一种幸福并感到自豪。为此，不少人常与有特殊才能的人结为良师益友。

但有研究发现，群体中最有能力的成员，往往不是最受喜爱的人。可以看出，才能与被人喜欢的程度，在一定限度内存在正比关系。如果别人超凡的才能超出一定范围，使自己可望而不可即的时候，其才能所造成的压力就成了主要的作用因素，人们就会感到一种压力，并倾向于逃避或拒绝与这个人交往。有研究显示，一个很有才华而又有小缺点或过错的人，比那些有才华又完美无缺的人更具有人际吸引力。

（五）沟通能力与语言障碍

缺乏沟通能力或技巧、沟通不畅、沟通失效、语言障碍等都是影响建立良好人际关系的因素。例如，有些人口齿不清，语言表达不准确，常常词不达意，别人不能确切理解其意或者容易引起误会；也有些人说话的语调不当，很少用商量的语调，而习惯用命令式语调，因而引起对方反感；还有些人存在偏见或歧视，不能正确看待和认识他人，妄自尊大或沾沾自喜。这些因素都会妨碍建立良好的人际关系。

【集思广益】

松鼠搬家

规则：参与者每3人为一组，其中2人扮成“樵夫”，双手举起，对掌搭成一个“小木屋”；另外1人扮成“小松鼠”，蹲在“小木屋”里。

（1）根据主持人的口令进行变化，如：

“松鼠搬家”——“小松鼠”调换“小木屋”；

“樵夫砍柴”——搭建“小木屋”的2个人分开，寻找新的“樵夫”搭建新的“小木屋”；“森林大火”——“小松鼠”可以变成“樵夫”，“樵夫”可以变成“小松鼠”。

（2）主持人不断变化着发出口令，大家做出相应的变化。

（3）在活动一开始安排2只无家可归的“小松鼠”充当竞争的角色，这样在变化中必然会有新的“小松鼠”或“樵夫”被淘汰。

（4）集体分享活动的感悟。

（5）温馨提示。要有足够大的活动空间，便于“小松鼠”“樵夫”跑动变化。本活动是参与人数越多效果越好，出现无家可归的“小松鼠”和没有“小松鼠”的“小木屋”均被认为是淘汰。主持人要关注多次被淘汰的“小松鼠”和“樵夫”，可以请他们表演节目或交流被淘汰的心理感受。

第二讲　孤岛突围——大学生人际关系问题及其调适

大学生正处在学习知识、了解社会、探索人生的重要发展时期，其主要活动都是在人际交往过程中实现的。因此，及时发现自身在人际交往中存在的问题，锻炼并提高自己的人际交往的能力，是大学生成长中的重要课题。人际交往是一种非常复杂的动态过程。良好的人际关系像春雨甘露一样滋润着大学生的心灵，使之健康快乐地成长。大学生普遍渴望与他人交往，渴望得到友谊。但是，许多同学常常因为不能如愿而产生挫败感。在人际交往中，大学生经常会遇到以下心理困扰。

一、自卑心理

（一）自卑心理的表现

自卑心理是大学生人际交往中常见的心理问题，有自卑心理的大学生常常缺乏自信心，处事过分小心谨慎，在交往中畏首畏尾、多思虑、敏感、多疑、孤僻。有自卑心理的人性格多为内向，感情脆弱，常常自惭形秽，感到各方面不如别人，总感觉别人瞧不起自己。这种人在公共场合一般不是积极主动的，而是消极被动的，过于警觉，极易受挫。严重的自卑心理会造成心理变态并给大学生带来精神上的负担，所以，大学生应积极克服自卑心理。

（二）自卑心理的调适方法

（1）学会积极的自我暗示、自我鼓励。在公共场合要有积极的心理暗示，“别的人能做到的事，我也能做到”。

（2）学会正确认识自己。要善于发现自己的优点，同时要正确对待他人，学会比较，扬长避短。

（3）积极与他人交往。只有与他人交往才能使自己得到锻炼，增强自己的自信心，尤其要有意识地同性格开朗、乐观的人进行交往，这样更有助于克服自卑心理。

二、嫉妒心理

（一）嫉妒心理的表现

嫉妒心理是在人际交往中与他人比较，发现自己在才能、名誉、地位与境遇等方面不如别人时而产生的一种不悦、羞愧、怨恨、恼怒，甚至带有破坏性的复杂情绪状态。有嫉妒心理的大学生在交往中会产生强烈的排他性，经常导致诸如中伤、怨恨、诋毁等嫉妒行为的发生。嫉妒心理主要表现为对他人的成绩和长处不服气甚至嫉恨，看到别人处于劣势时感到特别高兴，总希望别人不如自己；没有竞争的勇气，却总是讽刺、挖苦甚至采取不正当的行为对他人和集体造成伤害。

【案中观察】

小A与小B是某艺术院校大三的学生，住在同一间宿舍。入学不久，两个人成了形影不离的好朋友。小A活泼开朗，小B性格内向、沉默寡言。小B逐渐觉得自己像一只丑小鸭，而小A却像一位美丽的公主，心里很不是滋味。她认为小A处处都比自己强，把风头占尽，就时常以冷眼对小A。大学三年级，小A参加了学院组织的服装设计大赛，并获得一等奖。小B得知这一消息，先是痛不欲生，而后妒火中烧，趁小A不在宿舍之机将小A的参赛作品撕成碎片，扔在小A的床上。小A发现后，不知道怎样对待小B，更想不通为什么她要遭受这样的对待。

想一想：

（1）请问小B的行为属于什么问题？

（2）导致小B这么做的原因是什么？该如何应对？

（二）嫉妒心理的调适方法

（1）正确比较。在学习和生活中，每个人都要在具有竞争气氛的学习和生活中客观地对待自己，认清自己的位置，摆正学习态度。不要把学习优秀的同学当作与自己有竞争关系的对手，而要当作促使自己进步的动力。因此，要采取正确的比较方法，要善于取他人之长，补自己之短。

（2）充实自己。嫉妒心理往往是自信心不足的表现，应充实自己的生活，走出自我狭隘的圈子，做个豁达的人。嫉妒别人成功是从自我的视野中把别人的成功看成自己的障碍，因此其内心深处潜藏着一种自己不好、也不许别人好的自私心理。大学生在成长的过程中，时时会发现周围的同学正在超越自己。如果你能为他们的进步而高兴，并能为此而感到骄傲和自豪，那么你就走出了自我狭隘的小圈子，就具有了一种宽广的胸怀。

（3）克服以自我为中心。嫉妒心理是以自我为中心膨胀的产物，克服以自我为中心就会去接纳别人的进步和发展，就会使自己的心态不因嫉妒别人的进步和成绩而失衡，从而升华自己的情绪和情感。

（4）保持良好的心态。无论在什么群体里都会有比较优秀的人，也都会有比较落后的人，要有一个良好的心态，明白落后是可以通过努力改变的。

（5）自我宣泄、自我抑制。自我宣泄，是治疗嫉妒心理的特效药；自我抑制，是治疗嫉妒心理的苦药。嫉妒心理是一种痛苦的心理，当它还没有发展到恶性嫉妒时，用宣泄的方式来舒缓一下是相当有必要的。这时，最好能找一位知心朋友，痛痛快快地说个够，然后由朋友适时地进行一番开导。这样即使不能从根本上克服嫉妒心理，也能阻止它朝着更深的程度发展。如有一定的爱好，则可借助各种爱好来宣泄和疏导，如唱歌、跳舞、书画、下棋、旅游等。

（6）积极升华。嫉妒者在别人比自己强时，应当把不服气的心理引导到积极的方面，化嫉妒为求上进的力量，赶上甚至超过对方。在学习上、在体育运动和社会活动中，当看到与自己条件相仿的人超过自己、获得荣誉的时候，强烈的嫉妒心可能会使一些人内心十分不快，理智却又不容许他们表露这种情绪。此时可以选择奋发努力，让自己变得更优秀。

（7）让快乐心理占据主导地位。快乐可以治疗嫉妒，是说要善于从生活中寻找快乐，就像嫉妒者随时随处为自己寻找痛苦一样。如果一个人总是想：比起别人得到的欢乐，我的那一点快乐算得了什么呢？那么他就会永远陷于痛苦之中，陷于嫉妒之中。快乐是一种情绪心理，嫉妒也是一种情绪心理。何种情绪心理占据主导地位，主要靠人来调整。

三、自傲心理

（一）自傲心理的表现

自傲心理和自卑心理一样，是大学生人际交往中常见的心理问题。自傲心理是指过高地评价自我，在交往中总是拿自己的长处和别人的短处相比，表现为盛气凌人、自命不凡、自视清高等，常使交往对象产生难堪、窘迫和心理压力，不能平等地与人交往。自傲心理非常不利于大学生的人际交往，必须加以克服。

（二）自傲心理的调适方法

（1）提高自我的期望值。才能与学识的高低是相对的，对才能和学识的评价也是有条件的，有不同的自我期望值要求，也就有不同的奋斗目标。所以说，自傲者只要提高自我期望值，就会发现自己才能和学识的不足，从而自觉克服自傲心理。

（2）认识自傲心理的危害。每个人都有自尊的需要，如果苛求于人，傲视别人，得到的就是别人的疏远，会导致人际关系紧张。自傲者要认识到这些危害，并努力克服自傲心理。

（3）全面认识自己。自傲者多数只看到自己的长处，而看不到自己的短处，总拿自己的长处与别人的短处相比较。自傲者应全面认识自己，铭记人外有人，天外有天，不能陶醉于自己有限的才能而沾沾自喜。

四、羞怯心理

（一）羞怯心理的表现

羞怯心理是大学生当中常见的一种心理现象，有羞怯心理的人在社交中，特别是在同陌生人、异性的交往中，常常表现为腼腆、不自然，严重者表现为脸色绯红、语无伦次、手足无措等。严重羞怯心理会导致社交恐惧症，有严重羞怯心理的人常常不愿与人接触、怯于交往，对交往采取回避的态度，这是心理疾病的一种表现。有羞怯心理的人过多约束自己的言行，无法充分表达自己的情感，所以不利于人际交往的开展，应当加以克服。

【案中观察】

他为什么脸红?

小强是一名刚入校的大学新生，他与人交往时有一种恐惧感，尤其是与陌生人在一起时，会莫名其妙地紧张，脸红心跳。当与别人并肩而坐的时候，心里总是想要看别人，且这种欲望很强，但又因为恐惧而不敢转过脸去看，如有事必须与他人接触时，不论对方是男是女，他一走近对方，便感到心慌、精神紧张、面部发热，不敢抬头正视对方。在与陌生人相距两米左右时，他就开始感到焦虑不安、手心出汗，神情也极不自然。因此，他很害怕与别人接触，进而害怕参加班级的集体活动，这影响了他的正常学习和生活，他感到非常痛苦。

评析：小强是人际羞怯的典型例子。羞怯心理每个人都有，只是轻重不同而已。羞怯会使人消极保守，沉溺在自我的小圈子里，不利于个人成功，甚至可能引发心理障碍。要摆脱羞怯心理，我们建议小强学习一些自我克服害羞的方法，如微笑、坐姿开放、腿脚自然放松、深呼吸等；也可以试着把自己的紧张不安向好朋友倾诉；另外，在有条件的情况下，还可参加人际交往团体心理辅导。

（二）羞怯心理的调适方法

（1）学会正确的自我评价。大学生应该认识到每个人都有自己的长处和短处，要善于发现自己的长处，积极肯定自己的长处，提高自己在交往中的自信心。

（2）加强心理训练和实践锻炼。大学生应该积极参加各种实践活动，在实践活动中锻炼自己，发挥自己的潜能，锻炼自己的交往能力，增强自己的自信心。

（3）放下精神负担。大学生应认识到失败是成功之母，从失败中吸取经验教训，不断进步以获得成功，不要因为一时的失败和挫折而背上沉重的思想包袱和精神负担。

（4）努力丰富自身的知识。如果大学生有了丰富的知识储备、娴熟的交往技巧，在交往中自然就会应对自如。知识可以丰富人的底蕴，增加人的风度，提升人的气质，也是克服羞怯心理的良药。大学生要勤奋学习，努力拓宽知识面，掌握一些社交知识和技巧，通过知识的积累，增强交往的勇气。

（5）增强交往能力的锻炼。大学生身处校园，要努力增加表现自己的机会，多与他人交往，使自己的交往能力得到进一步的发展。要为自己多创造一些交往的机会，在各种场合下鼓励自己大胆讲话，勇于发言。

五、闭锁心理

（一）闭锁心理的表现

闭锁心理又称为自我封闭心理，其表现为把自己的真实思想、情感、欲望掩盖起来。闭锁心理严重的人不信任何人，还有很强的戒备心理。有闭锁心理的大学生在交往中或者少言寡语，或者不着边际，从不与人推心置腹，往往给人不可捉摸的感觉，让人无法接近，因而很少有知心朋友。闭锁心理会影响大学生的学习和生活，妨碍个人的全面发展，所以，大学生应当积极克服闭锁心理。

（二）闭锁心理的调适方法

（1）更新观念。大学生应该认识到开放意识是现代人的基本特征。在信息化时代的今天，大学生要适应社会的要求，必须不断地更新观念，克服传统的思想意识。

（2）积极与人交往。如果要克服闭锁心理，就要与人交往，让别人了解自己，避免独来独往、自命清高，只有这样别人才会亲近你、理解你。人际交往是一个互动的过程，克服闭锁心理的关键就是要解除心理顾虑，多与人交流、接触，以坦率的心态与别人交流，以情换情，只有这样别人才会欣赏你、接纳你。

（3）多参与集体活动。大学生应该积极参与集体活动，不必要求立即获得回报。参与集体活动的主要价值在于学习社交能力，并寻找机会让别人认识、了解你。

【小试牛刀】

感谢生命中的贵人

在表7-2中写出你过往经历中的重要人物，可以是给你积极影响的人，也可以是给你消极影响的人，以及你感谢的理由。

表 7-2　感谢生命中的贵人

姓　名	带给你的影响	感谢的理由

六、猜疑心理

（一）猜疑心理的表现

猜疑心理是由主观推测而产生的不信任的复杂情感体验，表现为对他人的言行过于敏感，总是认为别人看不起自己、当面或背后议论自己；经常把无中生有的事强加给别人，甚至把别人的好意曲解为恶意。猜疑心理是一种非常消极的心理反应，严重的猜疑心理是产生心理疾病的先兆。猜疑心理会严重影响大学生之间的关系，而且长期下去会使自己的心态扭曲，产生严重的心理问题，所以必须加以克服。

（二）猜疑心理的调适方法

（1）学会正确的人际认知方法。大学生对人、对物的认知要力求客观全面，不可以只凭几次交往就做出以偏概全的结论。

（2）培养理智的心态。当大学生发现自己开始怀疑别人时，应当立即寻找产生怀疑的原因，要督促自己去寻找证据，不可以轻率地乱猜疑。

（3）及时沟通，解除疑惑。最好同你“怀疑”的对象开诚布公地谈谈，以便弄清真相，解除误会。猜疑者生疑之后，冷静地思索是很重要的，但冷静思索后如果疑惑依然存在，那就该通过适当方式，同被疑者进行推心置腹的交谈。

（4）学会自我安慰。人际交往中出现误会是客观存在的现象，大学生应学会解脱，学会积极的自我暗示。当遭到别人的非议和流言、与他人产生误会时，要暗示自己：人生在世没有不被别人议论的，走自己的路，让别人说去吧！

（5）培养自信心。每个大学生都应当看到自己的长处，培养起自信心，相信自己会处理好人际关系，会给别人留下良好的印象。这样，当我们充满信心地工作和生活时，就不会过于担心自己的行为被别人挑剔、议论了。

七、社交恐惧心理

（一）社交恐惧心理的表现

社交恐惧心理主要表现为在社交场合害怕被众人注视，害怕自己在众目睽睽之下丢人现眼，因此会努力回避参加社交性的场合。要克服社交恐惧心理，首先要调整好自己的心态，树立良好的观念。

（二）社交恐惧心理的调适方法

（1）悦纳自己，树立自信。很多社交恐惧者就是因为不悦纳自己、对自己不自信造成的。所以，要想改变社交恐惧心理，首先就得在心里接受和悦纳自己，树立起对自我的信心。

（2）不要对自己要求过高。过于追求完美，对自己要求过高，就容易患得患失；太在意别人对自己的看法，一心想要得到别人的承认，就容易迷失自己。接受自己的现况，不要去管别人怎么看，你越害怕出错，就越会感到手足无措。

（3）不要太在意自己的身体反应。紧张总是伴随着一系列生理上的不适。根据“强化理论”，紧张时，如果我们太在意自己身体某些部位的紧张反应，就相当于是在强化自己的紧张行为，使其一步一步地加重。如果我们不去管自己的紧张反应，由于紧张得不到注意和强化，紧张反应就会随着时间的推移而逐渐消退。

（4）勇敢地面对。克服社交恐惧的最好办法就是勇敢地面对，就像一位心理学专家指出的那样：“我们害怕的其实并不是事物的本身，而是我们自己。”关键就看你能不能战胜自己，勇敢地迈出第一步，勇敢地去面对。

（5）可以通过以下方法来克服社交恐惧心理。

①积极的自我暗示。每天对自己说20遍“我接纳自己，我相信自己”。通过这种积极的自我心理暗示，逐步改变我们的社交恐惧心理，消除以前对自己的否定观念，学会悦纳自己，培养自己的信心。

②系统脱敏训练。改变是不太可能一步到位的，它是一个渐进的过程，我们需要一步一步地战胜自己的社交恐惧心理。先为自己设立一系列的行动目标，比如10个自己以往恐惧的交际场景，然后再根据自己的情况，按照由易到难的顺序去进行社交实践训练。

③镜子技巧。每天用10分钟左右的时间，站到镜子前面，看着镜中自己的眼睛，对自己大声说道：“我相信自己可以轻松自如地与别人交往！”“我相信自己一定能成功地改变！”如此反复多遍，要细细地体会自己内心所发生的变化，不断强化积极心理，增强自信。

④放松训练。找一个安静没有人打扰的地方，舒适地坐下来，闭上眼睛，想象自己来到一个青山环绕、绿树成荫的幽静地方，心境变得平和起来。现在开始放松，从头部、颈部、手臂、胸部、腹部、背部、臀部、大腿、小腿、脚部依次想象变松变软……经常这样练习，能帮助我们控制自己的身体，克服紧张的反应。

⑤阅读伟人传记。尝试着看一些伟人的传记，用他们成长和成功的经历来激励自己，使自己拥有改变的勇气和信心。同时，这些伟人还能起到偶像的作用，看过他们的传记后，我们会潜意识地模仿他们的一些积极思想和行为。

⑥学习人际交往技巧。查看一些关于人际交往和口才技巧方面的杂志和书籍，多学习别人人际交往的经验来提高自己的交际能力，这样有助于我们树立起与他人交往的信心，从而克服社交恐惧心理。

【心理自测】

大学生人际关系行为困扰的诊断

测试说明：这是一份大学生人际关系行为困扰的诊断量表，一共有28个问题，请你根据自己的实际情况，逐一对每个问题做“是”或“否”的回答。为了保证测验的准确性，请务必认真回答。

（1）关于自己的烦恼有口难开。

（2）和陌生人见面感觉不自然。

（3）过分地羡慕和忌妒别人。

（4）与异性交往太少。

（5）对连续不断的会谈感到困难。

（6）在社交场合，感到紧张。

（7）时常伤害别人。

（8）与异性来往感觉不自然。

（9）与一大群朋友在一起，常感到孤寂或失落。

（10）极易受窘。

（11）与别人不能和睦相处。

（12）不知道与异性相处如何适可而止。

（13）当不熟悉的人对自己倾诉他（她）的生平遭遇以求同情时，自己常感到不自在。

（14）担心别人对自己有什么坏印象。

（15）总是尽力使别人赏识自己。

（16）暗自思慕异性。

（17）时常避免表达自己的感受。

（18）对自己的仪表（容貌）缺乏信心。

（19）讨厌某人或被某人所讨厌。

（20）瞧不起异性。

（21）不能专注地倾听。

（22）自己的烦恼无处倾诉。

（23）受别人排斥，感到冷漠。

（24）被异性瞧不起。

（25）不能广泛地听取各种意见和看法。

（26）自己常因受伤害而暗自伤心。

（27）常被别人谈论、愚弄。

（28）与异性交往不知如何更好地相处。

评分与分析：选择“是”的计1分，选择“否”的计0分。

如果你的总分在0～8分，那么说明你在与朋友相处上的困扰较少。你善于交谈，性格比较开朗，主动关心别人。你对周围的朋友都比较好，愿意和他们在一起，他们也都喜欢你，你们相处得不错。而且，你能从与朋友的相处中，得到许多乐趣。你的生活是比较充实而且丰富多彩的，你与异性朋友也相处得很好。也就是说，你不存在或较少存在交友方面的困扰，你善于与朋友相处，人缘很好，能获得许多人的好感与赞同。

如果你的总分在9～14分，则说明你与朋友相处存在一定程度的困扰。你的人缘一般，你和朋友的关系并不牢固，时好时坏，经常处在一种起伏的状态之中。

如果你的总分在15～28分，那就表明你同朋友相处的行为困扰比较严重。分数超过20分，则表明你的人际关系行为困扰程度很严重，而且在心理上出现较为明显的障碍。你可能不善于交谈，也可能是一个性格孤僻的人，或者有明显的自高自大、讨人嫌的行为。

第三讲　八面玲珑——大学生人际交往的原则与技巧

人际关系方面的问题确实无处不在。我们每个人从小就开始学着处理人际关系的问题了，我们能一步一步走到现在，每个人都对人际关系有独特的理解。我们需要不断挖掘、发扬自己在人际交往方面的成功之处，弥补自己的不足之处，从而进一步提高我们的人际交往能力。有这样一种说法，大学生之所以人际关系问题突出，是因为他们自私狭隘、以自我为中心、矜持孤傲、目空一切、独来独往。其实，大学生的人际关系问题并不比其他群体更严重或更突出，只是因为社会对大学生的综合素质要求更高。因此，大学生应掌握交往中的原则与技巧，恰当地处理人际关系问题。

一、大学生人际交往的原则

（一）彼此尊重原则

自尊是指在各种场合自重自爱，维护自己的人格尊严不受他人的侵犯。尊重他人就是尊重他人在人格、行为习惯与价值观等方面与自己的差异，不以自己的标准来要求他人。只有自尊才能得到他人的尊重，也只有尊重他人才能得到他人的真诚对待。

【案中观察】

俄国著名作家屠格涅夫走在街上，一个年迈体弱的乞丐向他伸出发抖的双手，作家找遍所有的衣袋，分文没有，感到惶恐不安，只好上前握住老乞丐那双脏手，深情地说道："对不起，我什么也没有，兄弟！"哪知，作家这一声"兄弟"，立刻使老乞丐为之动容，泪眼汪汪地说："哪儿的话，我已经很感谢了，这也是恩惠啊！"

评析：这个故事说明，无论什么人，无论地位高低，渴求得到尊重的心情是一样的。所以大学生在人际交往中一定要学会尊重别人。

（二）平等原则

大学生的性格特点决定了其人际交往的基础是人格平等、以诚相待。大学生之间虽存在差别，但在交往中都追求平等。因此，在学习、生活、工作，特别是困难面前应互帮互助。"人之相知，贵相知心。"热诚的赞许与诚恳的批评，都能使彼此间愿意了解、信任、倾诉、交心。

（三）真诚开放原则

每个人所隐藏的内心世界，正是别人希望发现的奥秘，一般来说，只有真诚地开放自己的内心，才能走进别人的心灵世界。当你对别人做出一个友好的行为来表示支持或接纳时，他的心里就会产生一种压力，为保持自己的心理平衡，他便会对你报以相应的友好行为。善于与人交谈，能恰当分配时间与人交往、参加集体活动等，往往会取得良好的人际关系。

（四）主动共情原则

所谓共情，就是能设身处地地体验对方的处境，能感受和理解对方的情绪情感，能进入对方的精神世界，能将心比心地体会对方，并对对方的情绪做出恰到好处的反应。

从大学生人际交往的角度来看，共情就是能站在对方的立场考虑问题，进行换位思考，不以自我为中心，从而充分感受对方的思想、情绪，使沟通更加深入和顺畅。

（五）互利原则

互利原则指交往双方的互惠互利。人际交往是一种双向行为，故有"来而不往非礼也"之说，只有单方获得好处的人际交往是不能长久的。所以，交往双方都要付出和奉献，双方都要受益，这样的交往才能长久。

（六）信用原则

交往离不开信用。信用指一个人诚实、不欺、信守诺言。古人有"一言既出、驷马难追"的格言，现在有以诚实为本的原则。不要轻易许诺，一旦许诺，要设法实现，以免失信于人。朋友之间，言必信、行必果，不卑不亢，端庄而不过于矜持、谦虚而不矫饰诈伪，不俯仰讨好位尊者、不蔑视位卑者。

（七）宽容原则

宽容表现为不斤斤计较，能够以德报怨，宽宏大度。人际交往中往往会产生误解和矛盾。大学生的个性较强，不可避免产生矛盾，这就要求大学生在交往中不要斤斤计较，而要谦让大度、克制忍让，不计较对方的态度、不计较对方的言辞，并勇于承担自己的行为责任，做到“宰相肚里能撑船”。他吵，你不吵；他凶，你不凶；他骂，你不骂。宽容克制是有度量的表现，是建立良好人际关系的润滑剂，能“化干戈为玉帛”，交到更多的朋友。

二、大学生人际交往的技巧

（一）让人喜欢的交往技巧

1. 修炼自己良好的个性

说起个性与交往的关系，不少人认为性格外向者善于交往，而性格内向者不善于交往。一些个性文静的大学生，认为自己腼腆少语，不如别人洒脱自如，因此确信自己难有好人缘。其实，对于人际交往而言，良好的个性不在于内向还是外向、活泼还是沉静，这些于交往仅仅是特点而非优缺点。在人际交往中有积极影响的个性主要有两个：积极、自信。

（1）积极。个性积极者乐观开朗，豁达大度，与之相处如沐阳光，自然令人感到愉悦畅快；个性消极者悲观阴沉，多疑狭隘，与之相处如顶乌云，必定令人感到忐忑压抑。乐观积极的人，如果是一个外向的人，能总给人带来希望和笑声，其乐观的情绪极富感染力，能让人心境豁然开朗，使愁云一扫而光；如果是一个内向的人，其温和宽厚的态度也能给人一种可信可托的安全感，其温柔宁静的劝慰可以使愤愤不平的人心境平和。前者如炫目的夏日，以热情令人倾倒；后者似和煦的冬阳，以温暖令人心仪。拥有积极个性的人，无论性格内向或外向，都会有不错的人缘。

（2）自信。自信的人宽容大度，容易相处。自大者令人反感，自卑者易受伤害的脆弱自尊令人无所适从，且容易导致摩擦。有的大学生因家境优裕，因此滋生优越感，为人傲慢自大，令人生厌；有的大学生因自卑太过敏感，常耍“小性子”，与之相处动辄得咎，也会令人敬而远之。

2. 遵循“三 A”原则

“三 A”原则指的是接受（Accept）、重视（Attention）和赞美（Admire），如图7-2所示。

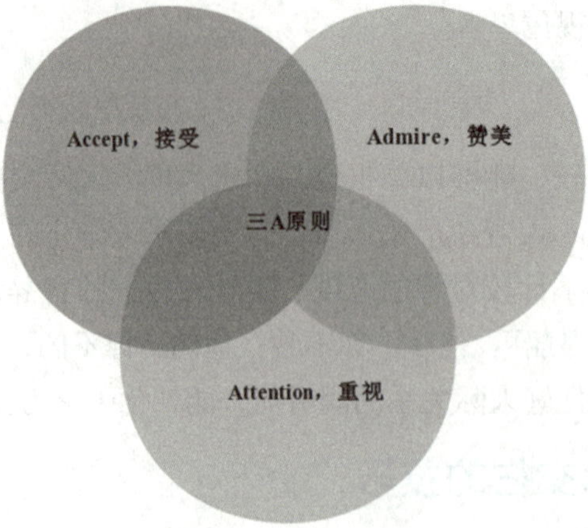

图 7-2　三 A 原则

（1）接受（Accept）。任何人都没有力量改变另一个人，但如果乐于按照一个人的本来面目去接纳他，你就给了他一种改变他自己的力量。因此，要认可他人，挑剔只会让人失去朋友。

（2）重视（Attention）。重视对方，要看到对方的优点，不要专找对方的缺点，更不能当众指正。重视对方的技巧，一是要在人际交往中善于使用尊称。二是要记住对方，比如接过名片要仔细看并存好，记不住时千万不要张冠李戴。

（3）赞美（Admire）。真诚的赞美会引起别人的行为发生自己所期待的改变，而指责和批评则让他人表现得更坏。

3. 尽可能满足他人自尊的需要

（1）记住别人的名字和一些私人信息。美国当代著名演讲学家和人际关系学家卡耐基发现，人对自己的名字看得非常重要，他曾说："记住人们的名字，而且很轻易就能叫出来，这等于给予别人一个很巧妙而又有效的赞美。"反过来，如果你把别人的名字忘掉或者记错，在交往中就会处于非常不利的地位。记住别人的私人信息还包括记住对方的身体状况、兴趣爱好等。

（2）谈论对方感兴趣的话题。谈话是否能够起到增进感情、密切关系的作用，就要看谈话过程是否令人愉快了。如果想掌控谈话过程，让谈话有令人满意的氛围，就要抛开自己潜在的"自我中心"意识。许多人会有意无意地将谈话作为表现自己的舞台，如果你想取悦对方的话，就不要与他争着表现，而是要让对方成为谈话过程的主角。要做到这一点，最简单的方法就是谈论对方感兴趣的话题，并积极参与到这个话题中去。

（3）做一个好的听众。有人认为滔滔不绝、口若悬河会让人佩服，从而获得别人的好感，其实正好相反。耐心而专注地听对方说话，会让对方感到自己受重视，从而使自尊获得极大的满足，而对于给予他这种满足的倾听者也会报以特别的好感。一个善于倾听的人会给人善解人意的印象，从而让周围的人愿意主动接近他。如果你对对方的话题不了解，也没关系，你可以直接就你不懂的地方请教对方，这一定能让你的聊天对象谈得眉飞色舞，感觉与你很投机，而你也不吃亏，因为你从谈话中获得了许多新的知识。

4. 密切与他人的人际关系

（1）给对方“特殊对待”。受到“惯例对待”会让人认为自己的地位和价值受到了贬低，从而也将对方的好意贬值；而受到“特殊对待”则让人感到自己受到重视，于是对对方也会抱有特殊的好感和态度。给你想要深交的人“特殊对待”，让他感觉到他在你心中独一无二的地位。

（2）适度的自我暴露。当我们想让人际关系升温时，适度的自我暴露不失为一种有效的方法。倾诉一点自己内心深处的烦恼，吐露一点不为人知的小秘密，能让对方感到深受信任，出于感动和交往中的对等原则，也会向你倾吐心声。一旦有过一次这样的交流，双方都会视彼此为心腹之人。当然，这一技巧的关键在于“适度”。对关系尚处一般的人吐露自己的秘密，在一定程度上要冒风险，所以说什么、说多少、说到什么程度，就得把握好，否则容易弄巧成拙。秘密在不当的时间、地点外泄，会使自己很被动。

（3）请对方帮小忙。按人际关系的公平理论，一方过分受损或过度受益都会破坏人际关系的平衡和稳定。如此看来，麻烦别人为自己做事应该无益于人际关系。但是如果请对方帮的忙并不大，而帮这个忙的对方又是最合适的人选，且对他来讲是举手之劳。请人帮这样的忙，对别人而言并没有什么压力，还能给对方一种成就感，让对方感到自己的长处得到了承认，是件令人愉快的事情。受人之托的一方往往在帮助别人的过程中找到了自己的价值，不但不会厌烦，而且还会很满足。在这种心理氛围中，两人的关系容易很快亲密起来。

【集思广益】

请你给我帮帮忙

游戏规则：以宿舍成员为对象，两两配对成二人组合，分别扮演施方和受方，由受方请施方为他做件事，如带本书、倒杯水等各种可行合适的事情，在接受帮助后，受方必须表示感谢。完成以后角色互换。

感受分享：当你被帮助时，你的感受如何？你怎么样向他人表达你的感谢？当你帮助他人时，你的感受又如何？

5. 注意交谈的艺术

交谈是人类语言表达活动中一种最基本、最常用的方式。它是人际交往的重要方式，它可以沟通信息、联络感情。交谈的主要方式有以下几种。

（1）商讨式交谈。在一般的人际交往中，主体常常通过与交往对象的相互讨论、共同协商，以求得到某些问题的一致意见，达成某种程度的合作与协议。这种交谈具有统一性、建设性和合作性的特点，交谈双方既严肃认真地表述自己的见解，又耐心地听取对方的意见，求同存异，最终达到交谈的目的。

（2）说服式交谈。人际交往中的说服式交谈，是交往的一方就某个（或某些）问题对另一方进行劝导与说服。这种交谈，发话者是交谈的主体，是交谈方向和内容的控制者，有时它发生在教师与学生之间，有时也发生在学生与学生之间。在进行这种交谈时，要细心观察另一方的表情和表现，在说而不服时要及时转移话题，向其他交谈方式转移。

（3）静听式交谈。这类交谈有时在上级对下级征求意见时发生，目的是倾听下级对某些问题的反应。在一般的人际交往中，表现在对话的一方把握不住对方的思路，通过静听争取时间，理清头绪，变被动交谈为主动交谈。当进行这类交谈时，要注意倾听，情绪要和对方的情绪保持和谐，特别注意不要曲解人意。

（4）闲谈式交谈。这是交往中常见的交谈方式，它没有明确的宗旨和专一的目的，如散步中的交谈对话、探亲访友中的交谈和邻居聊天等。这类交谈具有随意性和广泛性的特点，起着联络感情的作用。在进行这种交谈时，应当平等相待、以诚相见，交谈要健康，不可违反原则地乱谈。

6. 树立恰当的自我意识

人对周围世界的态度和行为趋向往往受自我意识的影响。一个人如果把自己视为有能力的人，就会去干自己能力所胜任的事情；相反地，一个人如果把自己视为能力低下的人（虽然这种人不多），就会畏畏缩缩，不敢承担重任。因此，自我意识既是自身行为的调控器，也是影响人际关系的一个重要因素。美国社会心理学家库利将社会自我称为“镜中我”，它是个体人格形成的重要方面。首先，一个完整的自我意识应是对物质自我、社会自我、精神自我的横向意识；其次，自我意识应包括意识到的过去的自我、现在的自我、将来（或理想的）的自我。

（二）化解矛盾、避免冲突的交往技巧

1. 争辩的艺术

应避免无谓的争辩。争辩只是手段，不是目的，没有人能在争辩中获胜，说服对方才是重要的。利用人的本性去说服对方，让他陈述他的情况或理由，注意倾听。在争辩过程中，要注意回答问题前稍作停顿，能够适当地让步，能够温和而准确地叙述你的情况和理由，能够保持风度、有器量、不做人身攻击，能够接受、承认别人合理的观点。

2. 批评的艺术

一定要先表扬后批评，批评别人之前先做自我检讨，以便消除对立情绪。同时批评要点到为止，给人台阶。

3. 拒绝的艺术

首先，在拒绝后，给对方提出另一建议，以示诚意。其次，注意先肯定后拒绝，以示其情非得已。最后，爱护性拒绝，站在对方立场谈理由。

4. 适度运用幽默

幽默是一种具有理智性、健康性与趣味性的心态和力量，可以适度用一些幽默技巧来

增强交流效果。

（1）一语双关。这是指在说话时，故意使某些语词在特定的环境中，具有双重意义的方法。在人际交往中有时触景生情，互相抒发感情；有时赋诗言志，借以自我安慰。这种方法能扬起人的理想风帆，激励人奋发上进。

（2）巧借反语。就是使用与本意相反的话来表达本意的一种方法。它的特点是正话反说，或反话正说，表面上是一层意思，实际上又是另一层意思。有时在夸夸其谈中推出一个荒唐可笑的结论，有时在逆耳的语言中领悟到人生的真谛，既幽默又深刻，耐人寻味。

（3）巧借谐音。口语是用声音表达的，利用谐音，音义结合，可以创造幽默的效果。当今流行的“妻管严”，一般都称作“气管炎”；春节“福”字一般倒着贴，谈起来就是“福倒，福到”，这些都是巧借谐音。在人际交往中，可以借谐音活跃气氛，使人宽慰愉快。

（4）假戏真做。就是明知对方说的不是真话，却当真话来回答，而产生幽默的方法。在人际交往中，一句幽默的戏剧性语言或一个幽默的戏剧性行为，其效果有时比那些正统的说教更好。

（三）增强自己的人际魅力

（1）努力建立良好的第一印象。在人际交往的过程中，第一印象很重要，也很深刻，无论好坏往往很难改变。良好的第一印象会为日后的交往打下良好的基础。

【知识加油站】

如何建立良好的第一印象？

关于如何建立良好的第一印象，卡耐基在《怎样赢得朋友及影响他人》一书中提出了六种途径。

（1）真诚地对别人感兴趣。

（2）保持轻松的微笑。

（3）多提别人的名字。

（4）做一个耐心的听者，鼓励别人谈他自己。

（5）聊一些符合别人兴趣的话题。

（6）以真诚的方式让别人感到他很重要。

（2）培养良好的个性特征。良好的个性特征对于建立良好的人际关系有促进作用，不良的个性特征对于建立好的人际关系有阻碍作用。在生活中，大家都愿意与性格好的人交往，没有人愿意与自私、虚伪、狡猾、性情粗暴、心胸狭隘的人打交道。因此，要培养良好的个性特征，努力克服性格上的弱点和缺陷。

（3）加强交往，密切关系。心理学研究表明，人与人之间在空间距离上的接近是促进人际吸引的重要因素，因为人与人之间在空间位置上越接近，彼此交往的频率就越高，就越有助于相互了解、沟通情感、密切关系，即使两个人的关系比较紧张，通过经常交往，也有可能逐步消除猜疑、误会。反之，即使两个人的关系很好，但如果长期不交往或很少交往，其关系也可能逐渐淡薄。大学生的社交圈子主要是在学校，范围的狭窄促使大学生之间接触密切，这是建立良好人际关系的有利客观条件。大学生应该充分利用这一优越条件，与朋友保持适度的接触频率，维系好人际关系。

【心理训练】

游戏“我说你画”

内容：请六位同学到讲台前，分三组，两人一组，分别编号A和B。每组的A面向黑板，不能回头看；教师给B出示图片，由B向A描述图片内容，A根据B的描述在黑板上画出该图片。

规则：A不许出声，也不能回头，只能听B传达信息；B在传达信息的过程中，不能打手势，做动作，只能用言语。下面的同学保持安静。比一比哪组同学画得快，画得最贴近原画。

感受与总结：人与人之间的交往是一个双向的过程，有时候你所表达的并不一定是别人理解的，你理解的未必是别人所表达的。

【阅书观影】

1. 书目推荐——《方与圆》，丁远峙著

该书将人们的心理活动浅显地剖析出来，帮助我们理解、掌握为人处世的技巧。该书的内容涉及品质培养、气质修养、人性、处世技巧、交际技巧、说话技巧、宣传和广告的技巧。全书理论联系实际，案例精彩纷呈，妙招层出不穷，既充满趣味又发人深省，是一本使人读来有益，学后受益的人生指南读物。

2. 影视推荐——《从心开始》

查理的妻儿和爱狗都在一场灾难中丧生。查理从此一蹶不振，患上了严重的抑郁症。他已经习惯了每天踩着电动滑板，戴着大耳机在街头如行尸走肉般地游荡，心灵巨大的创伤让他回归不了正常的生活。艾伦则是一个表面看起来非常幸福的男人，有成功的事业和美满的家庭，然而他承受的生活压力是常人无法理解的，他的内心在暗暗苦撑。直到有一天，艾伦在街头遇上了查理，得知这个老同学为何变得如此颓唐后，艾伦心里便下定决心帮助查理从低谷中走出来。他们一起谈心、打游戏，慢慢地发现彼此的心灵都从窒息中苏醒了过来。

主题八　问世间情为何物——恋爱篇

人的爱不只是生理上一时的冲动，而是爱能在他们的精神上留下不可磨灭的影子。

——谢觉哉

【活动任务书】

活动名称	培养爱的能力	姓名		完成时间	
目标	学习目标： 1. 了解性的内涵，培养和维护健康的性心理 2. 了解爱情的实质，学会调适常见的恋爱心理困惑 3. 树立积极健康的恋爱观，提升爱人的能力				
	思政目标： 1. 树立正确恋爱观、人生观和价值观 2. 增强社会责任感，培养健全人格				
任务	1. 练习爱的表达与拒绝 2. 约会角色扮演 3. 开展小组活动，探讨分析自己的恋爱价值观				
实施过程	1. 根据具体活动内容，以个人或小组形式制订计划，明确任务 2. 按计划和分工实施任务 3. 各小组交流学习成果，整合知识				
注意事项	觉察内心感受及变化				
组员及分工情况	队号			队长	
	队员				
	任务分工				

【心理导航】

小玲是某大学的学生，长得漂亮，学习也好，刚入学时，身边有不少的追求者，但都被她拒绝了。原来，为了不影响学业，她曾向父母作了保证，大学期间不谈恋爱。然而，随着时间的推移，小玲发现同班的女生都有了男朋友，她逐渐感到了孤独，尤其在节假日，整个宿舍往往就只有她一个人。另外，她感觉同学们看她的目光也越来越不一样，有的女同学还在一些场合说漂亮女生大学不谈朋友肯定有问题。于是，小玲改变了初衷，很快和一位男生交上了朋友，此后，她几乎所有的时间都在舞厅、影厅度过，学业因此受到了影响。当别人问她以后的打算时，她说："我现在没想这么多，走一步算一步，大学时找个人陪着就好。"

想一想：

（1）你认为小玲是否真的在恋爱？

（2）爱到底是什么？

第一讲　爱情解码——大学生的恋爱心理

一、爱情的概述

（一）爱情的定义

所谓爱情，是指一对男女基于一定的社会基础和共同的人生理想，在各自内心形成的相互倾慕，并渴望对方成为自己终身伴侣的一种强烈、稳定、专一的感情。

对于爱情定义的表述，尽管各有差异，但基本内容是一致的，主要涉及生物因素、精神因素和社会因素三个方面。生物因素是指爱情产生于男女两性之间，异性相吸的生物本能使人产生性欲望，从而具有与异性结合的强烈愿望；精神因素主要指爱情是一种高尚的情操，健康的爱情会愉悦身心，使人产生美好的心理体验；社会因素是指爱情是一种社会现象，一方面受社会道德、舆论、社会传统文化和法律规范的制约，另一方面还涉及养儿育女的社会功能。

【案中观察】

有一天，柏拉图问苏格拉底什么是爱情，苏格拉底让他先去麦田，摘一棵麦田里最大、最金黄的麦穗来，只能摘一次，并且只可向前走，不能回头。

柏拉图按照苏格拉底说的去做了，结果他两手空空地走出麦田。苏格拉底问他为什么没摘，他说："因为只能摘一次，又不能走回头路，期间即使见到最大、最金黄的麦穗，因为不知前面是否有更好的，所以没有摘；走到前面时，又发觉总不及之前见到的好，原来最大、最金黄的麦穗已错过；于是我什么也没摘。"

苏格拉底说："这就是爱情。"

又有一天，柏拉图问苏格拉底什么是婚姻，苏格拉底叫他先去树林，砍一棵树林里最大、最茂盛、最适合放在家作圣诞树的树。同样只能砍一次，并且只可向前走，不能回头。

柏拉图照着苏格拉底的吩咐去做。结果带回一棵普普通通，不是很茂盛，亦不算太差的树。苏格拉底问他怎么带这棵普通的树回来，他说："有了上一次经验，当我走到大半路程还两手空空时，看到这棵树也不太差，便砍下来，免得错过之后，又什么也带不回来。"

苏格拉底说："这就是婚姻。"

评析：人生就如同穿越麦田和树林，只能走一次，不能回头。要找到属于自己的最好的麦穗和大树，必须要有勇气、理智并付出相当的努力。关于爱情，每个人的感受不同，所下的定义也不同。真正的爱情是美好的、健康的，其表现为：

（1）不过分痴情。

（2）不咄咄逼人，能够充分尊重对方。

（3）比起向对方索取爱情，将爱情给予对方更使自己感到欢愉，并以对方的幸福为自己的追求。

（4）彼此个性独立。

（二）爱情的类型

加拿大社会学家约翰·李将男女之间的爱情分为以下六种类型。

（1）浪漫式爱情。将爱情理想化，强调形体美，追求肉体与精神融合的境界。

（2）游戏式爱情。视爱情如游戏，只求个人需要的满足，对其所爱者不肯负责任，将恋爱对象的更换视为轻易之事。

（3）占有式爱情。对所爱者赋予极其强烈的感情，并希望对方以同样的方式回应；对其所爱者，极具占有欲，若对方稍有怠慢或忽视，即心存猜疑、妒忌。

（4）伴侣式爱情。由友情逐渐演变成的爱情，温存多于热情，信任多于嫉妒，是一种平淡而深厚的爱情。

（5）奉献式爱情。信奉爱情是付出而不是索取的原则，甘愿为所爱者牺牲一切，不求回报。

（6）现实式爱情。将爱情视为彼此现实需求的满足，"男子娶妻，煮饭洗衣；女子嫁汉，穿衣吃饭"，正是这种爱情的典型写照。

二、大学生的恋爱心理

（一）大学生恋爱心理的发展阶段

1. 对异性的敏感期

青少年随着青春期的来临，第二性特征的出现和性意识的觉醒，引起了生理和心理发生急剧变化。在对异性的敏感期，青少年开始对性别差异非常敏感，在异性面前时常会感到羞怯和不安。比如在青春期早期，对异性特别敏感，这个时候通常会在班级里形成男女两个阵营，会羞于谈论关于恋爱的话题。

2. 对异性的向往期

在对异性的向往期，青少年随着性生理的发育成熟，性心理开始发展。男、女青年情窦初开，产生了异性之间的相互吸引，出现彼此希望接触的意愿。这一阶段的男、女青年，由于其生理和自我意识的不成熟，他们对向往的对象，基本上是泛化的、不稳定的、缺乏专一性的，恋爱心理是不成熟的。

3. 恋爱择偶期

在恋爱择偶期，男、女青年的性心理已逐步成熟，社会阅历不断丰富，恋爱观开始形成，对异性的向往逐渐专一，开始相互寻求和选择自己的配偶对象，建立和培育双方的爱情，进入成熟的恋爱心理。

大学生的年龄一般是从18～22岁，正处于对异性的向往期向恋爱择偶期的过渡阶段，是由不成熟的恋爱心理向成熟的恋爱心理过渡的阶段。在大学阶段，大学生应该树立正确的恋爱观。正确的恋爱观不仅使大学生能与异性相处融合，相互理解、支持和包容，还可以促进恋爱双方对未来的思考、规划。

【小试牛刀】

有同学会问这样的问题：在大学期间我应该谈恋爱吗？我想谈恋爱，可是想到未来，又觉得这种爱特别虚幻，两个人能不能走到一起都是问题，那还有必要谈恋爱吗？还是等毕业了再谈？

你怎么看待大学期间谈恋爱的问题？

（二）大学生恋爱的类型与特点

大学生恋爱是一个很普遍的现象，因为很多大学生都选择住校，彼此了解增多，产生感情是非常自然的一件事情。这种情感与社会上的一些恋爱不同，是在特定的时间、特定的阶段产生的，同时因恋爱动机不同而显现多样化的恋爱类型。

1. 比翼双飞型

这类大学生基本上具备成熟的人格，有正确的恋爱观，能够以理性引导爱情，正确处理恋爱与学习、感情与爱情、情爱与性爱的关系。双方有较强的事业心、进取心和自控能力，有共同的理想抱负、价值观念，把事业的成功作为爱情持久的目标，不仅仅把恋爱看成人生的快乐，而且能把幸福的爱情转化为学习和工作的动力。他们认为，恋爱不仅应该促使双方的进步，而且应该促进双方的成长。

2. 生活实惠型

进入大学后，毕业去向是大学生最为关注的问题。恋爱无可非议地糅进了毕业动向的条件，同时对方的家庭条件和发展前途也是各自关注的必不可少的条件。一些大学生彼此间的爱慕与向往也许并不强烈，但是有确定的生活目标。大二是这类学生谈恋爱的高峰期。他们认为这时处朋友、谈恋爱、相互了解，信任度较高。这种爱情是理智的、现实的，确定恋爱关系引起的争议也比较少。

3. 时尚攀比型

在一些高校，恋爱成为一种时尚。当身边的许多同学都有了异性朋友时，一些大学生也学别人的样子匆匆地谈起了“恋爱”。由于目的性不强，缺乏认真的态度，常常是跟着感觉走，把谈恋爱看成一种精神上的补偿，常以“因为没想那么多”为借口而各奔东西。这种恋爱带有很大的随意性。

4. 玩伴消费型

这类大学生在精神上不太充实，同性朋友较少，时常感到孤独、烦闷，为了弥补精神上的空虚，急欲与异性朋友交往，“恋爱”成为一种近景性的精神需求。尤其是周末，当寝室的室友都成双成对地走出校园，自己一人在寝室时，有一些大学生会有一种空虚得想谈恋爱的感觉。

5. 追求浪漫型

这类大学生情感比较丰富，罗曼蒂克的爱情对他们有着强烈的吸引力，对爱情浪漫色彩的追逐和窥探心理日趋强烈。他们并非不尊重爱情，而是觉得花前月下的浪漫比爱情的责任和义务更富有色彩和韵味。与这种色彩和韵味相比较，人物自身的品质被淡化了。他们表达爱和接受爱时，对爱情的缠绵悱恻有较深的体验并乐在其中，时时沉浸在两个人的世界里，忘却了集体，甚至忘却了学业。

6. 功利世俗型

这类大学生以对方的门第、家产、地位、名誉、处所、职业、社交能力、驯服度等为恋爱的前提条件。

【知识加油站】

女性通过“气味”选择另一半——汗味儿T恤衫实验

我们为什么对有的人会一见钟情，对有的人却很讨厌？是什么主宰了我们对一个人的感觉？是靠视觉吗？不完全是，请看心理学家做的实验。1995年，瑞士伯尔尼大学的克劳斯·维德坎博士在著名的“汗味儿T恤衫”实验后发表论文说：“女性在选择恋爱对象的时候，最初的标准是通过嗅觉去分辨对方的免疫系统的。”

第二讲　悱恻缠绵——大学生恋爱的困扰与应对

一、大学生恋爱中的困扰

爱情的神圣与庄严、神秘与美好吸引着无数青年男女坠入爱河。但是，并非每个爱情的渴望者都能品尝到甘甜的爱情之羹。下面介绍在大学生恋爱过程中出现的较为常见的心理困扰及其调适方法。

（一）单恋

单恋也称单相思，是指一方对另一方一厢情愿的倾慕、思念和喜爱。

有的单恋，对方并不知道，自己也无意或无法让对方知道。这种单恋多是幻想型的，如有的大学生对影视明星的暗恋，它多发生在性格内向、情感丰富而又缺乏恋爱体验的人身上。他们对所恋对象抱着高不可攀的畏惧心理，把对方想得神圣非凡、完美无缺，可望而不可即；因此，只能将爱恋之情深藏于心，形成一种痛苦的自我折磨，造成心理失调。

还有一种单恋，是对方知道单恋者的心意，但态度是拒绝的。这种单恋，不但对方知道，而且单恋者周围的人也有所觉察。因此，单恋者不但痛苦不能自拔，而且自尊心也容易受到伤害。

【案中观察】

小光喜欢上一个女孩，为使自己忘掉她而专心读书，他选择了女孩不常去的教室学习。事与愿违，思念之情日胜一日，使他难以静心学习。小光十分痛苦，成绩也开始下滑。

评析：单相思使小光陷入痛苦的境地，影响了小光的理性判断，导致了成绩的下滑，如果不及时纠正，后果还可能更严重。对于单相思的人来说，应该认识到爱情是两个人的共同情感，不要单方面把爱情强加于人。一旦发现自己自作多情，就应该抛弃幻想、减少关注、控制感情、调整心态。

（二）多角恋

多角恋是指同时与两个或两个以上的对象建立并保持恋爱关系。在这种多角恋中，通常把被多方追求的对象称为“主角”，而将追求同一对象的人称为“副角”。

多角恋一般分为两类：一类是隐蔽式的多角恋，即多角恋中的主角同时与几个副角相恋，而几个副角之间互不知道，主角有意隐瞒真相，在几个副角之间周旋，这种多角恋带有很强的欺骗性。另一类是公开式的多角恋，就是主角同时与几个副角保持恋爱关系，而几个副角之间彼此知晓，并展开竞争、角逐。

陶行知先生说过：“爱之酒，甜而苦。两人喝，是甘露；三人喝，是酸醋；随便喝，要中毒。”多角恋中的主角需要耗费大量时间和精力，不仅影响学习和人际关系，而且严重影响自身的身心健康，最终不仅贻害别人，也贻害自己，处理得不好，还容易引起纷争。

（三）网恋

一般来说，网恋是以网络为主要媒介的恋爱活动。双方在网络虚拟世界以恋人的身份共同经营一段爱情。

网络最大的特点就是虚拟性、隐蔽性和时空无限性。一旦从网络走向现实，面对双方“现实的自我”时，很容易遭遇希望越大失望就越大的尴尬。不仅如此，网恋也是一件费时、费钱、费心的事情，同时也给那些怀有不良动机上网的人提供了可乘之机。一旦网恋失败，可能心里的失落和懊恼比现实的失恋还要折磨人。

（四）爱情错觉

爱情错觉是大学生恋爱问题中常见的心理挫折之一。在心理学上，错觉就是指对事物的不正确反应。发生在爱情中的爱情错觉，是指错误地以为某个异性爱上了自己。它的产生主要是受对方言行举止的迷惑和自身各种丰富情感体验的影响。比如，自己爱上了对方，于是总认为对方也一定在爱着自己，或者错把别人的好感、友情当作爱情。在大学生中，尤其是一二年级的大学生容易产生这种恋爱错觉。在这种心理支配下，常常会把对方的言行举止纳入自己的主观需要之中，造成对他人感情的错误判断，这就是通常所说的“自作多情”。比如，有的大学生把好感和友谊当成了爱情；有的男生把性格开朗、关心他人、和蔼可亲的女生的一言一行、一颦一笑都认为是爱自己的表现，并因此而想入非非。

（五）失恋

失恋是指恋爱受挫、失败。失恋引起的主要情绪反应是痛苦和烦恼。种种不良的失恋心态会严重影响大学生的身心健康，甚至会导致一系列社会问题。因失恋而痛苦缠身者必须学会自我调整、自我拯救，主要方法有以下六点。

1. 倾诉

失恋者精神遭受打击，被悔恨、遗憾、愤怒、惆怅、失望、孤独等不良情绪困扰，此时应主动找朋友、家人倾诉烦恼，也可以写日记或书信把自己的苦闷记录下来，以释放心理负荷，寻得心理安慰和寄托。

2. 移情

移情是指及时适当地把情感转移到失恋对象以外的他人、他事或他物上。比如，发展密切的朋友关系，交流思想，求得开导和安慰；积极参加各种娱乐活动，释放苦闷，陶冶性情；投身到大自然的博大胸怀中，从而得到抚慰。当然，密切自己与其他异性的交往，也是一种方法。

3. 疏通

疏通指的是借助理智来获得解脱，由理智的“我”来提醒、暗示和战胜感性的“我”。要知道，爱情是以互爱为前提的，应该尊重对方选择爱人的权利。也可以进行反向思维，多想对方的不足点，分析自己的优势，增强自信。

4. 自省

总结恋爱关系的经验，反省自身的行为，对恢复健康的心理更有帮助。失恋固然是痛苦的，但也带来了磨炼和成长。

5. 立志

失恋者积极的态度会使自我得到更新和升华，全身心地投入到工作和学习中去，许多失恋者因此而创造出了辉煌的成就。像歌德、贝多芬、罗曼·罗兰、诺贝尔、居里夫人、牛顿等历史名人都曾饱受失恋的痛苦。他们是用奋斗的办法更新自我，积极转移失恋痛苦的楷模。

【案中观察】

爱与被爱的人

一位哲学家晚饭后在郊外散步，遇见一个人在路边伤心地哭泣。哲学家问他因何如此伤心，那人回答："失恋了。"哲学家听闻大笑道："糊涂啊糊涂。"失恋者停住哭，气愤地质问："有学问就可以如此取笑别人吗？"哲学家摇头道："非我取笑你，是你自己取笑自己啊！"见失恋者不解，哲学家接着解释："你如此伤心，可见你心中还是有爱的；既然你心中有爱，那对方就必定无爱，不然你们又何必分手？而爱在你这边，你并没有失去爱，只不过失去一个不爱你的人，这又有何伤心的呢？我看你还是回家去睡觉吧，该哭的应该是那个人，她不仅失去了你，还失去了心中的爱，多可悲啊！"失恋者破涕为笑，恨自己怎么没看透这浅显的道理，向哲学家鞠了一躬，转身离开。

6. 求助

如果大学生失恋者觉得不能独自承受失恋的痛苦，目前多数高校都有心理咨询机构，免费为同学们提供心理咨询服务。求助于专业人士，不失为明智之举。

二、大学生失恋的心理调适

失恋表现为失恋者体验到悲伤、忧郁、失望等消极情绪及心理上的痛苦和压力。恋爱的过程是两个人相互了解和选择的过程，当一方提出中断恋爱关系时，另一方就会失恋。男女初涉爱河，都深信双方的爱是"命中注定"的。但世界上有恋爱就会有失恋，当爱情破灭时，失恋者要及时做出调整，找朋友、亲人倾诉，或找专业人员咨询。此外，还可以用以下方法来自我调整。

（一）时间疗养法

一般来说，失恋要经过一段"昏天暗地"的危险期，这个危险期有长有短，因人而异。在这个危险期内，首先就是要冷处理，当对方提出分手时，不要冲动、焦急，而要宽容、大度、冷静。一般只要在失恋的时候有朋友、亲人的陪伴和安慰，不做出冲动的事情来。随着时间的推移，失恋者会慢慢走出危险期，痛苦也会随之减轻。

（二）自我疗养法

面对失恋的打击，不同的人反应不同，那是因为每个人看待问题的方式不同。比如爱情，有人坚信它是"铁树开花，百年难遇"，有人则认为"天涯何处无芳草"。失恋后最重要的是要排除一些不合理的推论，最常见的是"以偏概全"，如"世上没有真正的爱情""我很失败"等。所以，此刻要采用的是自我疗养法，不妨想想在一起时不愉快的事，多想想对方的缺点。

（三）宽容疗养法

恋爱是双方的自由选择，自己有选择的权利，对方也有选择的权利。失恋者对伤害自己的人会产生仇恨，这也是失恋者不能从痛苦中走出来的重要原因。但仇恨和报复并不能挽回已经失去的爱情，只能使自己的心态更加失衡，而宽容能让人释怀。尊重对方的决定，并祝对方幸福，当试着宽容对方时，自己的心灵也会得到滋润。

（四）转移注意力法

在失恋的日子里，可以看书，忙自己的事情。许多性格坚强的人，就是将痛苦升华为力量，取得了许多成就。当你不断提高自己时，你就会站在新的起点，重新审视失恋和痛苦，那时就会觉得没有什么是承受不了的。

【知识加油站】

歌德与《少年维特之烦恼》

歌德是世界著名的文学巨匠，但他的成功从某种意义上讲，正是由于失恋挫折的升华所带来的结果。23岁的歌德在参加一次舞会的路上认识了19岁的夏洛蒂，便一见钟情地爱上了她。他们一起跳舞，一起游戏，他太爱她了。但后来他知道，夏洛蒂原来是他的好友凯士特南的未婚妻。歌德痛苦至极，这已是他第5次失恋了，这次失恋几乎使他到了拔剑自杀的地步。然而，他却没有这样做，而是以满腔激情写了《少年维特之烦恼》，一举成名，轰动了整个欧洲。

（五）环境转移法

失恋后最好不要一个人总是待在房间里思来想去，不然就会越发悲伤、苦闷，不能自拔。当然，大学生失恋后很难彻底转移环境，与能触动痛苦回忆的景、物、人隔离。但短期外出旅游，调整交际圈子还是可行的。当事人只要平静地接受失恋的事实，重新寻觅爱情并真情投入，就会惊奇地发现，生活中还有更适合自己的人。

第三讲　执子之手——培养健康的恋爱观

爱的能力是与生俱来的，同时在生活和成长中也不断积累和获得，大学生需提高自身修养，培养健康的恋爱观。

一、提升爱与被爱的能力

在现实生活中，要拥有爱的能力、掌握爱的艺术，不仅要学习和掌握爱的理论，而且要理论与实践相结合。

（一）敢于说出爱

一个人心中有了爱，要敢于表达、善于表达，这是一种爱的能力。当大学生心中有了爱，在理智分析之后，要敢于说出爱。

（二）敢于接受爱

大学生要具有迎接爱的能力，就应有健康的恋爱价值观，知道自己喜欢什么，适合什么；就应对自己、他人保持敏感和热情，就应主动地关心他人、热爱他人。当别人向你表达爱时，能及时准确地对爱的信息做出判断和选择。

（三）敢于拒绝爱

对自己不愿意接受的爱应有勇气拒绝。拒绝爱要注意以下两个方面。

（1）在并不希望得到的爱情到来时，要果断、勇敢地说“不”，因为爱情来不得半点勉强。千万不要优柔寡断或屈服于对方的穷追不舍，发展下去对双方都是不利的。

（2）要掌握恰当的拒绝方式，虽然每个人都有拒绝爱的权利，但珍惜每一份真挚的感情是对他人的尊重，同时也是对一个人道德情操的检验。不顾情面，处理方法简单轻率，甚至恶语相加，会使对方的感情和自尊心受到伤害，这些做法是很不妥当的。

（四）要有发展爱的能力

发展爱的能力，就是要培养无私的品格，要培养善于处理矛盾的能力，有效地化解和消除恋爱中的矛盾纠纷，对恋人负责，创造出幸福美满的爱情。爱情是甜蜜的，爱情犹如一朵娇嫩的鲜花，需要精心地培养，任何一方都有权利与另一方共享爱情，同时也履行着维护和发展爱情的义务。

【知识加油站】

破坏婚姻关系的四大“杀手”

戈特曼博士对婚姻进行了多年的研究，他甚至可以通过对一对夫妻几分钟的沟通观察来预测他们将来是否会离婚，预测的准确率高达90%以上。他发现，破坏婚姻关系的四大“杀手”：一号“杀手”指责，二号“杀手”轻蔑，三号“杀手”防卫，四号“杀手”冷淡。

二、树立健康的爱情价值观

虽然恋爱可以让人陶醉沉迷，让人更好地学习、生活；但是不成熟的恋爱也会给恋爱双方带来负面影响。所以，树立健康的爱情价值观对大学生是刻不容缓的事情。

（一）提倡志同道合的爱情

在恋人的选择上，最重要的条件应该是志同道合，即意识形态、事业理想和生活方式等大体一致。恋爱应该是理想、事业和爱情的有机结合。一般情况下，异性感情的发展是沿着陌生朋友—熟人朋友—好朋友—知己—恋人这一线路发展的，当一个人成为另一个人心中任何人都不能代替的伴侣时，爱情就降临了。在分享快乐和痛苦、共同成长的过程中，爱情就会产生和发展。

【案中观察】

小丽与小洪是武汉某高校的同班同学，大一时就确定了恋爱关系，双方都爱得很投入，但他们很清楚，由于来自不同的省份，家境也都不富裕，将来走在一起的难度很大，最好的办法就是努力学习，争取将来能留校或者留在同一个城市。因此，从大一开始，两个人在学习上相互帮助、相互鼓励、相互监督。大四的时候，小洪以优异的成绩考上了武汉另一所大学的研究生，后来一直读完博士后留校，小丽也因成绩优异而留校，最终两人靠自己的努力结为连理，实现了当初的愿望。

（二）摆正爱情与学业的关系

大学生要把学业放在首位，摆正爱情与学业的关系，不能把宝贵的时间都用于恋爱而放松了学习。因为学业是以后生存的基础，没有物质基础的爱是脆弱的。

（三）懂得爱情是理解、责任和奉献

理解对方可以为个人和对方营造一种轻松的氛围，没有人追逐爱情只是为了被约束。相互信任是自信的表现，自己都不相信自己值得别人去爱，别人也不会全心全意地爱你。责任和奉献则意味着个人道德的修养，是获得崇高爱情的基础。

（四）要诚实、互相尊重

恋爱时要诚实、坦白地向对方说明自己各方面的情况，使对方有一个全面的了解与认识。用隐瞒和欺骗的手段去博取对方的爱情终究是要失败的。一经建立恋爱关系，不要三心二意，要尊重对方的人格和感情。

【小试牛刀】

下列关于爱情的相关描述中，哪一项是错误的。（　　）

A. 爱情是双方自愿的行为。

B. 爱情是在个体心理达到相对成熟时产生的。

C. 爱情是一种感情，其中包括认知的成分，不等于低级的情绪。

D. 爱情不包括性欲和性感的成分，是一种纯粹的精神之爱。

三、发展健康的恋爱行为

（一）恋爱言谈要文雅、诚恳

交谈中要诚恳坦率，不要为显示自己而装腔作势、矫揉造作，否则会使人厌恶，不利于感情的培养。

（二）恋爱行为要大方

恋爱中的男女会逐渐从一时的羞涩走向自然大方，不要畏畏缩缩，可以适当地有一些亲密的举动。

（三）亲昵动作要高雅

粗俗鲁莽的亲昵动作会有损爱情的纯洁与尊严，不利于恋爱的健康发展，对他人影响

也不好。

（四）要平等相待、相敬如宾

不要拿自身的优点去比较对方的不足，以戏弄、压低对方，借以抬高自己；不要想方设法考验对方或摆架子，这些都会影响双方感情的发展，因为每个人都是有自尊心的。

（五）善于控制感情，理智行事

恋爱中引起的性冲动，一方面要注意克制和调节；另一方面要注意转移和升华，参加各种文娱活动，把恋爱行为限制在社会规范内，使爱情沿着健康的道路发展。

【集思广益】

“谢谢你的爱”——善意地拒绝他人

操作：将班级同学分成若干小组，注意男、女同学比例。每个小组分别由两名同学轮流扮演表达爱情的人（角色 A）与谢绝爱情的人（角色 B），其他同学作为观察员，评比扮演角色 B 的同学的表达能力，并对他的不足给予帮助。

活动要求：

（1）小组内的每一位同学都至少扮演角色 A 一次，扮演角色 B 一次。

（2）小组内的评比：扮演角色 B 的同学的言辞是否可以有效地谢绝爱，而且使扮演角色 A 的同学不感到尴尬。

四、提高恋爱挫折承受能力

大学生的恋爱受多种因素的制约，因而在追求爱情的过程中不可避免地遇到各种挫折。单相思、爱情错觉、失恋等恋爱心理挫折对大学生的心理承受能力是一种考验。如果承受能力较强，就能较好地应对挫折，不然就有可能造成不良后果。所以，提高恋爱挫折承受能力对大学生的心理健康是很重要的。当爱情受挫后，要用理智来驾驭感情。通过增强理智感，总结经验教训，寻找解决问题的方法和途径，在新的追求中确认和实现自己的价值，从而提高自己的心理承受能力和认识水平。要做到失恋后不失志、不失德。这是由于恋爱双方都是平等自愿的，任何一方不能强求。那种不成情人便成仇人的报复、嫉妒心理，是导致错误行为的根源，一旦造成恶果，必然害人又害己。失恋后可通过适当的情绪调节、宣泄和转移，来减轻痛苦。对失恋的应对方式反映了一个人的心理成熟水平和恋爱观。一个人能够理智地从失恋中解脱出来，往往会使自己变得更加成熟。

第四讲　欲说还休——大学生性心理概述及问题调适

人类的存在和发展离不开性。性，一个神秘而诱人的字，一个经常出现在人们脑海中但又不能坦然承认的字，一个带给人们各种不同感受的敏感字。它使人联想到紧张、羞耻、尴尬、不安、厌恶或是快乐、美好、享受、舒服等许多的感受，不同的感受反映了不同的人对性不同的认识。大学生正处在性生理和性心理发展的高峰期，如何恰当地处理关于性的问题，是不得不面对的事情。

一、性心理的概念

性心理是指在性生理的基础上，与性征、性欲、性行为有关的心理状况与心理过程，也包括与异性有关的如男女交往、婚恋等心理问题。性生理是性心理发展的生物学基础，性生理发育的障碍或缺陷会使性心理的发展出现偏差。此外，性生理发育得过早也会影响人的性心理，如性成熟过早的男孩容易胆大、自信，性成熟晚的男孩容易胆小、自卑；性成熟过早的女孩，会感到难为情和不适等。

（一）从生物学角度所看到的性

从生物学的范畴上，性首先是指男女在生理构造上的差异和人生来具有的性的欲望和本能，它是人类生存和繁衍后代的必要与基础条件，是伴随着性生殖出现的，因此人的基因与性器官的差异形成了男性和女性，性征便是两性特点的表达。性作为人类的一种本能的普遍性，这种普遍性表现为，任何一个人，无论他的社会地位、道德品质、智力水平的高低优劣，都存在性欲。

（二）从社会学角度所看到的性

人是活动于社会中的人，性作为人的本能需要，因此也就必然带上了社会属性。人作为自然界中最高级的动物，不仅有其生物性的一面，更重要的是具有社会性的一面。从社会学的角度来说，性是人类得以繁衍、进化之本。性活动则是人类社会生活的基本内容之一，无论何时何地，人类的性观念和性行为都受制于一定的社会意识形态和道德规范，而不是“两个人的私事”。

比如说，人们在通过性活动去满足性需要的过程中，并非随便找一个能从事性活动的对象来满足自己的需要，在这个过程中还需要让自己获得审美的需要、安全的需要、道德的平衡等。因此，作为生长在社会中的人，在从事能够满足自己需要的性活动的时候，表现出明确的社会性。人要寻求更美满、更丰富、更和谐、更富于人性色彩的方式来满足自己的性需要。从人类发展历史中，性生活的发展、演变情况可以看出，人类是以缔结婚姻的方式来满足自己的性需要的。

美国学者西尔格德在其所著的《心理学导论》中，将性的动机归于“社会性动机”之中，显示了“性”和社会的紧密关系。人类的“性”最重要的意义是其社会性。

（三）从心理学角度所看到的性

从心理学的角度来说，性的基本意思是指与“性”有关的一切心理现象，它不仅包括性交、性爱抚等所有直接的性活动，还包括人们对于性的情感、态度、价值观和性方面的喜好等心理方面的表现。尤其要注意的是，它不仅指人们普遍认为是“正常”的性行为，也包括所有被认为是“反常”或“不正常”的性行为。

【集思广益】

秘密问题游戏

从表8-1所示的词汇中找出你认为与性有关的词汇，匿名写在一张纸条上。将全班同学的纸条搜集上来后，每个同学再从中任意抽取一张纸条。

表 8-1　词语选择

1. 快乐	2. 好玩	3. 污秽	4. 生育	5. 恐惧
6. 爱	7. 美妙	8. 信任	9. 羞耻	10. 不满足
11. 委身	12. 忠贞	13. 尴尬	14. 压力	15. 例行公事
16. 表现	17. 欢乐	18. 实验	19. 释放	20. 难为情
21. 舒服	22. 无奈	23. 罪	24. 厌恶	25. 内疚
26. 无助	27. 享受	28. 压抑	29. 乏味	30. 满足
31. 美丽	32. 征服	33. 沟通	34. 禁忌	35. 亲密
36. 融洽	37. 遗憾	38. 自卑	39. 自信	40. 和谐

讨论：5～6人分为一组，在小组中交流对于纸条上别的同学所写下的对性的词汇的看法。

二、大学生的性心理问题及调适

（一）性意识困扰

在大学期间，性意识活动常见的有性幻想、性饥渴、性梦及性好奇等。

1. 性幻想

性幻想通常表现为在某特定因素诱导下，“自编”“自导”“自演”与异性交往内容有关的联想。性幻想可导致生理上的兴奋、性器官的充血，也可偶尔出现性高潮。性幻想是性冲动的发泄形式之一，属于正常的心理、生理现象。

2. 性饥渴

性饥渴就是对性有着强烈的渴望和要求，并希望得到满足。大学生正处于求学阶段，学校的纪律和环境决定了这种要求难以得到正常满足，因此很多大学生产生性压抑感，并为此痛苦和烦恼。

3. 性梦

性梦通常是指进入青春期以后，在梦中出现与性内容有关的梦境，一般认为与性激素达到一定水平和睡眠中性器官受到内外刺激及潜意识的性本能活动有关。性梦伴有男性遗精、女性性兴奋等，均属正常反应。

【案中观察】

某男，21岁，大学三年级学生。平时性格比较内向，不善与人交往，没有和哪一个女孩子特别亲近。然而不久前做了一个梦，梦中居然和别人发生了性关系。梦醒后他愧疚不已，无颜面对他人。后来又做了一个梦，梦中和同班的女团支书发生了关系。该生认为自己道德败坏，下流无耻，担心团支书因此受到伤害，以至于不敢面对她，只要她在教室，他就看不下去书，强烈的罪恶感使他心神不宁，不能安心学习。他担心自己会变成性犯罪分子，有时还怀疑自己是不是得了精神病，为什么会如此不正常。心理的负荷使他不敢入睡，生怕“重温旧梦”，讲又讲不出口，忘更忘不掉，万般苦闷中他走进了心理咨询室。

1. 原因分析

使这位大学生苦恼不已的梦叫作“性梦”。这位大学生不能自拔的原因是荒诞怪异的梦使他产生了强烈的内疚心理，以至于怀疑自己，害怕睡觉。人之所以会做性梦，是生理和心理综合活动的结果。梦中的情景，都与梦者的经验和思想活动有关。在性梦中出现的不合常规的性行为与性对象既不表明性梦者的人格特征，也不表明其伦理道德修养水平。因而性梦之后完全没有必要自责。

2. 解决方法

（1）采用认知领悟疗法，减轻其心理负担和内疚，并对他的性梦做个性分析。

从他的情况看，青春期后产生了对异性的亲近感，而社会规范又使人们必然约束性欲，生理欲望受到心理自律的压抑后，往往会以性梦的方式得以实现。性梦仅仅是梦而已，并不是现实的，既不受梦者的控制，也不会伤害所涉及的人，更谈不到人格与道德败坏。

（2）培养兴趣爱好，使自己的生命能量得到积极合理地宣泄。平时行动多注意以下方面。

第一，保持正常的异性交往。

第二，积极参加文体活动和社会实践活动。

第三，多阅读有关生理和心理的书籍，提高这方面的知识水平，增强认识和判断能力。

第四，积极扩大人际交往范围。

4. 性好奇

性好奇通常是指联想到对方或与自身有关的性意念、裸体表象、性感部位及体验到自身性冲动等，在读到与性有关的书刊时，产生对性的臆想、对自身生理性反应的感受，以及联想到对自己有吸引力的异性等。

人的性意识活动是从性启蒙开始的，其意识内容渐趋于丰富，活动频度增加，并在青年期达到高峰。有研究表明，性意识作为一种困扰，会引起66.66%的男生和71.7%的女生出现不同程度的心理冲突，表现为焦虑、烦躁、厌恶及内心不安、恐惧、自责等。少部分困扰严重的同学出现失眠、注意力不集中、情绪抑郁、不愿与同学（尤其是异性）交往，并常陷入焦虑、矛盾、困惑和苦闷之中，从而影响其学习、生活等，甚至会干扰自身的正常发展。

被性意识困扰的大学生应多学习性生理、性心理的有关知识，了解青春期性意识的发展规律，树立科学与健康的性意识观念。通过学习相关知识，有利于消除对性意识观念的罪恶感、自卑感，增强自信心。

（二）性行为困扰

与性内容直接关联的行为称为“性行为”，由性行为引起的对当事人心理上造成消极影响但又未构成较重伤害体验的现象称为性行为困扰。

1. 边缘性性行为

边缘性性行为是指异性间的拥抱、接吻和爱抚行为。对此，绝大多数大学生都能正确对待，不会由此带来很重的心理负担；但是也有少数大学生，尤其是女大学生，在发生边缘性性行为以后，导致沉重的心理负担，有的甚至出现心理疾病。出现这种情况的主要原因有以下几点：一是在没有心理准备的情况下发生此类行为，产生自责和罪恶感；二是在两性之间感情尚未深入发展到一定程度时发生，感到勉强、不真实，有耻辱感和自身不洁感；三是对恋爱阶段就发生这类行为感到不够高尚、低级、下流；四是对恋爱的成功和彼此关系能否持久产生疑虑，有后悔心理。

热恋中的大学生发生接吻、拥抱和爱抚行为是正常的，也是难以避免的，但要注意场合和分寸，不必为此感到羞愧和自责，更不要把这种行为同流氓行为混为一谈。但是在恋爱中要注意把握分寸，不能过于轻率，否则就会给自己带来心理负担。

2. 自慰行为

自慰是指用手或替代物等刺激、摩擦性器官以引起性快感的行为。大学生中自慰行为的总发生率相当高，有少部分学生在幼年期就出现了自慰行为。有些大学生因为自慰行为而陷入苦恼、矛盾之中。一方面是难敌自慰快感的诱惑；另一方面是在自慰后产生恐惧、内疚、罪恶感和自责等负面情绪。

自慰本身是无害的，它是人类正常的生理行为。实验研究证实，自慰与性交所引起的生理反应并无区别，自慰并不会导致早泄、阳痿、神经衰弱等病症。所以，真正造成危害的是对自慰的错误认识。对于自慰行为，大学生应该有正确认识。

随着性生理的发育成熟，青春期必然会产生性冲动和性要求。彻底戒除自慰是不现实的，对待自慰应顺其自然，适当克制，切不可以过度自慰。

【心理训练】

在失恋中成长

目的：理性看待失恋，学习正确对待失恋的策略，学会在失恋的痛苦中获得心智的成长。

时间：30～40分钟。

具体方法与步骤：

1. 两位同学进行角色扮演，表演一位同学劝慰一个失恋同学的过程。

2. 每4～6人一组，以各小组为单位，分别讨论以下问题。

（1）失恋之后到底失去的是什么？失恋之后没有失去的是什么？

（2）在失恋中获得了什么？

每个小组最多可以写出10条，然后就第二个问题由全体同学共同评比出最合理的答案。

3. 以小组为单位，讨论走出失恋心理困境的途径。

【阅书观影】

1. 书目推荐——《爱的五种语言》，查普曼著

每个人都有爱与被爱的需要，都有一个情绪的爱箱，但不同的人却使用不同的语言来表达和接收爱，以致这个爱箱常常不能被填满。查普曼博士发现人们基本上有五种爱的语言：肯定的言辞、精心的时刻、接受礼物、服务的行动、身体的接触。这本书教你如何真正了解伴侣，读懂他的爱语，用最好的方式与对方相处。

2. 影视推荐——《失恋33天》

黄小仙，从事高端婚庆策划，性格开朗乐观。一个偶然的机会看到了男友和自己的闺蜜喜笑颜开地走在一起。黄小仙的失恋日记，就这样一天一天地开始写了下去。黄小仙经历了失恋的痛苦后，乐观地接受了失恋的事实。疼过之后擦擦眼泪，就算新的一天是前一天的翻版，不会豁然开朗或是跳出一个闪闪发光的奇迹，她依然决定乐观地走下去。

主题九　纵横交错谈“网”事——网络篇

要善于网上学习，不浏览不良信息；要诚实友好交流，不侮辱欺诈他人；要增强自护意识，不随意约会网友；要维护网络安全，不破坏网络秩序；要有益身心健康，不沉溺虚拟时空。

——《全国青少年网络文明公约》

【活动任务书】

<table>
<tr><td>活动名称</td><td colspan="2">接受与抗拒</td><td>姓名</td><td></td><td>完成时间</td><td></td></tr>
<tr><td rowspan="2">目标</td><td colspan="6">学习目标：
通过活动，能正确认识、使用网络</td></tr>
<tr><td colspan="6">思政目标：
树立共享发展理念，学会与他人共享网络资源，以实现网络资源效用的最大化</td></tr>
<tr><td>活动准备</td><td colspan="6">提供几个案例：
1. 有一位北京的女生，在网上认识了一位浙江的中年男子，通过网上交流，她产生了与这位网友见面的愿望，但一直未能如愿。后来，这位男子去新加坡工作了，这位女生便在暑假期间独自参加了新加坡的旅行团，中年男子瞒着自己的妻子和这位女生见了面……
2. 你在网上聊天遇到一位令你倾心的女士（男士），她（他）向你要你的家庭住址和你的手机号码，你该怎么办？
3. 未知网页（可能是病毒网页）中有你感兴趣的内容，你会怎么办？
4. 张某是一位性格内向的大学生，自一年前父母给其买了计算机后，每晚都沉浸在虚拟的网恋中不能自拔，可又不愿让网络恋情成为现实。他的学习成绩每况愈下，害怕和同学交往，脾气变得古怪暴躁，头疼失眠。父母看着儿子的变化焦急万分……</td></tr>
<tr><td>实施步骤</td><td colspan="6">1. 以 6～8 人为单位分成若干小组
2. 面对上述情况，你会怎么做？小组间进行讨论与交流</td></tr>
<tr><td>注意事项</td><td colspan="6">认真看案例，如实讲述自己的想法</td></tr>
<tr><td rowspan="3">组员及
分工情况</td><td>队号</td><td colspan="2"></td><td colspan="2">队长</td><td></td></tr>
<tr><td>队员</td><td colspan="5"></td></tr>
<tr><td>任务分工</td><td colspan="5"></td></tr>
</table>

【心理导航】

小敏是大二的一名女生，长相甜美、清新可人、性格开朗、亲切随和。高中时，小敏的父母担心她会早恋，管得比较严格，为此小敏的妈妈不惜辞去工作在学校附近租房陪同小敏学习。小敏体谅父母的良苦用心，在学习上不断鞭策自己并最终以优异的成绩被 N 大录取。进入大学后，因离家较远，小敏有些不适应，即使认识了不少朋友，与父母也经常通电话，小敏还是感觉孤单。在学习的过程中，小敏逐渐接触到网络，见识到网络世界的强大。一次偶然的机会，小敏通过微信“摇一摇”结识了小毅，生活开始发生翻天覆地的变化。小毅是个阳光暖男……微信、微博、QQ 成了小敏和小毅之间传达感情的重要纽带。每天清晨，小敏睁开眼后就会在第一时间登录 QQ 或微信，查看小毅的状态。即使是上课或者吃饭的时候也会偷偷瞄着手机，看到小毅给她的留言后，都会激动得心跳加速；若是小毅未及时回复，她就会阵阵失落，盯着手机发呆或黯然神伤。而每天晚上，小敏都会等待小毅发来“晚安，亲爱的”，然后再甜甜地睡去。

想一想：

（1）小敏为什么会沉迷虚拟网络里的感情？

（2）如果小敏继续这样下去，会造成什么样的后果？

（3）如果你是小敏的朋友，该怎样帮助小敏清醒过来？

第一讲　慧眼独具——睁开慧眼看网络

一、网络对生活的影响

网络不仅改变了人们传递信息的方式，还缩短了时空距离，使得地球越来越像一个小小的村落。

（一）网络对流行文化的影响

一些网络流行语经常在人们的生活中出现，有些已经由非主流逐渐成为主流。如博客、播客、网络小说、网络交友、网络购物、网络游戏等词汇已为大众所熟悉，而大量网络用语也极受年轻网民的追捧。

（二）网络对人际交往的影响

通过网络，人类进入了一个以前从未进入过的世界。匿名是网络的一大特点，没有人知道你的真实姓名、真实性别、真实年龄……通过网络，人们可以与远在万里之外的亲朋互致问候，甚至可以看到彼此，就像在同一间房子里交流一样。

除上述两个方面的影响外，网络对我们生活的其他方面也产生了巨大的影响。通过网络，人们可以迅速了解新闻时事；通过网络，人们可以尽情展示自我、激扬青春；通过网络，人们能够足不出户买到想要的东西、视听想学的课程；通过网络，人们可以阅读数以亿计的书籍……

当人们享受网络带来的便利时，人们也发现网络对人类生活的影响越来越举足轻重，人们对它的依赖性也越来越大。有人认为网络是一个大金矿，可有人认为它是一个大陷阱；有人对它越发依赖，可有人对它避之不及；有人上网感受生活，也有人上网逃避生活；有人做网络的主人，也有人做网络的奴隶。

随着网络时代的到来，丰富的网上增值业务让人们足不出户就能享受到交友、休闲、购物和娱乐的乐趣，也让居家办公成为现实，更催生了“宅”族。而随着手机网络的普及，网络的触角已伸向我们生活的每个角落。不知从何时起，人们的生活已经离不开网络，对于大学生而言，网络已成为他们学习和生活中不可或缺的部分。正如有着“中国电子商务之父”称号的王俊涛所说：“如果错过互联网，与你擦肩而过的不仅是机会，而是整整一个时代。”

【集思广益】

组织一场辩论

题目：网络使人际关系亲近还是疏远？

目的：感受网络给大学生人际关系带来的诸多变化。

操作：将全班同学分成正方和反方两大组，正方：“网络使人际关系亲近”，反方：“网络使人际关系疏远”，活动的重点不在于评判哪组胜利，而在于让大学生在讨论中认清网络的积极影响和消极影响，从而做出正确的价值判断和行为选择。

二、网络与人的关系

同是网络，对不同人的影响会有很大的不同，这是为什么呢？这需要我们搞清楚网络与人的相互关系。

网络与人的关系。实际上就是工具与人、环境与人的关系。在这层关系中，人是工具的发明者和主人，是主动的行为实施者。而网络作为一种工具、一种环境，一方面承载着人的行为，另一方面也对人的行为产生反作用。从最初人们建立网络的那一天起，它就作为我们的一种联络与交流的工具，而且网络作为第四大媒体，与传统的媒体比起来，更有优势。正因为如此，人类对它情有独钟、万般宠爱。但是，如果反客为主，把人置身于从属的地位，那就是反常现象了。

有人说：今天，网络已经不再被理解为头顶上的蜘蛛网般的电线，它不仅深入到办公桌，而且编织成时装穿在身上。这种社会功能一开始就被聪明的商家以发散性思维，发挥得淋漓尽致。网络被当作生活来安排，不是说网络本身的功能神奇，而是人类把昨天的智慧与幻想倾注于网络上。进入网络世界，首先要认识和摆正人与网络的关系，才能更好地使用网络。

当你在生活中遇到问题或困扰，网络中总有许多未曾谋面的朋友心甘情愿地无偿帮助你。一个小小的请求或询问，马上会得到许多热心的响应，这便是网络上的利他主义。

当我们在生活中遇到不顺心的事情，上网聊天也是排解郁闷的一种方法。如果你愿意一个人待会儿，那么可以在网络中写下自己的心情，也可以浏览别人的文章，也许在不知不觉中你的心情会好很多。网络上的信息浩如烟海，包含了世界上的各个领域、各种专业、各种数据，24小时不间断地为我们服务。网络中的新闻是最新、最快的，例如，奥运会比赛结果刚出来，网络中就已经有相关的新闻报道了。

【案中观察】

小华是一名大学生，性格内向，虽说已经是成年人，但他的个头仍停留在一米六左右，他很苦恼，也很无助。看着身边的同学一个个谈起了恋爱，小华很自卑，他觉得没有女孩子喜欢他，甚至没有人愿意与他说话。在一次偶然上网时，小华遇到了一位“漂亮”的女孩，两人开始了“网恋”。不用见面，也不会让家人、教师知道，小华在现实中缺失的交往能力，在网络的世界里得到了补偿。从此，他在网络中成了一位侃侃而谈、风流潇洒的小伙，网络上的平等、匿名弥补了他深深的自卑，他不再在乎同学的眼光，疯狂地迷恋上了网络。

三、网络的特点

（一）便捷、高效

传统媒体需要一个较长的制作周期，而网络传播信息的速度是以秒来计算的，它接收和发布信息，不受任何时空限制。在突发事件的传播中，网络将“第一时间”和“第一现场”牢牢掌握在手中。例如，一个网民上传自己所写的稿件或拍摄的照片，发表自己的意见或观点，只需几秒钟；一篇网上稿件被另外一家网站的自动抓取系统转载只需53秒。

（二）广泛、开放

比陆地宽广的是海洋，比海洋更宽广的是天空，比天空更宽广的是人的心灵，比人的心灵更宽广的是网络。网络是一个能让人自由发挥的空间，不同的思想意识、价值观念、生活准则、道德规范都可以在网络中找到立足之地。网络使“地球村”从概念走向现实，它打破了信息交流的时空限制，模糊了地区、国别的界限，不同种族、宗教、信仰的人，不同社会地位和文化背景的人都在这里进行自由、平等的交流。

（三）经济实惠

网络的使用费用很低，只需考虑使用的时间长短而不需要考虑地域的远近，也就是说我们与世界上任何地方的朋友联系，只需支付本地电话费和网络使用费，与昂贵的国际长途费用比起来不可同日而语。这一特点对于囊中羞涩的大学生来说，无疑是提供了极大的便利。

（四）功能多样

网络的功能很多，可以适应人们的各种不同需要，使人们的生活丰富多彩，满足人们在物质与精神文化价值上的更高追求。通过网络，我们有许多方法可以与朋友们联系，电子邮件、QQ、微信等。不管对方身处何处，我们都可以与他们保持联系。而且现在的联系方式也越来越多样化，我们可以用电子邮件送去一个深情的问候，也可以用 QQ 发去简短的祝福，还可以用微信视频电话与朋友“促膝面谈”。网络可以算得上集各种媒体优点之大成。目前，还没有其他任何媒介能够为我们提供这么全面、周到的服务。

（五）虚拟性

虚拟性可以被认为是网络最重要的特征之一。“虚拟世界”已经成为“网络世界”的代名词。在真实环境中的人，因受到社会习俗和本人地位、身份的影响，言谈举止、为人处世都需要与他在社会中所扮演的角色相适应。可是，当一个人在网上出现时，没有人知道他是谁，在这种数字外衣的隐藏下，每个人都可以重新选择自己的行为。在网络世界里，一切都可以虚拟。虚拟学校、虚拟社团、虚拟感情、虚拟信息，甚至有人把性别也虚拟了。许多关于网络的书籍也给我们描述了一个近似伊甸园的“虚拟世界”。

（六）隐匿性

每个人都可以自由地使用网络。由于网络具有隐匿性，人们可以畅所欲言、来去自由，敢于大胆展露自身独特的个性，这极大地满足了不同层次人的心理需求。网络用户可以摆脱现实中的不如意，摆脱来自各方面的压力和困扰，做自己愿意做的事情；并且可以给自已戴上各种各样的面具，也不用担心自己的面具被揭穿，因为这是目前网络规则所允许的。这种隐匿性使得人们之间的交往范围无限扩大，交往风险却大大降低，交往更具随机性和不确定性。因此，许多人将网络视为猎奇与宣泄情绪的场所和寻求隐秘嗜好的途径。

现实告诉我们，网络不仅是技术和工具，而且是人类新的生活方式。让我们展开双臂，欢迎网络加盟人类的生活！

第二讲　瑕瑜互见——网络与大学生

网络代表着人类文明的进步，它是一个奇妙的东西。网络中，有浩瀚的知识海洋任你遨游，有瑰丽的艺术奇葩任你鉴赏。足不出户便可知晓天下大事；网络购物既方便又快捷；享受与世界各地友人“聚会”聊天的乐趣；体会发张“帖子”可得到八方援助的喜悦……网络以其亦真亦幻的虚拟现实、引人入胜的刺激情境，向我们展示了美好的数字化乐园，极大地影响了大学生的学习和生活，也改变了大学生交往和发展的方式。

一、大学生上网心理透视

大学生喜欢网络的原因不仅在于网络自身的特征，更在于学生内在的对网络的心理需求。大学生上网的心理需求从整体上可分为积极的心理需求与消极的心理需求。

（一）积极的心理需求

1. 强烈的求知欲与好奇心理

大学生正处于精力旺盛、求知欲和好奇心强的阶段，对新生事物具有强烈的敏感性和求知欲。而网络以其传播快、内容新、手段先进等优势极大地吸引了大学生的注意力，刺激了他们的好奇心，引起了他们的特别关心和兴趣，激发出他们学习和掌握网络知识及应用技能的愿望。

2. 自由平等的参与意识与自我实现的愿望

大学生的参与意识强，自我意识和自我实现的愿望浓厚，网络平等自由的氛围吸引了对自由、平等极其向往的大学生群体。在网络这个虚拟空间里，大学生可以按自己的意愿，做自己想做的事。

3. 追求开放性和多元性

大学生求变心理强，不愿被束缚在单调、乏味的环境里，而网络是一个开放的信息源，各种文化、思想、观念都可以在这里争鸣。这就为大学生追求开放性和多元性的文化、观念提供了平台。

（二）消极的心理需求

1. 猎奇心理，追求感官刺激

很大一部分大学生上网的目的是猎奇，即追寻一种在现实生活中难以了解，通过正当渠道难以获得的奇艳事物或信息，并借以获得感官刺激。他们往往会出于好奇或冲动的心理，刻意去寻找一些色情、暴力的信息。

2. 急功近利心理

网络信息的丰富与快捷使许多大学生把上网当作通往成功的捷径和有利条件。在他们眼里，网络就是商机，网络就是生财之道。同时，一定程度上的社会误导（包括网络上基于商业目的的心理误导）也使大学生对“成功”的理解产生了偏差。于是，电子商务、留学资讯、成才捷径、求职之路就备受一部分大学生的关注。他们渴望凭借这些信息省一些力气，走一步险棋，成为网络时代的成功人士。

3. 发泄欲求

在网络中，大学生们可以比在学校、家里更随便地发表自己的意见，抒发自己的爱憎，表达自己的思想信仰，而不必担心会受到限制。例如，平时对学校不敢提、无处提的意见可以发到网络中，平时对女同学不敢表达的感情则可以在网络中淋漓尽致地抒发。

4. 逃避现实的解脱心理

大部分大学生在大学生活中都会遇到挫折和危机，如学习上的、感情上的、人际关系上的。同时，复杂的社会生活也会使思想相对不成熟的大学生感到难以应对。但遗憾的是，部分学生在现实中受挫时，往往愿意到虚幻的网络空间去倾诉，网络成了他们逃避现实、寻求自我解脱的渠道和环境。

5. 虚拟的自我实现心理

强烈的自我意识是大学生群体的一个显著特征，虚拟的网络可以成为大学生实现自我的一个理想王国。在网络上，大学生可以享受到网络特有的平等、自由、成功和刺激，学习与就业的压力、社会与家长的希望造成的压抑与孤独，在网络上一扫而光。部分大学生上网是为了玩游戏，在游戏获胜后有一种成就感，这是因为网络游戏能够部分满足他们的自我实现需要。虚拟的自我实现心理容易导致一些不道德的行为甚至是犯罪行为。

6. 焦虑心理

一方面，由于网络技术的迅速发展，使大学生担心自己的知识更新赶不上网络的发展，被新技术淘汰，而产生焦虑心理；另一方面，网络通道拥挤，传输速度缓慢，网上人际关系的不确定性与隐匿性，庞杂无序、良莠不齐的内容等缺陷，使大学生上网无所适从，连连“碰壁”之下产生焦虑心理。

7. 从众心理

从众心理，就是在群体的影响和压力下，放弃自己的意见而采取与大多数人相一致的行动，即通常所说的“随大流”，这是日常生活和工作中常见的现象。在大学校园里，上网成为一种潮流和时尚，大学生茶余饭后的谈资笑料往往源于网络。一些大学生本身对网络比较陌生，也不是非常感兴趣，但为了能够和身边的同学保持一致，寻找共同话题，或者为了跟上潮流赶时髦，也开始学习上网，有的甚至迅速迷恋、上瘾。

8. 自卑心理与抵触情绪

自卑是不信任自己的能力因而用失败衡量自己及未来的一种心理体验，它源于心理上消极的自我暗示。这种心理常见于那些初次尝试上网的大学生，当他们怀着兴奋与好奇的心理来到网上，但由于缺乏系统的网络知识和检索技能，操作不熟练，英语水平有限，与身旁那些操作娴熟、进出自如的用户相比，差距甚远。在羡慕的同时会产生出某种无形的心理压力，初始的兴奋、喜悦之情自然被自卑心理所代替。还有些大学生，他们自己习惯于传统文献的检索、查阅程序，当其面对上网查询这一全新的检索方式时，可能会产生一种以往的经验被抛弃，自己会落伍，被置于自动化系统之外的不安，因而产生一些抵触情绪。

【集思广益】

角色大比拼

（1）每位学生在纸上写下自己最常用的网名。

（2）网名汇总、收集至一处，请几位学生随机抽取。

（3）宣读抽到的网名，请全班学生猜测这有可能是哪位同学的网名。

（4）公布网名拥有者，并请其谈感受。

（5）请学生分析自己的网名，并思考网名背后的含义——现实中的“我”与网络中的“我”的区别。

二、网络对大学生心理健康的影响

（一）网络对大学生的积极影响

1. 网络为大学生开辟了全新的学习天地

网络的发展引起了教育方式的历史性变革，对大学生学习行为产生了巨大影响。首先，网络产生虚拟学习行为。以高科技为基础的虚拟现实的三维立体空间，令人身临其境，例如，在网络上做爆破实验而绝无危险，医科专业的学生可在虚拟实验中进行解剖，金融专业的学生可通过虚拟股市锻炼股票交易技巧。其次，网络改变了学习行为的时空概念。网络学校能提供上网课程和在线学位。这种在线远程网络教育不仅快捷、投资少，而且受教面广。网络管理中心从试卷登录、试卷生成，到在线考试、自动阅卷、成绩统计，全部自动完成，教学反馈迅速高效。学生可以在网上轻松浏览电子图书馆，在需要时可从网上方便地下载各种图书资料。知无涯，学无涯，学习再无时间、空间、对象限制，这是一种无限的、终生的、全球的学习。

2. 扩大了大学生人际交往的圈子

一位哲人说过：“没有交际能力的人，就像陆地上的船，永远到不了人生的大海。”人际关系与个体的成长和发展密切相关。网络交往通过全方位、多层次的信息传输为大学生提供了更方便且范围更广的社会交往机会，使大学生的社会性得到空前的延伸和发展。通过网络，人们可以直接地交往，而免去了彼此的客套、试探、戒备和情感道义责任。同时，网络交往所具有的间接性和虚拟性特点，为性格内向、羞于言谈、社会交往能力较弱的大学生进行人际交往打开了方便之门。

3. 网络提供了心理宣泄和寻求专业心理援助的可能，有助于保持个体的心理健康

社会的发展要求大学生具备完善的综合素质，而学业、就业等诸多的压力使得大学生容易产生紧张、恐惧、焦虑、抑郁等负性情绪，心理健康受到影响。大学生需要通过适度的情绪表达和宣泄来维护自身的心理健康。网络交往的虚拟性、安全性和广泛性恰好迎合了大学生渴望交往而又内心闭锁，渴望获得真情而又怀疑真情的矛盾心理。大学生们可以通过聊天倾诉等方式，尽情地宣泄压抑内心的不良情绪，缓解心理压力。这些虚拟的网络交流给大学生提供了一个情感表达和不良情绪宣泄的新途径，在一定程度上起到了很好的心理疏导作用。同时，许多面临心理困惑和发展问题的大学生们更愿意通过网络中的一些专业的心理网站，及时地了解心理健康知识，寻求专业的心理援助和互助。由于这些心理学的专题网站或主页既使用方便快捷，又具有较好的保密性，因而受到大学生的广泛青睐，确实在一定程度上对于大学生保持心理健康起到了积极的作用。

（二）网络对大学生的消极影响

1. 网络淡化了现实生活中的人际关系，使大学生不能以正确的态度进行交往

现代社会，交互作用已成为一种较理想的学习方式。人与人之间的交往，会影响交往双方的品格、知识、工作、生活态度、心理健康等多方面。而在交往过程中，由于个体有不同的需求、不同的方式、不同的风格和特征，难免在交往互动中产生一些冲突。处在青年期的大学生在多元化的现实世界和复杂的情境中，当自己的愿望和交往方式不能获得理想的结果，或不能以正确态度和平静的心态处理人际关系时，他们会承受巨大的心理压力，以致影响学习和生活。网络给他们提供了逃避现实、淡化矛盾的“理想”渠道，他们会在网上寻“真情”来填补心灵的孤独，以消磨时间。然而，网络交流远不能与现实的直面互动交流相比，网络交流缺少交往双方的表情和肢体语言的投入，不能实际提高个体的交际

能力，而网络交流的延时性也使其包含了更多的不确定性和虚假性。

【知识加油站】

网络交友的“三不一要一忠告”

“三不”：①不轻易泄露个人的资料（不要说出自己的真实姓名、地址、电话号码、学校名称、密友等信息）；②不随意答应网友的要求；③不轻易约见网友。

“一要”：要提高警惕、小心防范。

“一忠告”：匿名交友网上多，切莫单独赴约。

网上人品难区分，小心谨慎没有错。

2. 网络容易使大学生产生不良的情绪体验，情感趋于冷漠

大学生的情感体验极为丰富、强烈、敏感，也极为复杂，表现得很不稳定。如果长时间上网，沉迷于虚拟世界中，就可能使大学生产生不良的情绪体验。随着上网人群的不断扩大，网恋也逐渐成为大学生上网的一个重要目的，网恋导致情感创伤的情况也在呈上升趋势。这些情况都容易使大学生们趋向于孤立、自私、冷漠和非社会化，产生焦虑、紧张、抑郁等不良的情绪体验。

3. 上网的自由随意性，导致大学生沉溺网络，产生不良行为

当前的网络，对于每一个网络爱好者来说，是非常自由的。它不受正常时间的约束，人们可以通宵上网，可以根据个人的主观需要和兴趣爱好去选择所要浏览的内容。可是，在网络交往中，个体扮演了一种虚拟的角色，这种交往在体现匿名性、丰富性、想象性、自由性、情景性、平等性的同时，其道德特征却被弱化。大学生一旦过多地接触消极内容，容易淡化人生的正确态度，做出不良行为。

但网络毕竟是虚拟的世界，回到现实世界，仍然无法改变和摆脱困扰。而且虚拟世界和现实世界必然存在着一定的差距，这种差距要求大学生们调整自我、面对现实，否则会面临更大的困境。

第三讲　兴利剔弊——大学生的常见网络心理障碍及其调适

一、大学生的常见网络心理障碍

网络心理障碍是指因无节制地上网导致行为异常、人格障碍、交感神经功能失调。其表现症状为：开始是精神上的依赖，渴望上网；随后发展为身体上的依赖，不上网则情绪低落、疲乏无力、外表憔悴、茫然失措，只有上网后精神才能恢复正常。大学生的网络心理障碍大多数表现为感情上迷失自我，角色上混淆自我、道德上失范自我，心理上自我脆弱、交往上自我失落。

大学生网络心理障碍主要包括：网络恐惧、网络迷恋、网络孤独、网络自我迷失与自

我认同混乱和网络成瘾综合症（见图9-1）。

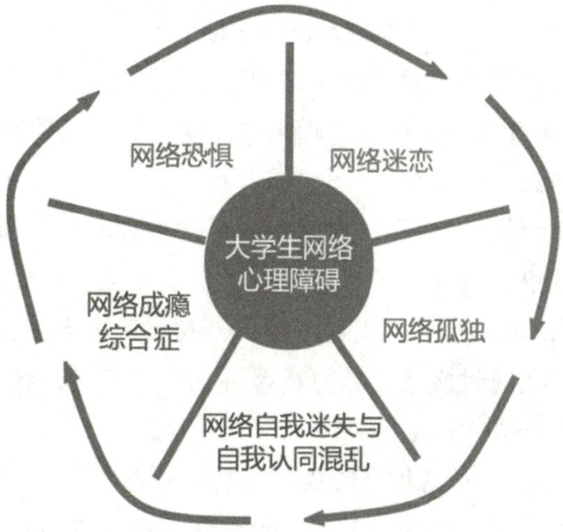

图 9-1　大学生网络心理障碍

（一）网络恐惧

一些大学新生特别是来自经济落后地区的农村学生，几乎没有接触过网络或接触很少。当他们进入大学面对色彩斑斓的网络界面，看到层出不穷的各种网络书籍、计算机软件，瞧着周围的同学熟练地使用网络，自由地浏览、聊天时，一部分学生感到害怕和迷茫。"怕"是怕自己不能有效利用网络来学习和生活；怕自己不会使用网络而被他人嘲笑，"无能感"油然而生。"迷茫"则是因为他们不知道如何快速掌握上网能力，由此产生对网络的恐惧感。大学新生常产生这种网络恐惧心理。另外，一些对网络比较熟悉的大学生也有这样的心理障碍，他们对网络的恐惧主要是害怕跟不上网络的快速发展，怕掌握不了新的网络技术而被淘汰。

（二）网络迷恋

一些大学生长时间沉溺于网络游戏、上网聊天，醉心于网上信息、网上猎奇，造成对网络的过度依赖和迷恋，导致个人生理受损，正常学习、工作、生活及社会交往受到严重影响。

网络迷恋心理障碍包括这样几种类型：网络色情迷恋——迷恋网上的所有的色情音乐、图片以及影像；网络交际迷恋——利用各种聊天软件以及网站开设群聊；网络游戏迷恋——沉迷于各种网络游戏中；网络恋情迷恋——沉醉在网络所创造的虚幻的网恋中；网络信息收集成瘾——强迫性从网上收集无关紧要的或者不迫切需要的信息，堆积和传播这些信息；网络制作迷恋——下载使用各种软件，以追求网页制作的完美性和编制多种程序为嗜好。在这六种类型中，网络交际迷恋者、网络游戏迷恋者、网络恋情迷恋者及网络信息收集成瘾者占大学生网络迷恋群体中的多数。

【案中观察】

是游戏还是陷阱?

小Z退学了。这个因沉迷网游被三次“退学”警告的大学生，最终无法如愿完成学业。小Z的QQ上还挂着那句醒目的话——“如果你爱他，让他去玩网游，因为那里是天堂；如果你恨他，让他去玩网游，因为那里是地狱。”不知留下的是自省，还是警告他人。

小Z上大学后，接触到很多优秀的同学，慢慢产生自卑感，同时又因为大学空余时间多，迷上了网游。在网游中，他找回了自信但也产生了虚荣。在后来的谈话中，他这样说:“您是永远也不会明白的，在游戏里我找到了快乐，我找回了自信，找到了目标，我还结识了一群志趣相投的朋友，我通过自己的努力成为游戏中的老大，我可以受到其他人的尊敬，这在日常生活中是不可能的。”

通过教师的劝说和引导，他也几次想戒掉网瘾，可是一不上网就像没头苍蝇，没了方向，甚至情绪低落、烦躁不安。无奈，只好办理退学手续，重新回到网络的怀抱。

（三）网络孤独

网络孤独主要是指希望通过上网获取大量信息、网上娱乐、网上人际交往来提高或改变自己，但上网未能解除孤独（甚至加重了原有的孤独），或因为触网而引发孤独感的状况。一些大学生，由于性格内向、自卑，惯于自己承受心理负荷，心思敏锐，不愿意或不善于与他人交往，厌恶社会上那种虚情假意的人情来往。当网络走进他们的生活时，他们青睐于网上交往这种匿名、隐藏性别和身份的形式。常上网向网友发泄自己的不良情绪，排解忧虑，讲自己的“心情故事”，这时他们觉得心情得到一定的放松，从网友那里得到了一定的心理支持。可下网后他们发现自己面对的依然是孤独。另外，由于人与人之间的交往中80%的信息是通过非语言的方式（身体语言），如眼神、姿势、手势等传达的，当那些善于通过这些身体语言来解读对方心理的性格内向者，试图借助网络来排泄自身的孤独时，网络所能给的只能是键盘、鼠标和显示器所造就的书面语言，这使得他们感到网络对孤独抑郁的排解只是“隔靴搔痒”。

（四）网络自我迷失与自我认同混乱

在网络中，由于匿名性而隐去了身份，许多现实社会中的规范、规则、道德在虚拟世界中被冻结。大学生上网者在表现个人自我时，把社会自我抛得越来越远，甚至企图借助网络在现实社会中突显自我，将自我凌驾于社会之上，网络黑客、网络犯罪就是这方面的典型例子。此外，某些大学生对一些社会现象不满，他们希望在网上有一个“清洁”的交往环境，构建一个良好的自我。然而网上充斥的色情图文、脏话、无聊的帖子、庸俗的话题，使他们在对社会产生失望之后又对网络产生了失望。

（五）网络成瘾综合症

网络成瘾综合症是人们由于沉迷于网络而引发的各种生理、心理障碍的总称。这是新近出现的疾病之一，目前各国正开展对它的研究。现在研究焦点在沉迷性（依赖性）、人际关系（包括网友、网恋、现实生活中的人际障碍等）、创造毁灭欲和与此有关的抑郁症、躁狂症等。据2016年中国青少年网络协会发布的第三次《中国青少年网瘾数据报告》显示，2016年较2005年网瘾青少年的比例上升，并且在数量上大幅增长（见图9-2）。

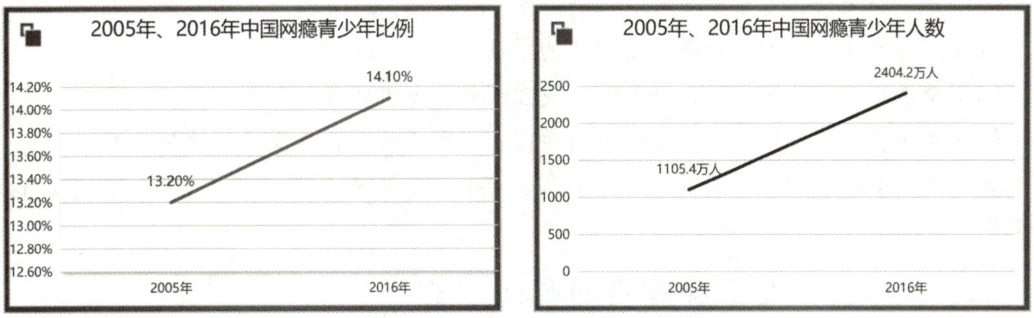

图 9-2　2005 年和 2016 年中国网瘾青少年比例、人数

患有网络成瘾综合症的人，初时是精神依赖渴望上网“遨游”；随后发展为躯体依赖，表现为情绪低落、头昏眼花、双手颤抖、疲乏无力、食欲缺乏等。网络成瘾综合症对人的健康危害很大，尤其会使人体的自主神经功能严重紊乱，导致失眠、紧张性头痛等，甚至会出现幻觉痴迷和妄想，造成人体免疫机能严重下降。青少年是网络成瘾综合症的易感人员，因为青少年正值青春期，心理发育还不成熟，自制能力差，容易产生逆反心理，特别容易出现心理和行为的偏差。虚拟网络的理想化为他们提供了平台，结果导致从最初好奇的随意浏览，到不能自拔的精神依赖，最后发展为躯体依赖。他们具有“双重人格”，网络中的他们往往和现实中的自己判若两人。而且他们多数性格孤僻，不善于与人沟通，导致与家人、朋友关系紧张，面对挫折与失败习惯逃避。

【心理自测】

“网络成瘾综合症”的八大特征

国外心理学家提出八项标准，可以自我诊断“网络成瘾综合症”。

（1）是否觉得上网已占据了你的身心？

（2）是否觉得只有不断增加上网时间才能感到满足，从而使得上网时间经常比预定时间长？

（3）是否无法控制自己上网的冲动？

（4）每当网线被掐断或由于其他原因不能上网时，是否会感到烦躁不安或情绪低落？

（5）是否将上网作为摆脱痛苦的唯一办法？

（6）是否对家人或亲友隐瞒迷恋网络的程度？

（7）是否因为迷恋网络而面临失学、失业或失去朋友的危险？

（8）是否在支付高额上网费用时有所后悔，但第二天却仍然忍不住还要上网？

如果你有4项或4项以上表现，并已持续一年以上，那就表明你已患上了“网络成瘾综合症”。

二、大学生网络心理障碍的调适方法

（一）正确的网络认知

网络的出现，宣告着人类信息时代的真正到来。它消除了人类跨地域沟通的“时滞”，拓展了人类的交往空间，深刻地改变着人与人，人与社会的关系，给人类带来了一个全新的时代。居家办公、网上学校、电子商场、电子银行等新生事物的出现，使人类的生活方式发生着深刻的变化。但是，网络是一把双刃剑，网络世界既是一个充满自由、开放、平等的世界，也是一个充满诱惑与陷阱的危险之地。对于大学生而言，应该看到网络只是一个工具，网络资源是人类社会不可缺少的财富，对网络的破坏与滥用就是对社会正常秩序的极大破坏，会危及我们每一个人；应该认清网络社会并非真实的社会，网上暂时的成功并非真实的成功，虚拟的情感宣泄与满足也并非能得到真正的快乐；应该认清网络带来的不仅是鲜花与美酒，也会给自己带来苦涩的恶果。那些迷恋上网而不能自拔的大学生，随着上网时间不断延长，他们的记忆力下降，对学习也逐渐产生厌烦感，进而出现逃课上网、对各种活动漠不关心，进取意识减弱，与周围同学关系紧张等现象。

认为网络是解决一切问题的灵丹妙药或否定网络的作用都是错误的。大学生只有对网络树立正确的认知，才有可能正确地面对网络，合理地使用网络资源，准确把握自我，认清自己的真实需要，处理好现实社会与虚拟社会的关系，避免网络心理问题的产生。

（二）自律与自我管理

自律有两层含义：其一，自律总是与自由和理性联系在一起的，即要体现出人格尊严和道德觉悟，而不是被内在本能和外在必然性所决定的；其二，自律是指自我主宰、自我约束、自我控制，对于一个人来说，只有自律才能充分体现自尊、自主与自由，培养自我控制力，养成良好的“慎独”习惯。在网络社会里，信息量巨大，各种文化与价值理念交织纷纭，各种论断莫衷一是，各种诱惑比比皆是；另外，网络社会又是一个充满自由的社会，缺乏强大的外在约束。面对这一虚实难辨、是非难断却又无明确而强力约束的多彩世界，大学生会因认知偏差或侥幸心理而产生心理困惑与矛盾，以致产生各种各样的网络心理问题。

但是，沉迷于网络是对现实的一种逃避、一种退缩，也是一种社会责任感的淡化，它不仅不能真正地解决大学生正在面临的现实问题，反而会更多地产生自我迷失、生活重心丧失、人际沟能障碍，产生非理性的甚至是反社会的行为。如大学生中流行“网恋”与“网婚”的现象。由于网上情缘不需要任何承诺，也没有任何约束，风花雪月通过网络就能实现。然而，大学生从网络世界的虚拟婚姻得到的快感又迫切希望回到现实中来，现实生活中，这样的理想容易破灭，于是又不得不回到网络世界，造成空虚的心理更加空虚，以致大学生在现实情感交往中出现冷漠与抑郁，造成心理上自我脆弱。

一个缺乏自律的人不可能是一个自尊自重的人，也是一个不能获得自由与实现自我价值的人。大学生应保持自律，合理安排好自己的日常生活，保持正常的生活、工作、学习规律，控制上网时间。同时，要勇于直面现实、直面人生，积极面对现实，多参加有益的社会活动，从对网络的迷恋中解脱出来。

【心理训练】

网络对对碰

活动目标：正确面对网络。

活动准备：为每组学生各准备一套水彩笔、一张粉画纸。

活动步骤：

（1）将班级学生以6～8人为单位分成若干小组。

（2）写下当前青年学生中出现的种种网络观，写的越多越好。小组间不可交流。

（3）小组讨论，这些网络观中，你认为哪些是健康的、可取的，哪些是不健康的、不可取的？在可取的条目前，用红色的水彩笔打上“√”，在不可取的条目前，用黑色的水彩笔打“×”。

（4）将每组的粉画纸张贴在黑板上，每组请一个代表陈述本组的讨论结果，并简要陈述理由。

（5）活动后，将粉画纸整齐地张贴在班级的宣传栏内，放大活动的效果。

【阅书观影】

1. 书目推荐——《大学生网络心理》，陶国富、王祥兴著

提高大学生的现实交流沟通能力，重塑自信是摆脱“网瘾”的治本之途。一是我们应积极引导大学生理性认识网络，科学使用网络，合理安排上网时间，鼓励他们积极参加校园文化活动，多与人交往，注意与亲友、教师和同学的关系；二是帮助大学生树立网络道德观念，自觉做到遵法守纪，文明上网；三是给予大学生学习方法和生活方面的具体指导，给予交流沟通技巧方面的指导，让其体验到现实人际交往的成功，从而帮助他们建立自信。总之，要让当代大学生融入和适应现实的社会生活，让大学生驾驭网络这一科技工具，扬

长避短，奔驰在理想之路上，一往无前，迅速成长。

2. 影视推荐——《微微一笑很倾城》

影片中的男主人公肖奈通过网络游戏找到了爱情，开拓了创业之路，最终实现了成功。这说明网络是一把双刃剑，是让网络为我所用，还是我为网络所掌控？这部电影可以给大学生以思考和启发。

主题十　长风破浪会有时——挫折篇

挫折和不幸，是天才的进身之阶；信徒的洗礼之水；能人的无价之宝；弱者的无底深渊。

——巴尔扎克

【活动任务书】

<table>
<tr><td>活动名称</td><td colspan="2">挫折面前的勇者</td><td>姓名</td><td></td><td>完成时间</td><td></td></tr>
<tr><td rowspan="2">目标</td><td colspan="6">学习目标：
1. 通过小组讨论，总结出挫折对个人成长的意义
2. 了解产生挫折感的因素及挫折的两重性
3. 学会应对挫折的方法与技巧</td></tr>
<tr><td colspan="6">思政目标：
1. 提升抗挫折能力，促进心理健康发展
2. 培养坚定的意志品质和较高的挫折承受力，促进我国人才素质教育发展</td></tr>
<tr><td>任务</td><td colspan="6">1. 尝试应对大学生常见的挫折心理
2. 结合活动目标，将应对挫折的经验进行总结，在课上交流</td></tr>
<tr><td>实施过程</td><td colspan="6">1. 根据具体活动内容，制订小组计划，明确任务
2. 按照计划和分工实施任务
3. 各小组交流学习成果，巩固所学的知识</td></tr>
<tr><td>注意事项</td><td colspan="6"></td></tr>
<tr><td rowspan="3">组员及
分工情况</td><td>队号</td><td colspan="2"></td><td>队长</td><td colspan="2"></td></tr>
<tr><td>队员</td><td colspan="5"></td></tr>
<tr><td>任务分工</td><td colspan="5"></td></tr>
</table>

【心理导航】

竞选，让我成长

带着对未来生活的憧憬，芳芳成为大学校园中一名普通的大学生。一入校，她就发现大学校园里有校学生会、院学生会、各种社团招纳新生，她积极参加竞选，准备好好干一场。可是她竞选了好几个职位，均以落选告终。接二连三的失败让她感到非常沮丧，她开始怀疑自己究竟能做什么？是不是什么都做不了？是不是自己真的太差了？

此后，她开始逃避集体活动，觉得大学生活没意思，不知该做什么，常常沉默不语，情不自禁地流泪。那段时间里，父母常用鼓励的话语安慰她；班主任发现了她的异常，采用专业的心理疏导给了她最有力的帮助；同学们、朋友们的陪伴给了她最贴心的支持。她意识到自己的颓废之后，先是与同学们交流自己的困惑，再与家长、教师积极沟通，表达了自己的想法，而后冷静地分析了自己竞选失败的原因。渐渐地，她又恢复了往日的自信，经过精心的准备，她成功地竞选为校广播站的播音员，此刻的她深刻地体会到了成功的不易，更加珍惜大学的时光。

想一想：

（1）芳芳为什么会出现这样的问题？

（2）如果你是芳芳，遇到这种情况会怎么做？

第一讲　成败利钝——挫折概述

常言道："人生逆境十之八九，顺境十之一二。"人们在学习、工作和生活中时常面临着这样或那样的问题，需要抉择、处理和适应。大学生的心理成熟程度一般较低，阅历浅显，经验有限，在处理问题、解决冲突时，就会遇到更多的困难，产生强烈的内心体验，甚至会由此引起心理失衡和心理障碍，严重影响他们的心理健康。

一、挫折的含义

挫折是指人们在某种动机的推动下，在实现目标的活动过程中，遇到了无法克服或自以为无法克服的障碍和干扰，使其动机不能实现、需要不能满足时，所产生的紧张状态和情绪反应。挫折这一个概念包含以下三个方面的含义。

（1）挫折情境。挫折情境是指人们在有目的的活动中，使需要不能获得满足的内外障碍或干扰实际呈现的情境状态或情境条件。比如被恋人抛弃、比赛失利、受到讽刺打击、高考落榜等，都是造成挫折的情境因素，是产生挫折的重要条件之一。

（2）挫折认知。挫折认知是指对挫折情境的知觉、认识和评价。既可以是对实际遭遇到的挫折情境的认知，也可以是对想象中可能出现的挫折情境的认知。不同的人对相同的挫折情境所产生的主观心理压力也不尽相同，个人的知识结构也会影响其对挫折情境的知觉判断。

（3）挫折反应。挫折反应是指主体伴随着挫折认知，对于自己的需要不能得到满足而产生的情绪和行为反应，如愤怒、焦躁、紧张、逃避或攻击等。当挫折情境、挫折认知和挫折反应三者同时存在时，便构成典型的挫折心理。但如果缺少挫折情境，只有挫折认知和挫折反应这两个因素时，也可以构成挫折心理，这主要是因为主体认知不当的缘故。在这三个因素中，挫折认知是最重要的因素，挫折情境与挫折反应没有直接的联系，它们的关系要通过挫折认知来确定。由此可见，挫折反应的性质及程度，主要取决于挫折认知。对于同样的挫折情境，不同的挫折认知会产生不同的挫折反应。

二、挫折的产生

挫折的产生与以下五个因素有关：一是需要和由此产生的动机。二是在动机驱使下有目的的行为。三是挫折情境。挫折情境可以是实际存在的，也可能是当事人想象的。四是挫折认知，既可以是对实际遇到的挫折情境的认知，也可以是对想象中可能出现的挫折情境的认知。五是挫折反应。

在以上五个因素中，挫折认知是产生挫折最重要的因素，因为只有在挫折情境被知觉后，人们才会产生挫折反应；否则，即使挫折情境实际存在，只要不被知觉，人们也不会有挫折反应。所以，挫折反应的实质是当事人的一种主观感受，当事人是否有挫折反应及挫折反应的强弱，主要取决于当事人对挫折情境以及对自己的动机、目标与结果之间关系的知觉、认知和评价。不同的人，需要和动机的强度、对实现目标的评价标准、对自我的预期以及对挫折的归因等都不尽相同，所以即使面对同样的挫折情境，不同的人也会产生不同的挫折反应。如同样是考试不及格，有的学生痛不欲生，有的学生懊悔不已，有的学生则不以为意。这就是因为他们对考试不及格这一挫折情境的认知不同所造成的。通过图10-1，可以进一步认识挫折产生的机制。

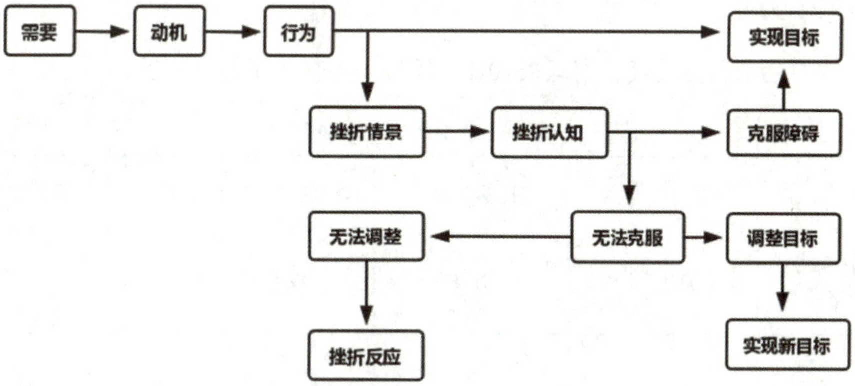

图 10-1　挫折产生的机制

由于当事人对挫折及其意义的认知和评价受他的信念、判断、价值观等认知因素的影响，所以当事人在以往社会生活中所形成的固有的认知结构，对挫折的产生以及挫折反应的强度具有重要作用。特别是在人们的认知结构中常常存在一些不合理的信念，这些不合理的信念会导致不适当、不适度的情绪和行为反应。

三、挫折的分类

人的一生会遭遇各种各样的挫折，按照引起挫折的情境、个体的主观认知以及挫折的实际程度不同，挫折可分为以下几种类型。

（一）需要挫折和丧失挫折

需要挫折是指个体的需要因某种原因无法实现而产生的挫折，如报考公务员没有成功、求爱失败等。丧失挫折是指个体丧失了自己原本拥有的东西时产生的挫折，如失恋、亲人离世，或有某些身体疾病，如身体缺陷等。

（二）实际挫折和想象挫折

实际挫折是指产生挫折的情境是客观存在的，并为个体主观上所感知。想象挫折是指客观环境并不具备产生挫折的现实条件，而是因个体主观上认定此种情境会导致挫折出现。例如，某新生来校报到时，发现同宿舍的其他同学都是本地人，只有他一人来自外地，担心会因为地域间风俗习惯不同而引发矛盾，于是感到忧虑不安，产生了挫折感。

（三）一般挫折和严重挫折

一般挫折是指在学习、工作、生活中遇到的日常小挫折，如同宿舍的同学发生口角、某科考试成绩不理想等，这类挫折对人的身心影响不大，容易忘记。严重挫折是指对个体产生重要影响的挫折，如父母离异、毕业找不到合适的工作、遭遇重大交通事故等，这类挫折会引起很强烈的情绪反应，并对人的生活产生很重要的影响。

【小试牛刀】

请根据自己的实际情况，填写表10-1，仔细分析自己面对的挫折。

表 10-1　我的挫折

挫折情境	挫折认知	挫折反应	改变后的挫折认知	改变后的挫折反应
例：期中考试有1门不及格	真倒霉	沮丧	没有复习好	平静

第二讲　披荆斩棘——大学生的挫折心理及其自我调适

一、大学生常见的挫折心理

（一）学习挫折

经过由高中向大学阶段的转变，大学生心理上一下子难以适应大学的学习方法、内容和过程，进而产生挫折感，具体表现在以下几个方面。

1. 学习方式难以转变

大学的学习方式与高中有很大区别，大学生有时很难在短期内适应这种开放性的学习模式，大学的学习方法注重独立性、分析性，而且课程内容比较多，专业化深度、广度比较大，要求理论联系实际、善于分析问题、解决问题，这使很多大学生面对突如其来的变化无所适从。

2. 对专业的不喜欢

很多大学生对于自己的所学专业并不是特别喜欢，因此在学习中容易产生厌学、逃课等现象，最终造成学习挫折。

3. 考试压力

虽然大学对大学生的成绩没有硬性要求，但如果不能通过考试，将面临不能顺利毕业的问题，这会让学习能力较弱的大学生产生一定压力，也会形成挫折。

4. 学习态度不端正，没有长远目标

进入大学后，没有了教师、家长的监督，许多大学生抱着得过且过的心理，学习态度不端正，而且缺乏长远的目标，学习上较为盲目，从而产生厌学心理。

（二）人际交往挫折

人际交往挫折是由于大学生在心理发展过程中，心理活动具有某种含蓄、内隐的特点。他们既不愿把自己的想法轻易告诉别人，又希望别人能够了解自己，能真诚、坦率地对待自己；希望找到知心朋友，但又难找到知心朋友。具体表现在以下几个方面。

1. 缺乏沟通

大学生进入大学前更关注学习，缺乏与同学之间的交流和沟通；进入大学后，当各种问题需要自己与他人沟通的时候，没有相应的沟通经验，因此产生挫折。

2. 自卑心理

一些大学生担心自己的容貌、经济条件等自身因素得不到别人的认可，不愿与人交往，长此以往便会对人际交往产生恐惧甚至逃避。

3. 自我中心

只关心自己的利益和兴趣，忽视他人的处境和利益。

（三）恋爱挫折

大学生的性意识处于觉醒和发展阶段，他们都强烈希望与异性接触，但大学生的人生观还处在变化之中，对与异性的交往缺乏正确的认识，有时就会陷入异性交往的误区。恋爱挫折主要体现在以下两个方面。

1. 失恋挫折

由于大学生在校期间未能形成完整、独立的人格，对爱情没有正确的理解，因此在恋爱中极易因某些小事导致恋爱失败，从而产生悲伤、绝望等情绪。

【案中观察】

居里夫人19岁时曾爱上了一位英俊而富有的大学生，由于家庭的反对，那位大学生又无力抗争，使居里夫人不得不承受失恋的痛苦。居里夫人当时也很痛苦，但她马上理智地控制了自己的感情，失恋而不失志，集中全部精力投入科学研究之中，获得了新的科学发现，也由此获得了新的爱情。

2. 单相思的烦恼

喜欢对方但不敢表白，或者怕对方不接受自己而产生消极情绪。

（四）就业挫折

当前，高校毕业生人数日益增多，大学生的就业压力逐渐增大，导致求职过程中容易产生挫败感。主要体现在以下几个方面。

1. 角色错位

不是主动去适应用人单位的需要，而是对就业单位和薪金期望值过高。

2. 价值观模糊

自我价值实现愿望较强，但缺乏艰苦创业的心理准备，更不愿将自我价值的实现和社会价值的实现结合起来。

3. 心态失衡

就业中急躁盲目、跟风的思想比较严重，缺乏个人主见。有一些大学生在面对社会环境的复杂多变、严峻激烈的市场竞争时，感到无所适从、紧张不安，长此以往，就会出现神经紧张、失眠、胸闷、心跳加剧等焦虑并发症，从而造成就业挫折。

【小试牛刀】

身边的故事

在学习、人际交往、恋爱、就业、家庭和生理健康等方面，我们常常会遭遇挫折。以下是典型的挫折案例，请你仔细阅读后思考：自己有无类似的情形？

挫折情景
A 说："我以前在高中时可以说是佼佼者，到了大学里，好像每个人都比我强，我发现自己就好像巨人堆里的矮子，老担心自己考不好。"
B 说："我一点都不喜欢现在学的专业，但我又无法改变现状，觉得很无奈。昨天在人才招聘会上转了一圈，看见单位要求党员、奖学金什么的，我一个都没有，现在我每天一躺到床上就做噩梦，上课也不能集中精力，书也看不下去。"

（续表）

挫折情景
C 说："我感觉自己的学习效率低，难以适应大学教师的讲课风格，上学期的成绩出来了，我居然是最后几名，为什么付出的努力与获得的成绩不相符，我都失去信心了！"
D 因热水袋充电时发生爆炸，脸部大面积烧伤，爱美的她陷入绝望之中
E 昨天和室友吵了架，他很不明白为什么自己的真心付出却换不来室友的理解，他觉得没有知心朋友，感到心里有话无处诉说
F 来自贫困的山区，三年前父母离婚。看到他人才貌双全、家境优越、家庭和睦，他就感到自卑、不平衡、心情沉重。

想一想：

（1）回忆曾经遭遇的挫折，你当时的心情怎么样？

（2）挫折给你带来什么样的影响？

二、大学生面对挫折的自我调适方法

（一）情绪宣泄法

宣泄的心理实质就是将积蓄的情绪通过言语或行为进行代偿性的输出，是一种尽快达到心理平衡和心理净化的手段。当大学生受到委屈和心生愤怒时，不妨向自己的亲朋好友诉说心中的不平和痛苦；或是跟自己倾吐，诉诸文字，让心中的苦水随笔尖流出；或是在适当的场合大哭一场，将心中的不快之气宣泄出来。

（二）注意力转移法

把注意力从原本集中关注的某一目标上转移到自己感兴趣的事情或集体活动中，如郊游、游泳、打球、听音乐或参加各种竞赛活动，通过丰富的活动来改变内心由挫折情境造成的心理压力和紧张，以及焦虑与不愉快的情绪体验。

（三）主动进攻法

个体在遭遇到挫折后审时度势、冷静分析，以积极进取的态度改善挫折情境、减轻挫折压力。如果是由于自身知识、能力不足而受挫折，就要继续挖掘潜力、增强实力，以更加坚定的毅力与信心致力于既定目标，以期获得成功。如果是由于个人的身高、容貌、经济状况及某种生理缺陷产生挫折感，就要寻求自己的个性特点，发挥个体优势而弥补不足，扬长避短，战胜挫折。

（四）寻求社会支持

我们每个人都生活在社会中，并不是孤立存在的，当心灵受到创伤后，要有效地应对挫折，更需要从周围的人及相关的机构那里获得相应的信息、策略，借助别人的安慰、劝导，以及专业的心理咨询，减轻精神上的痛苦。俗话说得好，“一个好汉三个帮”，就说明社会支持力量在个人应对挫折过程中所起的重要作用。我们只有在吸取了社会力量，在他人或群体、组织的大力支持和引导下，逐步调整自我行为，才能摆脱由挫折引发的烦恼。

【集思广益】

一个好汉三个帮

时间：30～40分钟。

准备：纸和笔。

过程：请每位同学想一想以下几个问题。

（1）目前自己面临的最大问题是什么？

（2）为什么这个问题会出现？

（3）我已经做了哪些努力？

（4）我的努力如果有效，是什么原因？

（5）我的努力如果无效，症结在哪里？

想好以后，把你的情况写在纸上，不必署名。写完后交给教师，由教师随机抽出一张，大声地读出纸上的内容，并请所有的同学共同思考，提出自己的解决办法，来帮助提问题的人解决问题。因为是匿名的形式，所以不必担心隐私被泄露。如果问题很典型，而且涉及的是人与人之间的问题，也可以通过角色扮演的办法来再现具体的情境，然后请自认为有办法的同学参与进来，现场演示他的解决方法。讨论完一个问题之后，再讨论另一个问题，直到解决所有问题。

第三讲　百折不摧——大学生提高挫折承受力的方法

一、挫折承受力

挫折承受力是指个体适应挫折、抵抗挫折和应对挫折的能力，是个体在遇到挫折情境时，经受打击和压力，摆脱和排除困境而使自己避免心理与行为失常的一种耐受能力。挫折承受力是维护个体心理健康的一道防线。挫折承受力较低的人，几经挫折的打击之后，容易失去人格的完整性，甚至会出现人格扭曲，形成行为失常和心理疾病。可见，挫折承受力是个体适应环境必不可少的能力之一。

挫折承受力是通过后天学习形成的。因而，无论是家庭还是学校，都应该教育大学生学会承受日常生活中遇到的挫折，鼓励他们从挫折失败中吸取经验教训，增强克服困难的信心，而且要通过提供适度的挫折情境，采取恰当的方法来提高大学生的挫折承受力。

【心理自测】

挫折承受力自测

1. 碰到令人担心的事，你________。（　）

A.无法着手工作　　B.照干无误　　C.两者之间

2. 碰到讨厌的对手时，你________。（　）

A.感情用事，无法应对　　B.能控制感情，应对自如　　C.两者之间

3. 失败时，你________。（　）

A.不想再干了　　B.努力寻找成功的机会　　C.两者之间

4. 工作进展不快时，你________。（　）

A.焦躁万分，无法思考　　B.可以冷静地想办法　　C.两者之间

5. 学习中感到疲劳时，你________。（　）

A.脑子不好使了　　B.耐住疲劳继续学习　　C.两者之间

6. 工作条件恶劣时，你________。（　）

A.无法干好工作　　B.克服困难创造条件　　C.两者之间

7. 在绝望的情况下，你________。（　）

A.听任命运摆布　　B.力挽狂澜　　C.两者之间

8. 碰到困难时，你________。（　）

A.失去信心　　B.开动脑筋　　C.两者之间

9. 接到很难完成的任务或很难完成的工作时，你________。（　）

A.顶回去　　B.千方百计干好它　　C.两者之间

10. 困难落到自己的头上时，你________。（　）

A.厌恶之极　　B.欣然努力克服　　C.两者之间

评分标准：A=0分；B=2分；C=1分。

总分在17分以上说明挫折承受力很强。

总分在10～16分之间说明挫折承受力比较强。

总分在9分以下说明挫折承受力比较弱。

二、影响挫折承受力的因素

（一）生理条件

一个身体健康、发育正常的人，一般对挫折的承受力比一个疾病缠身、有生理缺陷的人高。比如，前者不怕偶尔的饥寒交迫，可以熬夜，也可以长时间地工作而不感到疲劳，因而可以经受更大的挫折。因为挫折会引起人的情绪及生理反应，给人心理带来压力及紧张感，对体弱多病者来说，这会加重病情，甚至发生意外。国外有研究发现，体弱多病者与身体健康者在丧偶后一年内，前者比后者的发病率高78%。

（二）个人经验

国外曾有人做过一个运动实验：对一组幼小的白鼠给予电击及其他挫折情境，使其产生紧张状态，然后让它们正常发育。长大以后，这组白鼠就能很好地应对挫折引起的紧张状态。而另一组没有在幼时经历电击及其他挫折情境的白鼠，长大后遭受电击等痛苦刺激就出现行为异常。对人来说也是如此：在婴幼儿期所受的刺激，可使成人期的行为更富于适应性和多变性；相反，极少受到挫折、一贯顺利、总受赞扬的人，就没有足够的机会学习和积累对待挫折的经验，他们的自尊心往往过于强烈，对挫折的承受力很低。

当然，任何事情都应有个“度”。如果青少年期遭遇的挫折太多、太大，也会影响以后的发展，可能形成自卑、怯懦等个性特征，缺乏克服挫折的勇气。

（三）挫折频率

如果“屋漏偏逢连夜雨，船破又遇顶头风”，刚刚失恋不久，考试又未通过，没几天又心不在焉地把钱包丢了。如此接连遭受挫折，频率过高的话，挫折承受力就会大幅度下降。

（四）认知

认知是指我们对周围事物的想法和观点，也就是人的认识活动。挫折刺激正是通过人的认知而作用于情绪的，并产生这样或那样的心理行为的反应。由于认知不同，同样的挫折情境，对每个人造成的打击和心理压力是不同的。

一般认为，虚荣心重的人对挫折的知觉敏感性高，承受力低。因为虚荣心重的人常常将名利作为支配自己的行为的内在动力，一旦受到挫折或目标没达到，就会因为虚荣心没得到满足而难以忍受。

（五）个性

个性是一个人所具有的意识倾向性和较稳定的心理特征的总和。一个人的性格特征、个人兴趣、世界观都对挫折承受力有重要作用。

性格开朗、乐观、坚强、自信的人，挫折承受力强；性格孤僻、懦弱、内向、心胸狭窄的人，挫折承受力弱。当人们对某事有浓厚的兴趣时，便会一心钻研，即使在别人看来是很苦的事，他们却乐在其中，他们的挫折承受力一般都很强。诺贝尔在研究炸药过程中，多次发生爆炸事故，弟弟被炸死，父亲受重伤，自己也有几次生命危险，却终获成功。可见，个人兴趣也是影响挫折承受力的重要因素。

（六）他人支持

正如人们常说，“一个痛苦两人分担，痛苦就减轻了一半”。当一个人感到有可以信赖的人在关心、爱护和尊重自己时，就会减轻挫折反应的强度，增强挫折承受力。

【案中观察】

胡萝卜、鸡蛋、咖啡豆

胡萝卜入锅之前是强壮的、结实的，但进入开水之后，它变软了，变弱了。鸡蛋原来是易碎的，它薄薄的外壳保护着它呈液体的内脏，但是经开水一煮，它的内脏变硬了。而被磨成粉的咖啡豆则很独特，进入沸水之后，它们改变了水。

想一想：

当遇到挫折时，你该如何反应？你是胡萝卜，是鸡蛋，还是咖啡豆？

三、大学生提高挫折承受力的方法

（一）善于调节自我抱负水平

自我抱负水平是指个人对未来可能达到的成功标准的心理需求，是指人们在从事某种实际活动之前，对自己所要达到目标规定的标准。个人的自我抱负水平必须建立在对自己的实际能力正确认知的基础之上。如果一个人的抱负水平总是高于自己的实际能力，那就很难达到预期的目标，从而很容易遭受挫折。

在现实生活中，不少大学生在学习等方面遇到的挫折都与自我抱负水平的确立不当有关。因此，大学生必须学会根据自己的实际能力正确设定生活的目标，调节自我抱负水平。如果在目标实施的过程中，发现自己设定的目标不切实际，前进受阻，就要及时予以调整，以便继续前进。对于远大的目标，要把它分解成中期目标、近期目标和当前目标。当受到挫折后，大学生要及时进行调整，改进方式或方法。这样，才能吸取经验教训，逐步提高自信心，最终战胜挫折，取得成功。必须指出的是，大学生在确立自我抱负水平时，应注意把自己的目标与社会的客观环境条件、社会利益等因素综合加以考虑，才能做出有助于自身，更有助于社会的成就。

（二）正确认识自我和评价自我

由于当代大学生大多没有经历过艰苦生活的磨炼，社会阅历不够丰富，他们往往对自我的认识与评价不到位，要么高估，要么低估。他们一般有着极高的成就动机，总想出人头地、大展宏图，因而对自己的目标定位过高。但是，社会环境总是非常复杂的。面对激烈的竞争压力，大学生缺乏迎接挫折与困难的心理准备，常常在挫折面前又表现得信心不足、迷惘无措，情感表现得敏感、脆弱。因此，大学生必须学会正确认识自我和评价自我。

首先，大学生应根据自己的学习、成长要求，恰当地分析自身的长处和不足，对自己的不足要有充分的理解。这样才能扬长避短、取长补短，实现自我价值。例如，某师范生的表达能力不好，很容易给自己带来压力和挫折困扰，那么他应该正确认识自己在表达能力上的不足，并加强语言表达能力训练。其次，要根据外在条件和内在条件的变化及时调整自己的期望水平、抱负水平，避免一些无谓的“碰壁”“撞墙”。例如，考试当天由于自己身体不好或试题偏难，担心不能达到预期目标。这时就要做好两种心理准备：一是自己超常发挥，如期取得好成绩；二是无法克服困难，难以实现预期目标，要学会原谅自我。

（三）确立合理的自我归因

在生活中，人们对行为的成功与失败进行归因是一件很平常的事，然而在这一过程中形成的归因倾向则对人的心理承受力有很大的影响。心理学研究表明：在归因中，有些人倾向于情境归因，认为外部复杂且难以预料的力量是主宰行为的原因。如一个大学生认为自己成绩不好主要是由于教师教学水平低或是考试难度大造成的。有些人倾向于本性归因，即认为自身的努力、能力是影响事情的发展与行为结果的主要原因。例如，一个大学生认为自己成绩不好是由于学习不够努力造成的。一般来说，进行本性归因的大学生对自己的行为有更多的自我责任定向与积极态度，但由于他们倾向于把原因归于主观因素，就容易自我埋怨、自我责备。如果这种埋怨、责备过多，就会给他们带来挫折感和心理损伤。

因此，首先，要学会多方面收集关于事件的信息，了解困难的原因所在；其次，要学会合理地归因，避免归因的片面性，学会实事求是地承担责任，克服过分承担或完全推卸责任的倾向，避免过多自责带来的挫折感；最后，要积极采取措施主动改变挫折情境因素，从而有效地应对挫折。例如，在学习过程中发现最近的学习效率不高，通过分析原因之后，在解决内在问题的同时，可以尝试改变学习地点、学习时间，或改变学习科目的顺序、学习结构等，从而避免学习效率不高给自己带来的压力和困扰。

（四）增强挫折认知水平

心理学研究表明，一个人越是能够获得与挫折事件相关的信息，就越能够有效地处理它；越是能够参加到自己怕面对的挫折情境中去，就越能够有效地应对这种情境。可见，个体对挫折的反应和承受能力不仅取决于挫折情境本身，更重要的是取决于对挫折的认知。既然挫折是社会生活的组成部分，是不可避免的人生经历，大学生就应该增强挫折认知水平，战胜挫折，并把挫折当作通往成功的阶梯。

增强挫折认知水平，首先应该认识到挫折的两重性：一方面挫折对人有消极的影响，如挫折会影响个体实现目标的积极性，降低个体的创造性思维水平，损害个体的身心健康；另一方面挫折也有积极的作用，如挫折能增强个体情绪反应的力量，增强个体的容忍力，提高个体对挫折的认识水平。因此，辩证地看待挫折的两重性，就能够变不利因素为有利因素，化消极因素为积极因素，促使挫折向积极方面转化。大学生应学会对客观事物、挫折情境的正确认识。如有的大学生因一次考试不及格就悲观失望，甚至自暴自弃，这种表现是由于他的错误认知导致的。人生的道路总是崎岖不平但又丰富多彩的，一次的失败并不能够代表全部。人生成才的道路、成功的机会是很多的，只要自己努力，就会有一个崭新的未来。

【案中观察】

石阶与佛像

在山脚下有座寺庙，里面供奉着一尊佛像。寺庙香火旺盛，每天都有川流不息的人对佛像顶礼膜拜。

庙门口有几级石阶，拜佛的人都要踩着石阶进入庙门。制作佛像的岩石和制作台阶的岩石是从同一座矿山中开采出来的。石阶天天被人踩踏，佛像却被人虔诚地膜拜，久而久之，石阶对佛像心生怨怼：“我们来自同一座大山，凭什么大家对你磕头膜拜，对我却踩踏不休？”

石像问：“你是挨了几刀变成石阶的？”

“四刀。”石阶答道。

石像意味深长地对石阶道：“兄弟，我挨了成千上万刀。”

（五）构建成熟的心理防卫机制

心理防卫机制是挫折发生后，人在内部心理活动中所具备的有意或无意地摆脱挫折造成的心理压力、减少精神痛苦、维护正常情绪、平衡心理的种种自我保护方式。心理防卫机制的作用有积极和消极之分。其积极的作用在于能够使主体在遭受困难与挫折后减轻或免除精神压力，恢复心理平衡，甚至激发主体的主观能动性，激励主体以顽强的毅力克服困难，战胜挫折。其消极的作用在于使主体可能因压力的缓解而自足，或出现退缩甚至恐惧从而导致心理疾病。

受挫后的心理防卫机制有很多，但有利于大学生成长的积极的心理防卫机制表现为升华、补偿等。升华的心理防卫机制能够使大学生在遭遇挫折后，把内心的痛苦化为一种动力，转而投入有益的生活、学习中。补偿、文饰、幽默等心理防卫机制能使大学生获得平衡心理，保持自尊，减轻内心的痛苦和焦虑，因而也不失为受挫后较理想的心理防卫方式。另外，合理的情绪宣泄也是缓解大学生受挫后心理紧张和焦虑、保持其身心健康的有效机制。总之，构建成熟的心理防卫机制，不仅有助于大学生提高自身的挫折承受力，也有助于大学生自信心的培养与意志力的磨炼。

（六）建立和谐的人际关系

大学生在面对挫折时，除了积极改变自我，还应学会交往，与他人建立良好的人际关系来帮助缓解压力。交往是人们为了交流思想和感情而彼此间相互作用的过程。它使人们在互动过程中相互了解、相互依赖，形成稳定的心理联系，满足人们的情感需要。同时，由交往形成的人际关系又可以满足人的归属、情谊、认可等社会性需要。因此，学会交往、建立良好的人际关系是提高大学生挫折承受力的有效手段。

大学生在加强人际交往、融洽人际关系时应做到以下几点。首先，要掌握交往技能，使自己与别人的交往得以顺利进行。如掌握基本礼节礼貌、良好口头表达等。其次，要养成良好的交往品质，要自觉地择友而交，要相互理解，相互尊重，要对朋友真诚、宽容。最后，要把握各种机会参与交往，并保持沟通畅通，以免因误解而产生不愉快。

【心理训练】

绝处逢生

目标：在面临困难和挫折时要心存希望。

步骤：

（1）活动。成员围成圆圈，每人伸出右手，掌心向下，再伸出左手，食指在左边成员的右手掌心上。引导者开始说一段话，只要听到出现某一个字（如抓），你的右手要快速抓到右边人的食指，而自己左手的食指要尽可能逃脱。

（2）讨论。逃了几次？被抓了几次？是否因为反应错误而出现误逃的情况？为什么会出现反应错误？在游戏中的体验是什么？

（3）解决问题。请一位成员表演因为失恋而痛苦不堪的情境，其他成员列出各种理由劝解他，并评出最佳辩手。

（4）总结。人的脆弱源于对自我认识的无知和狭隘，困难和挫折是可以战胜的，你可以选择任何一个时刻作为新的开始，跌倒了爬不起来才是失败。

【阅书观影】

1. 书目推荐——《正向能量：十大绝招让你将疲劳、压力和恐惧转化为生机、能量和爱心》，朱迪斯·欧洛芙著

这是一部改变你的生命质量的卓越著作，像一抹阳光照亮了我们生命的每个阴暗角落。朱迪斯博士以惊人的智慧为我们提供的10大绝招，使我们可以重塑自我生命。“正向能量”将帮助你：以正向的情绪能量应对负向情绪；以能量为基础设计合理的饮食、练习和健康方案；教你学会如何应对高科技的困境，唤醒你的直觉，让你重获年轻；用特殊的防御技巧保护自己不受“能量吸血鬼”的攻击。

2. 影视推荐——《国王的演讲》

约克公爵阿尔伯特因患口吃，无法在公众面前发表演讲。贤惠的妻子伊丽莎白为了帮助丈夫，到处寻访名医，但是传统的方法总不奏效。一次偶然的机会，她慕名来到了语言治疗师莱纳尔·罗格的宅邸，传说他的治疗方式与众不同。虽然阿尔伯特对莱纳尔·罗格稀奇古怪的招法并不感兴趣，首次诊疗也不欢而散，但是，阿尔伯特发现在聆听音乐时自己朗读莎翁的作品竟然十分流利。这让他开始信任莱纳尔·罗格，配合治疗，慢慢克服着心理的障碍。乔治五世驾崩，爱德华八世继承王位，却为了迎娶寡妇辛普森夫人不惜退位。阿尔伯特临危受命，成为乔治六世。他面临的最大挑战就是如何在“二战”前发表鼓舞人心的演讲。

主题十一　天生我材必有用——生涯篇

要达成伟大的成就，最重要的秘诀在于确定你的目标，然后开始干，采取行动，朝着目标前进。

——博恩 • 崔西

【活动任务书】

<table>
<tr><td>活动名称</td><td colspan="2">制定我的职业生涯规划</td><td>姓名</td><td></td><td>完成时间</td><td></td></tr>
<tr><td rowspan="2">目标</td><td colspan="6">学习目标：
1. 在理解生涯含义的基础上，认识职业生涯规划对大学生成才、发展的意义
2. 了解职业生涯规划的相关理论及大学生职业生涯规划常见的困扰
3. 正确进行职业生涯规划</td></tr>
<tr><td colspan="6">思政目标：
1. 明确个人发展目标，全面拓展自己的综合素质，形成正面积极的价值观，更好地服务社会
2. 发展专业兴趣，树立职业道德与责任意识，培养爱岗敬业精神</td></tr>
<tr><td>任务</td><td colspan="6">1. 正确地认识自我，准确地分析自我
2. 掌握职业生涯规划的制定步骤
3. 掌握择业过程中的基本方法和技巧</td></tr>
<tr><td>实施过程</td><td colspan="6">1. 建立职业生涯规划意识，认识职业生涯规划的重要意义
2. 通过各种途径了解自我，收集信息去认识职业世界
3. 确定职业生涯的目标</td></tr>
<tr><td>注意事项</td><td colspan="6">科学地认识自我，认识职业世界</td></tr>
<tr><td rowspan="3">组员及
分工情况</td><td>队号</td><td colspan="2"></td><td colspan="2">队长</td><td></td></tr>
<tr><td>队员</td><td colspan="5"></td></tr>
<tr><td>任务分工</td><td colspan="5"></td></tr>
</table>

【心理导航】

知己知彼，谋略得当

某高校毕业生小刘所学的是电气工程及自动化专业，她少言寡语，性格比较内向，社交范围较小。在学习方面，她刻苦努力，成绩较好。但她在学习上也有烦心事，虽然四级英语一次通过，但是英语听说能力较差。虽然经过自己几年的努力，但英语听说能力的提高仍不太明显。所以在择业前夕，小刘对待职业选择很认真，通过周密的思考，分析自己的长处与短处，了解不同类型用人单位的特点和标准，认真细致地做出了职业生涯规划。

她根据自己英语听说能力较弱的实际情况，了解到外资企业十分看重外语表达能力，因此排除了去外资企业应聘的可能性。最终，她确定第一选择学校；第二选择国有企业；最后选择乡镇企业。由于规划制定得早，且执行规划时一丝不苟，最终她与学校所在地的一家经济效益较好的乡镇企业签订了就业协议，高高兴兴地走上工作岗位，成为乡镇企业的一名技术人员。

想一想：

（1）小刘是如何顺利找到工作的？

（2）你有没有清晰的职业生涯规划？你的职业生涯规划是什么？

第一讲　业有所成——职业生涯规划概述

职业生涯在人的生命历程当中占有极为重要的地位，职业生涯是否成功直接影响人生价值能否得到充分的体现。因此，做好职业生涯规划，对每个人来说都是十分重要的，它关乎个人的前途与命运。

一、职业生涯规划的含义

职业生涯规划又称为职业生涯设计，是指将个人的发展与实际相结合，对一个人职业生涯的主客观条件进行综合分析、测定和总结，明确个人的职业倾向，结合环境要求，确定其最佳的职业奋斗目标，并为实现这一目标做出相应的努力。正如著名的管理学家诺斯威维尔所说："职业生涯设计就是个人结合自身情况及眼前制约因素，为自己实现职业目标而确定行动方向、行动时间和行动方案"。

对大学生来说，要先对自己有全面的认识，然后根据自己的特长、能力，结合人才市场和职位需求，考虑社会和家庭的因素，为自己将来的事业及要达到的目标做出可行的方案。

职业生涯规划并不是找一份薪水不错、工作稳定、晋升较快的工作，也不是简单地找一份觉得适合自己的工作，而是通过全面了解自己，分析权衡自己的兴趣、能力和环境等因素，找到未来的发展方向，并为达到目标而制定细致、合理的方案。但不少大学生一直到毕业都不知道职业生涯规划的含义，不了解职业生涯规划的内容。

【知识加油站】

哈佛的跟踪调查

有一年，一群意气风发的天之骄子刚刚从美国哈佛大学毕业，他们的智力、学历、环境条件都相差无几。在临出校门之前，哈佛大学对他们进行了一次关于人生目标的调查。调查结果显示：27％的人没有目标；60％的人目标模糊；10％的人有清晰但比较短期的目标；3％的人有清晰且长远的目标。

25年后，哈佛大学再次对这群学生进行了跟踪调查。结果是这样的：3％的人，25年间他们朝着一个方向不懈努力，几乎都成为社会各界的成功人士，其中不乏行业领袖、社会精英。10％的人，他们的短期目标不断地实现，成为各个领域中的专业人士，大多生活在社会的中上层。60％的人，他们安稳地生活与工作，但都没有什么特别成绩，几乎都生活在社会的中下层。剩下27％的人，他们的生活没有目标，过得很不如意，并且常常抱怨他人、抱怨社会。

其实，他们之间成功与否的重要差别之一就在于：25年前，他们中的一些人清楚地知道自己的人生目标，而另一些人却不清楚或不是很清楚。

职业生涯规划对于大学生的职业发展和人生道路的选择具有重要意义。古语讲，凡事“预则立，不预则废”。职业生涯规划是对未来事业的设计，是人生道路的选择。如果进行了职业生涯规划，就有了更加明确的奋斗目标。在当今就业形势下，大学生更要设计好自己的职业生涯，抓住重点，有针对性地汲取知识，进行相关能力训练，储备好职业所需的技能，做好就业准备。

然而，有些大学生在校学习的时候没有认识到职业生涯规划的重要性，认为那是空想、幻想，只是完成学校的任务，没有任何实际意义。一到毕业的时候慌了手脚，没有针对性、不计较地域、不考虑岗位地到处投简历，浪费了人、财、物，结果还是没有找到如意的工作，而且大大挫伤了自己的热情和信心。

有位毕业生在简历中写道：我是一位勇于挑战、敢于创新的应届毕业生，我的职业生涯规划是从基层做起，积累经验。两年之内，在自己的岗位上做出成绩；3～5年内，争取成为部门骨干。他给自己制定的明确目标和善于规划的品格深深地打动了用人单位。尽管其笔试成绩一般，却成功地进入了这家企业。

按照时间的长短，职业生涯规划可分为短期规划、中期规划、长期规划和人生规划4种类型，如表11-1所示。

表 11-1　职业生涯规划的类型

类　型	定义及任务
短期规划	3 年内的规划，主要是明确近期目标，制定 3 年内要完成的任务。如对专业技能的掌握，人际沟通能力和组织管理能力的培养，就业岗位的确定等
中期规划	3～5 年的规划，是最常见的一种职业生涯规划。如 3 年后要成为单位部门的业务骨干或部门负责人，创造不错的业绩，以及为实现此目标而制定的具体措施
长期规划	5～10 年的规划，主要设定较长远的目标。如 35 岁要成为单位高层的主要负责人或技术、业务负责人，以及为实现此目标而制定的具体措施
人生规划	整个职业生涯的规划，时间最长，设定整个人生的发展目标与方向。如规划成为一个拥有相当数量资产的公司董事或总经理等

短期规划是长期规划的基础，只有短期规划顺利实现才能进行长期规划。另外，这不仅要靠自己的努力，而且要有外界的支持和机遇，如果情况有变，就要根据实际的反馈调整个人的职业生涯规划。

二、大学生职业生涯规划的步骤

小李是今年的毕业生，当问及他为什么在学校没有进行职业生涯规划时，他不好意思地说："我不知道怎么进行，觉得应该会很麻烦，就懒得去学习了。"其实按照下面的步骤，进行职业生涯规划并不难。

（一）认识自我

一份有效的职业生涯规划需要在充分认识自我、了解自我的基础上产生，第一是应明白自己是谁，从兴趣、爱好、特长、能力、气质、性格、智商、情商、思维方式等方面进行全面评估。第二是要明确自己想要什么，要达到什么目标，有了目标才有奋斗的方向。第三是确定自己的优势和劣势是什么，如果细心，对数字敏感，可以做财务人员；如果生性稳重，考虑问题比较全面，可以做决策者；如果内向，不爱说话，那就最好不要做与人交往过多的工作。

（二）环境影响

大学生是家庭的一员，是学校的一员，也是社会的一员，这些环境都会影响大学生的职业生涯规划。比如父母的职业和观念，以及家庭的社会关系等，都会为大学生的选择提供参考甚至会起到决定性的作用。

学校的环境影响包括学校的课程设置、教学计划、社团的活动、社会实践、学生实习基地的建设及与用人单位的合作和联系等，这些都会给大学生的职业生涯规划带来影响。社会环境为每个人提供了发展的空间、成功的机遇，同样，也有些制约因素。我们需要了解国家的政治、经济政策，市场的人才需求，了解所选专业或行业当前的地位及发展趋势，从而抓住机遇，规避风险。

（三）职业定位

职业定位是指结合对自我和环境的认识，参考职业测试的结果，确定职业方向和目标。大学生在高中毕业填报志愿的时候就定了专业，但每个专业都有很多方向，例如会计专业，毕业后可以去做财务，可以去做统计，也可以去做营销等，选定了方向就要给自己定目标。小赵是一位大学生，他给自己定的目标如表11-2所示。

表 11-2　个人职业定位

年龄段	目标及措施
19～20 岁	进行兴趣测评、人格测评、能力倾向测评等职业测评，加强自我认识，通过学习专业课程了解人力资源管理的基本知识
20～21 岁	参加社团活动，锻炼人际交往能力、团队协作精神；参加兼职活动，训练知识技能应用和适应社会的能力，提高自己的责任意识
21～22 岁	联系实习单位，聆听就业讲座，收集就业信息，制作简历和求职信，参加招聘会，掌握应聘和面试的技巧，找到自己满意的职位
22～30 岁	积累工作经验、职场人脉，同时以提高职场素养为主，多交朋友，学习先进的管理模式，提高专业知识水平，达到人力资源管理师的水平
30～60 岁	以实现自我价值为主，成为公司高层领导

小赵根据自身的情况设定了切合实际的目标，这个目标会激励他不断努力学习和进步。

（四）实施行动

没有行动，目标就成了一句空话，因此还要有具体的行动方案，需要有效的行为措施来保证职业生涯规划的实施。用人单位在选择毕业生的时候不仅考核专业知识，而且考核运用知识进行实际操作的能力、团结协作的能力及与人沟通交流的能力等。所以大学生在进行职业生涯规划时，要有具体的培养实践能力的措施，如积极竞选学生干部，组织并参加学校的各类文体活动，多与教师、同学交流思想等。在某种程度上，实践能力比专业知识更重要。

（五）反馈修正

职业生涯规划需要在实践中检验，然而社会变化日新月异，为保证职业生涯规划的有效性，我们应及时发现各个环节中出现的与现实错位的问题，并结合实际进行修正和完善。如各阶段目标的设定、采取的措施等都应该符合社会发展的规律。

此外，大学生还应多进行职业训练，有针对性地增加自己的就业砝码。比如积极参与暑期实践活动、大学生创业活动相关的讲座等，从而更加透彻地了解今后的工作，这可以为大学生的职业生涯规划提供反馈，便于及时修正。

第二讲　自强不息——大学生能力概述及发展目标

大学生的能力就是指大学生顺利完成某一活动所必需的主观条件。大学生的能力是直接影响活动效率，并使活动顺利完成的个性心理特征。大学生的能力总是和其完成一定的活动联系在一起的，离开了具体活动既不能表现大学生的能力，也不能发展大学生的能力。

一、当代大学生必须具备的能力

（一）思维能力

思维能力是大学里需要学会的最重要的能力之一。尽管大学生有着不同的性格、不同的背景，但独立思考的能力可以决定成功的命运。知识就是力量，而思想是更大的力量。我们每个人之间的主要区别就是思维特点和思考能力的不同。积极的思想能产生积极的力量，集中思想便是集中力量。所以，集中某些积极的思想将转化成为非凡的力量，这种力量正是不甘贫穷、不甘平庸的我们所孜孜以求的。

（二）学习能力

学习能力非常重要，大学里最重要的任务之一就是要学会如何学习。因为学校教育只是人生旅程中的短暂一瞬，而学习是永不间断的。离开大学后，将不再有教师的陪伴，需要独立完成学习与提升。纵观影响世界的众多精英，他们哪个不是拥有超强学习能力的人？在“会学习”已经被视为一种得天独厚的能力的今天，大学生只有积极地提高自己的学习能力，才能在未来的职场竞争中立于不败之地。

（三）资源整合能力

人类天生就是整合资源的高手。人类没有老虎锋利的牙齿，没有猎豹飞快的速度，没有熊强大的力量，没有鹰尖锐的视力，却成了地球上的领导者，为什么？因为人类可以用智慧去巧妙地整合一切可以整合的资源。从远古时期到科技发达的今天，人类从来没有离开过智慧的整合。看看这个世界，如此绚丽多姿，无一不是人类智慧整合的结晶！一个人的能力和资源都是有限的，学会资源整合是事半功倍的基础。资源整合也是成功的重要因素。

（四）沟通能力

沟通能力是大学生推销自己最有力的武器。成熟有效的沟通要求大学生们要有正确的分析，合理的逻辑，清晰的语音，雄辩的口才，凝练的语言，强烈的感染力等。沟通能力强的人，走到哪儿都是明星；善于交流的人，走到哪儿都会获得拥戴。沟通协作有助于大学生更快地融入群体之中。纵观世界，成功人士无一不是善于沟通的高手。看看我们身边最受欢迎的同学，是否也深谙沟通之道呢？擅长和别人打交道，拥有较强的人际关系处理能力将是大学生的一大优势，在竞争愈演愈烈的世界中更是如此。

（五）语言能力

语言是沟通的基础。当面对来自全国各地、使用不同方言的人们，大部分人沟通的基础无疑是普通话，清晰流利的普通话能让我们的沟通轻松自如。随着全球化的不断发展，大学生需要面对的是来自世界各地、使用不同语言的人们，通用的语言无疑是英语，因此，流利的英语会让我们获取更多机会。但是别忘了，随着中国的不断发展壮大，普通话依然是大学生强有力的基础。普通话和英语是当代的大学生需要掌握的基础语言。当然，熟知更多的语言则意味着有更多的机会、更多的选择。

除此之外，决策能力、团队合作能力、竞争能力等也是当代学生应该具备的能力。

二、当代大学生的职业生涯目标

职业生涯目标的设定，是职业生涯设计的核心。一个人事业的成败，很大程度上取决于有无正确、适当的目标。职业生涯目标的设定，是在“知己知彼”的基础上对人生目标的抉择，这种抉择以自己的最大兴趣、最优性格、最佳才能、最有利的环境等条件为依据。

（一）根据目标的性质分解

根据目标的性质分解，可以划分为外职业生涯目标、内职业生涯目标。

外职业生涯目标：工作单位、工作职务、工作内容、工作环境、工作地点、收入、福利待遇、声望、职位等。

内职业生涯目标：观念改善、掌握新知识、提高心理素质和工作能力、工作成果、处理与他人的关系等。

（二）根据目标的时间分解

根据目标的时间分解，可以划分为短期目标、中期目标和长期目标。

短期目标切合实际，具备可操作性，有明确具体的完成时间。短期目标又分日目标、周目标、月目标、年目标。

中期目标能用明确的语言做说明，有比较明确的实现时间，且可做适当的调整。中期目标一般为三年至五年。

长期目标是自己认真选择的，和社会发展需求相结合，非常符合自己的价值观，有实现的可能，并有挑战性，体现了自己的长期眼光。长期目标应该始终如一、坚持不懈。长期目标一般为五年至十年。

（三）根据目标的“冷热”分解

热门目标指的是有众多追求者的目标。冷门目标即目前暂时不为人们所重视，但却是未来非常需要的职业。

在确定了职业生涯目标后，行动便成了关键的环节。没有行动，就不能达成目标，也就谈不上事业的成功。所以，“计划之后是行动”。怎样才能使自己立即行动呢？

（1）从现在做起。现在应该做什么，就马上动手；需要什么条件，就设法创造什么条件，干起来再说。也就是遇到问题，解决问题；遇到困难，克服困难。

（2）今天的事情今天完成。要注意行动不要偏离目标轨道。目标行动是新的行动，往往会受到某些阻力或者是受自身习惯的影响而偏离轨道。发觉行动偏离目标以后要及时加以纠正，免得回到老路上去，前功尽弃。

【案中观察】

小鸡非常羡慕小鸭会游泳。它整天想，小鸭有羽毛，我也有，小鸭的脚有皮，我也有。于是，这天它下定决心向小鸭学游泳。小鸭同意了小鸡的请求，开始教小鸡游泳。小鸭先示范了一遍，小鸡在岸上说：“太简单了，我一看就会。”于是它就扑通一声跳进水里，可是，一进水，整个身子直往下沉。小鸭见了，赶紧把小鸡救了上来。过了一会儿，小鸡又开始了，一次，两次，三次……次次都以失败告终。鸡妈妈看见了笑着说：“傻孩子，因为鸭子的羽毛有一种油，还有它的脚趾中间有蹼，所以它才不会在水里沉没！”小鸡恍然大悟地说：“怪不得我学这么多次都不会，原来我不是干这行的料啊！”

评析：很显然，小鸡这一次“职业生涯”的规划是错误的。有些大学生在对自己职业生涯进行规划的时候，一门心思地往热门行业挤，是否又想过，这些行业是否适合自己呢？大学生职业生涯规划是否正确，不仅影响大学生的心理健康，也影响其一生的发展。大学生应对自己的兴趣、爱好、能力、特点进行综合分析与权衡，结合时代特点，根据自己的职业倾向，确定最佳的职业奋斗目标，并为实现这一目标做出行之有效的安排，实现个体的最佳发展。

第三讲　高瞻远瞩——大学生职业生涯规划的制定

大学阶段是职业生涯发展中的重要准备阶段，大学生应在职业发展目标的引领下，积极主动地为今后顺利进入职场做好各种知识、能力、素质的储备。对大学期间的学习、生活进行科学、合理的规划有助于大学生顺利走向社会，进入职场，谋求职业发展与事业成功。大学生职业生涯规划是一个周而复始的连续过程，基本步骤包括认识自我、评估环境、确定职业发展目标、设定职业生涯发展路线，以及大学期间生涯规划的实施、评估与修订。

一、认识自我

认识自我相当于内在条件评估，自我评估的目的是认识自己、了解自己。因为只有认识了自己，才能对自己的职业发展做出正确的选择。自我评估的内容包括自己的兴趣、特长、性格、学识、技能、智商、情商、思维方式、思维方法、道德水准及社会中的自我等，应清楚自己的优势与特长、劣势与不足。大学生在认识自我时要客观、冷静，不能以偏概全，既要看到自己的优点，又要正视自己的缺点。只有这样，才能避免设计中的盲目性，达到适宜的设计高度。

二、评估环境

（一）社会环境分析

社会环境分析，包括对社会的政治环境、经济环境、法律环境、科技环境、文化环境等宏观因素的分析，还包括对职业环境的分析。社会环境对我们的职业生涯乃至整个人生的发展都有着重大的影响。通过对社会环境的分析，可以了解国家和地区的政治、经济、科技、文化、政策的要求与发展方向，从中寻找各种发展机会。从我国总体情况来看，大学生现在正处于一个非常好的环境，社会治安良好，政治稳定，经济发展迅速，文化繁荣自由，法治建设也在不断完善。

（二）职业环境分析

（1）行业环境分析。行业环境分析指对将来想从事的目标行业的环境分析。分析内容包括行业的发展状况、国际国内重大事件对该行业的影响、目前行业的优势与问题、行业发展趋势等。分析行业环境时，一定要结合社会环境的发展趋势。例如，科技的飞速发展使一些行业变成了“夕阳”产业，又使一些行业变成了“朝阳”产业。

（2）企业环境分析。企业是每个员工生存发展的土壤，企业发展的好坏直接关系到每一个员工的个人事业发展、经济利益收入等。所以，作为大学生，在选择一个企业作为未来的从业单位时，有必要进行企业环境分析。

三、确定职业发展目标

（一）目标要明确具体

对于那些立志在国家机关、事业单位从业的人员，一般都把各级领导职位，如教授、研究员、高级工程师、主任医生、一级演员等高级技术职称作为职业目标。其途径是全力做好本职工作，精益求精，凭能力加资历逐级升迁。

对于那些不满足于平凡劳动，勇于革新、立志创业的创新型人才，大多会把发明家、企业家、风险投资者、智慧人物、头目人物等名流作为职业目标。这类人有强烈的进取心和自信心，渴望施展自己的特殊才能，敢于冒险，职业会经常变换。他们获得成功的途径多种多样，有自主创业者，有抓住机遇者，有在激烈竞争中脱颖而出者。

（二）长期目标与短期目标相结合

长期目标要与短期目标相结合，这样才能做到既不偏离职业发展方向，又能用不断达到的短期目标所获取的乐趣和成就感来鼓励自己继续前进。长期目标为未来的发展指明了方向，短期目标为发展奠定了一步步向上的坚实基础，两者必须紧密结合。大学生要根据本人的需求，自己的优势、劣势，可能的机遇来规划长期目标。此外，也需要对长期目标进行详细分解，制定可操作的短期目标与相应的教育或培训方案。

（三）个人的优劣势分析确定职业目标

1. 优势分析

（1）你曾经做过什么。即你已有的人生经历的体验，如在学校期间担任的职务，曾经参与或组织过的实践活动，获得过的奖励等，这些可以从侧面反映出一个人的素质状况。在进行自我分析时，要善于利用过去的经验选择来推断未来的工作方向与机会。

（2）你学习了什么。在学校期间，你从学习的专业课程中获得了什么？接受了什么样的培训？自学过什么？有什么独到的见解和想法？专业也许在未来的工作中并不起很大作用，但在一定程度上决定着你的职业方向。

（3）最成功的是什么。你可能做过很多事情，但最成功的是什么？为何成功？是偶然还是必然？通过分析可以发现自我性格优越的一面，如坚强、果断，以此作为个人深层次挖掘的动力之源和魅力闪光点，这是职业生涯规划的有力支撑。

2. 劣势分析

（1）性格弱点。如不善交际，感情用事等。一个独立性强的人会很难与他人默契合作，而一个优柔寡断的人很难担当企业管理的重任。

（2）经验或经历所欠缺的方面。例如，学习管理专业，却没有当过学生干部，没有管理经验；学习中文专业或新闻专业，没有到报社或杂志社实习过，缺乏实践经验；学习市场营销，没有营销策划经验等。

下面是一份职业生涯规划书，供大家参考。

【知识加油站】

职业生涯规划书

一、基本情况

姓名：许某；性别：男；学校：湖北某高校；出生年月：2001年6月；学历：大学本科；专业：人力资源管理。

二、自我分析

1. 职业兴趣

我适合在人际友好、环境轻松的氛围中与各式各样的人一起工作，喜欢能充分发挥新颖独特想法的工作，需要自由的环境和别人的支持。

2. 职业能力

我的逻辑推理能力比较强，具有独到的远见；信息分析能力也不错，喜欢对复杂的事情进行思考，将复杂事情简化；工作认真、负责；但是偶尔固执己见，以至于较难与别人达成共识。

3. 个人特质

喜欢追求各种不明确的目标；观察力强，工作自觉、热情，能够吃苦耐劳；主张少说多做；爱学习；喜欢独立工作。

4. 职业价值观

首先，基于家庭条件，我会考虑待遇较高的工作，对所选择的职业要有能从中不断学习并获得新知识的机会；其次，如果没有工资收入限制，我会先考虑自己最喜欢的工作，同时考虑这份工作是否能实现自己的理想；最后，会考虑这份工作与我的适配度，我的能力能否胜任等问题。

5. 胜任能力

（1）能力优势：头脑灵活，有较强的发展、提升意识，逻辑推理能力比较强，注重团体精神。有创造性解决问题的技能，具有探险精神、创造意识以及克服困难的勇气。能独立自主完成工作，并且全神贯注，能够客观地分析和处理问题。对自己要求严格，有强烈的上进心。

（2）能力劣势：做事过于依赖直觉，不喜欢按传统的、公式化的方式来办事，一旦有自己的主张就会贯彻到底，会不听别人的意见。自己性格偏内向，交际能力较差，又过于执着固执，积极主动性不够。

自我分析小结：我认为自己明确职业兴趣，有一定的能力优势，但是也有一定的不足，所以要发挥自己的优势，培养自己不够的能力。平时要多对自己的不足进行强化训练，如多与上级交流经验，多读书拓宽自己的视野，等等。

三、职业分析

1. 家庭环境

家庭经济状况一般，家庭背景也没有特别突出，但父母的目光较为长远，相信多听取他们的建议一定能对未来有很好的指导。家里的亲戚朋友众多，是很好的人脉资源。

2. 学校环境

我就读于湖北某高校，校园环境好，教学设施齐全、先进，教学水平较高，师资力量尚可，总的来说，整体教学还是不错的。人力资源管理专业的就业前景不错，就业率比较高。

3. 社会环境

我国人才的竞争日趋激烈，大学生就业难、失业率居高不下等问题，都使我们的就业环境看起来不容乐观。但是，国家越来越重视大学生就业，并出台了许多相关的政策。我正在提高自己的专业才能，以期在千万应聘者中脱颖而出。

四、计划实施方案

1. 大学期间

（1）学好本专业的专业知识，掌握人力资源管理行业的基本知识。

（2）积极、认真学习英语，至少过4级。

（3）从大二开始，积极准备考多种有关的证书。

（4）从现在起，关注各种信息，研习关于人力资源管理方面的书籍。

（5）假期打工（和本人专业相符合的工作），积累社会经验。

（6）进行人力资源管理考研学习，使自己的知识更加丰富扎实。

2. 大学毕业后的五年

（1）若考上研究生，则继续勤奋学习。

（2）若参加工作，则踏实工作。

3. 长期计划

（1）在工作之余，不断学习各方面的知识，提高自己的能力，增长见识。

（2）努力工作，积极博取提升的机会。

（3）在工作、学习之外，坚持锻炼身体。

（4）汲取他人各种优点，不断提高自身的修养。

（5）不断发现自己的不足，并予以改正。

（6）建立良好的交际网，进一步丰富自己的人脉，为将来可能的创业提供契机。

（7）在公司中争取做出成绩并获得提升，以期在5年内达到目标。

（8）如果条件成熟，自主创业。

五、评估调整

社会是不断变化的，而且是不断向前发展的，所以对我的职业生涯规划要做出一些风险预测。如果我不能够按规划完成以上制订的计划的时候，我会有以下的发展路径。

大学本科毕业后，没有考上研究生，则：

（1）直接参加工作累积资本，为日后自主创业打下基础。

（2）可以在国内找工作。

（3）也可以去国外留学，半工半读，继续深造。

（4）在众人的帮助下自主创业。

虽然自己现阶段制定了职业生涯规划书，但受到自己现阶段思想不太成熟的限制，以后自己的职业选择、生涯路线、人生目标都可能存在一定的变动。自己在以后的工作、学习中要不断地总结经验教训，使自己变得更成熟，使自己以后的规划设计更接近实际。

四、设定职业生涯发展路线

个人职业生涯发展路线一般有专业技术、行政管理和自主创业三种路线。

（一）专业技术发展路线

专业技术发展路线是指工程、财会、销售、生产、法律等职能性专业方向，要求从事此路线的人具有一定的专业技术知识，具备良好的分析能力。专业技术发展路线，如助理工程师—工程师—中级工程师—高级工程师—总工程师。

（二）行政管理发展路线

行政管理发展路线是指在行业（企业）中管理类的方向，要求从事此路线的人喜欢与人打交道，处理人际关系得心应手，热衷于管理工作，考虑问题理智，善于从宏观角度考虑问题，并善于影响他人。这条路线对个人素质、交际能力要求较高。行政管理发展路线，如助理—主管—项目经理—部门副经理—部门经理—总经理助理—副总经理—总经理。

（三）自主创业发展路线

自主创业是近年来逐渐盛行的一条职业发展路线。要自主创业，就要求创业人主观上有强烈的创造与成就愿望、良好的心理素质，能够承担风险；客观上有良好的机会和适宜的条件，即创业的外部环境要成熟。当前，国家对自主创业给予了很多优惠政策和鼓励政策，大学生可以充分利用良好的政策环境在创业路上大胆尝试。

五、大学期间生涯规划的实施、评估与修订

（一）树立持续的学习观

持续的学习并不是盲目的，而是应当明确地指向职业目标，并且切合自己的实际情况和所处的环境条件。学习的内容应该包括：

（1）专业知识与通用工具（如英语、计算机和汽车驾驶等）；

（2）工作技能（岗位技能及通用技能）；

（3）生存观念；

（4）情商修炼。

学习的方式也可以多种多样，包括到学校参加教育课程并取得相应证书，以及参加社会上举办的各类培训班等。

（二）分解职业目标

职业目标分解就是根据观念、知识、能力差距，将职业生涯长期的远大目标分解成为有时间规定的长、中、短期目标，直到将目标分解为某确定日期可以采取的具体步骤。目标分解实际上是帮助我们将目标清晰化、具体化，是将目标量化的过程。

（三）制作简历和参加面试

1. 制作简历

简历一般包括个人情况、主要经历、受奖励情况、担任职务和活动情况、社会实践和实习情况、备注等。制作简历要注意内容真实、全面、精炼，重点突出，语言准确，版面美观大方。

2. 参加面试

在面试前，要充分了解自己，明确自己的长处和目标，在对自己正确认识的基础上建立自信；了解你申请就职的机构，熟悉它的生产、经营、管理的特点、存在的问题等。有了这样的充分准备，你就会增强信心，减少压力。要充分考虑对方可能会提出的问题，并思考自己应该如何应答。尽管不同的用人单位所提的问题不尽相同，但是大体提出的问题是有一定规律可循的，具体可参考以下几个方面。

①教育培训类问题。你从哪所学校毕业；简单介绍一下你的专业；你最喜欢的功课是什么；简要谈一下你的毕业论文或毕业设计；你的学习成绩怎么样；在班上第几名等。

②求职动机类问题。为什么来本单位应聘；你对应聘职位有哪些期望；你在工作中追求什么等。

③相关经历类问题。你参加过哪些社会活动；你曾在哪个单位实习；时间多长；承担什么工作；你在工作中曾经遇到过什么困难等。

④计划和目标类问题。如你被录用，你准备怎样开展工作；有什么想法；如有其他的工作机会，你怎样看待；你打算沿着这条职业道路走下去吗；进入我们单位你准备干几年；你是否确定在我们单位奋斗的目标等。

（四）实施反馈和评估

反馈评估过程保证了个人职业生涯规划的高效性，因此职业生涯规划也需要做好与外部环境相适应的调整和修订。尤其是在环境的动态变化与个体的内在状态不断波动起伏的过程中，个体需要时时审视自己的短期目标和实施措施，包括职业目标的重新选择、职业的重新定位、中期目标和长期目标的重新调整、具体行动措施与计划的重新制订等。如著名物理学家杨振宁原先从事的是实验物理学研究，但当泰勒教授发现他的特长在理论物理学领域，并引导他脱离原来的研究方向时，他及时转向了理论物理学领域并潜心研究，最终获得了诺贝尔物理学奖。

【案中观察】

诸葛亮的职业生涯规划

三国时期，群雄逐鹿，人才辈出。与绝大多数怀才不遇者的思维定式相反，长期隐居南阳茅庐的诸葛亮一出山就投靠了当时最为势力单薄的刘备集团，并终生为其奔走效力。在为刘备集团做出杰出贡献的基础上，诸葛亮实现了个人事业的成功，这归根结底取决于诸葛亮近乎圆满的职业生涯规划。

首先，诸葛亮的个人职业发展定位非常清晰。诸葛亮自幼胸怀大志，始终以春秋战国时期两位著名的最高参谋管仲、乐毅为个人楷模，立誓要成为他所处时代杰出的“谋略大师”，为兴复汉室贡献力量；同时，诸葛亮也非常清楚，他自己长期积累的才干已具备了实现职业目标的可能性。

其次，从应聘对象选择上来看，诸葛亮也独具慧眼。曹操实力雄厚，最有资格挑战全国统治权；孙权只求偏安自保；而势力最为弱小的刘备却具备快速成长，与曹操、孙权三足鼎立乃至在此基础上一统天下的可能性。此外，还有一个非常重要的原因：到赤壁之战前夕时，曹操和孙权两大集团都已人才济济、颇具规模，诸葛亮若去投奔，最多也只能成为一名“中层管理人员”；而刘备集团当时主要由一些武将构成，高级参谋人才奇缺，诸葛亮完全有可能被破格提拔进入最高领导层！

再次，在应聘准备和应聘实施方面，诸葛亮更是做得登峰造极。

在个人推销方面，诸葛亮通过躬耕陇亩给外界留下踏实肯干的印象；同时，他还自作了一篇《梁父吟》，含蓄地表明心志；此外，诸葛亮在与外人言谈中每每自比管仲、乐毅，一方面宣传了个人的卓越才华，另一方面也表明了他对“和谐双赢”的君臣关系的向往。诸葛亮的个人才能和求职意向等重要信息最终通过各种渠道传递到了刘备那里。

在应聘临场发挥方面，诸葛亮在完全私密性的“隆中对”时，通过逻辑严谨的精彩表述充分展现了个人对国内军事、政治形势及刘备集团未来发展战略的全面深入思考，令刘备对这个27岁的年轻人大为叹服。此后，刘备始终待诸葛亮为上宾，全部重大决策都要与其协商探讨，甚至在临终之时还有托孤让位之举；诸葛亮也始终对刘备忠诚一心，鞠躬尽瘁。深厚的君臣情谊是刘备集团后来事业蓬勃发展，最终与曹操、孙权三足鼎立的重要因素。

诸葛亮是昔日乱世中的一个孤儿，若非正确的职业选择助力，很可能就淹没在历史的尘埃之中，永不为人所知！但积极进取的诸葛亮通过在职业选择上的完美规划，彻底改变了自己的命运。

第四讲　识时达务——大学生择业心理的自我调适方法

一、调整就业期望值、树立正确的择业观

高校大学生在择业时既要考虑自己的职业理想，又要考虑社会的实际需要。大学生要认真考虑所学的专业和方向，了解社会对该专业的需求情况，要根据自己的职业兴趣、专业特长、实际能力、性格气质特点、家庭情况等来确定职业期望值，在择业时要以自己所长，择社会所需，以实现职业理想。

（一）树立勇于面对竞争的观念

"物竞天择，适者生存"是生物界生存和发展的普遍法则。在社会生活中，"优胜劣汰"已经逐渐成为历史发展的主要趋势。大学毕业生就业制度的改革，为大学生提供了公平、平等参与竞争的环境和机会。对于即将毕业或已经毕业正在谋职的大学生来说，必须强化自己的竞争意识，崇尚竞争、敢于竞争。竞争必然给人造成巨大压力，任何置身于竞争环境的人，总想争取胜利，避免淘汰。这种竞争可以发扬人们的自强、自立、自主的精神，调动人的内在潜力，增强工作和社会活动的能力。高校大学生在竞争的过程中要积极主动进行职业准备、求职择业和自觉提高职业素质。

如何进行竞争呢？首先，要敢于竞争。在竞争中要克服焦虑不安、羞怯自卑、胆小怕事、优柔寡断等不良心理，提高竞争的勇气和信心，大胆与竞争对手一比高低，同时要做好遭受失败的思想准备。其次，要善于竞争。在瞬息万变的人才市场竞争中，要敏锐地捕捉和收集与自己择业目标有关的需求信息，适时调整择业方向，掌握择业的技巧，果断进行决策，充分利用各种求职机会，不失时机地"推销"自己。再次，要实力竞争。择业竞争最终是实力的较量，竞争中还要注意扬长避短，发挥特长。只有从实际出发，充分考虑自己的能力水平、专业特长、性格气质、兴趣爱好、适合工作类型等，才会在择业竞争中取胜。最后，要公平竞争。不能互相拆台或相互嫉妒，要在竞争中互相学习、取长补短，通过竞争提高自己各方面的能力。

（二）树立先就业后择业的观念

打破一步到位、从一而终的旧的就业观念。市场经济配置人力资源的特征是人才流动，毕业生也不必急于在短时间内找一个固定的"铁饭碗"，要树立不断进取的职业流动观念，并学会在流动中发现机会、抓住机会、把握机会。随着人事代理制度的不断完善，为毕业生的流动就业创造了条件。近年来，一部分毕业生不再强求找一个固定的就业单位，而是毕业时将户口迁回生源地，把档案托管在工作地的人才交流中心，在哪里找到岗位就在哪里就业。因此大学生要树立不断进取的职业流动观念，要学会在流动中求生存、求发展。

（三）树立正确对待待业的观念

随着毕业生就业制度的改革，部分毕业生不能及时落实就业单位，出现短期待业的现象已成为不可避免的现实。

少数毕业生的短期待业，首先是选择性待业。出现这种现象的主要原因有：①少数毕业生就业期望值居高不下，在择业时，不但要求工作单位地区好，而且效益也要好，导致一些所谓的好单位和好地区，早已人满为患；一些条件相对较差的单位和地区，虽求才若渴却少有人问津，使得有些毕业生错失良机，造成待业。②有些毕业生对自己要求不严，学习态度不端正，学习动力不足，认为学好学坏一个样，不珍惜在学校的学习机会，学业不佳，甚至不能毕业，这类毕业生在就业竞争中必遭淘汰。③有些毕业生各方面都比较优秀，但缺乏一定的就业技巧和能力，不及时主动推销自己，暂时失去机会。④有些毕业生抱定只有去国有企事业单位才算好的就业，使得就业的路越走越窄。

其次是结构性待业。出现这种现象的主要原因有：①人才需求高层次化。即社会对毕业生的需求层次提高，质量要求提高，数量减少，且毕业生人数逐年增加。许多用人单位只愿接收研究生、本科生，对专科生的需求不多，于是专科生就业相对较为困难。②部分专业设置不科学，专业口径过窄。有的专业方向单一，与当前社会要求一专多能的复合型人才不符。如果大学生不主动完善自己的知识体系，培养自己的综合素质，也将造成就业困难。③学校招生与毕业生就业未能很好地结合起来。学科之间、专业之间发展不平衡。部分专业如文史哲等专业毕业生人数明显高于社会需求量，因而造成这些专业的大学生就业困难。针对上述情况，一方面需要高校必须主动适应社会的需要，调整培养层次，改善专业结构，提高培养质量；另一方面也需要社会用人单位按照科学合理的人才结构配置来决定需求层次，尽量避免不顾实际需要而对人才层次盲目攀高的倾向。与此同时，同样需要大学生在观念上必须适应新的情况并做出相应的调整。

双向选择的就业模式，增加了毕业生和用人单位的选择自主权，同时也难免出现毕业生想去的单位进不去，用人单位想要的毕业生要不来的现象。因此，每年全国几百万名毕业生，其中有少数毕业生一时落实不到岗位是很正常的现象。不管是何种原因造成的暂时性的待业，我们都应该正确对待。

（四）树立自主创业和终身学习的观念

自主创业是指毕业生不参加传统意义上的就业，通过采取单干、合伙等方式创办公司或其他企业，从事技术开发、科技服务以及其他经营活动来创造就业岗位，并依法获得劳动报酬的就业方式。自主创业给最具创造力和活力的大学生提供了就业和深造以外的“创新之路”。诚然，自主创业具有一定的风险，但是随着我国政治、经济、文化和高等教育制度的不断改革，自主创业将是必然趋势。国家提倡发展私营经济，鼓励自主创业，而作为先进生产力的代表之一的大学毕业生更是应该成为自主创业、努力创造就业岗位的“领头羊”。

大学生在求职择业乃至以后的职业生涯中，必须牢固地确立终身学习的观念。这是因为当今社会飞速发展，现代职业的变化也是日新月异。随着知识经济和信息化社会的到来，大学毕业生必须不断学习新知识才能适应社会发展的需要，否则将会被无情地淘汰。大学教育固然重要，但毕竟只是终身教育中的一个阶段。大学毕业之后的延伸学习，对于取得职业成就等，无疑具有同样重要甚至更为重要的意义。

（五）树立到基层去、到农村去的观念

农村是广阔的天地，中国的现代化建设离不开农村的现代化，“科教兴国”的战略，不能不包括“科教兴农”。改革开放以来，我国农村的社会、经济、文化发生了翻天覆地的变化，创造了大量的就业机会，迫切需要大量优秀毕业生投身于农村的广阔天地，传播现代科技，带领农民致富，发展农村经济。同时，农村的广阔天地也为毕业生施展才华、实现理想创造了条件。从现实和发展上看中国高等教育大众化，不能只靠城市生源，更不能仅在城市就业。农村的经济与社会发展了，也需要并能容纳更多的毕业生就业。具有创业精神和创业技能的高校毕业生，到农村求职，更有可能成为新的工作岗位的创造者。

二、学会心理调适的方法

大学生要控制自己的心境，自觉地调整内在的不平衡心理，增强心理素质，保持积极、愉快的情绪，就需要不断地对自己进行心理调适。下面介绍几种常用的心理调适的方法，供大学生在择业过程中，根据自己的实际情况有选择地加以使用。

（一）自我激励法

自我激励法是指用生活中的哲理、榜样的事迹或明智的思想观念来激励自己，同各种不良情绪进行斗争，坚信未来是美好的，因为失败、挫折已经成为过去，要勇敢地面对新的挑战，尽可能地把不可以预料的事当成预料之中的事，即使遇到意外事件或择业受挫，也要鼓励自己不要惊慌失措、冲动、急躁，而是开动脑筋，冷静思考，寻找对策。大学生在择业过程中，要相信自己的实力，通过自我激励，增强自信心，消除自卑感，保持良好的情绪和心态。

（二）注意转移法

注意转移法即把注意力从消极情绪转移到积极情绪上。当不良情绪出现时，可以采取转移注意力的方法寻找一个新颖的刺激，激活新的兴奋中心以抵消或冲淡原来的兴奋中心，使不良情绪逐渐消失，如听音乐、参加体育运动等，使自己没有时间沉浸在不良情绪反应中，以求得心理平稳。

（三）适度宣泄法

当遇到各种矛盾冲突，引起不良情绪时，应尽早进行调整或适度宣泄，使压抑的心境得到缓解和改善。宣泄的较好方法是向挚友、师长等倾诉忧愁、苦闷，使不良情绪得到疏导。在倾诉烦恼的过程中，可以获得更多的情感支持和理解，获得认识和解决问题的新思

路，增强克服困难的信心。也可通过打球、爬山等运动量较大的活动，消除压抑心理，恢复心理平衡，但应注意适度，宣泄应是无破坏性的。

（四）自我安慰法

自我安慰法又称自我慰藉法，其关键是自我忍耐。在择业中，大学生常常会遇到挫折，当经过主观努力仍无法改变时，可适当地进行自我安慰，以缓解动机的矛盾冲突，消除焦虑、抑郁、烦恼和失望等情绪，这样有助于保持心理稳定。在因挫折而产生情绪困扰时，可用"亡羊补牢，未为晚也""塞翁失马，焉知非福"等话语来进行自我安慰，以摆脱烦恼。

（五）合理情绪疗法

合理情绪疗法认为，人们的情绪困扰是由于不正确的认知即非理性的信念所造成的，因此，通过认知纠正，以合理的思维方式代替不合理的思维方式，就可以最大限度地减少不合理的信念给人们的情绪带来的不良影响。例如，有的大学生择业不顺利就怨天尤人，认为"人才市场提供的岗位太少""用人单位要求太高"等，其原因就在于他只从客观上找原因，认为"大学生择业应当是顺利的""社会应该为大学生提供充足的岗位"等。正是由于这些不正确的认知，造成了他的不良情绪。如果能改变这些不正确的认知，调整认知结构，不良情绪就能得到克服。大学生运用合理情绪疗法时要把握三点：第一，要认识到不良情绪不是源于外界，而是自己的非理性信念所造成的；第二，情绪困扰得不到缓解是因为自己仍保持过去的非理性信念；第三，只有改变自己的非理性信念，才能消除情绪困扰。

自我调适的方法还有很多，如环境调节法、自我静思法、广交朋友法、松弛练习法、幽默疗法等，但最主要的还是大学生要树立正确的择业观，对择业要充满信心，要注意磨炼自己的意志，培养乐观豁达的态度，不要惧怕困难、挫折，要始终保持积极向上的精神状态和健康的心理。

总之，在择业求职的过程中，大学生应提高自我调适的自觉性，立足于自身的努力，使自己始终保持良好的心态。同时，社会、学校和家庭各方面也应提供热忱的关注和积极的引导，帮助大学生面对现实，排除心理困扰，缓解不必要的心理压力，促使他们尽快实现角色转换，顺利走向工作岗位。

三、掌握一定的求职策略与面试技巧

大学生在择业时，积极的心理准备和心理调适固然重要，但掌握一定的求职策略与面试技巧也是必不可少的，下面分别介绍自荐、面试的方法和技巧。

（一）自荐的方法和技巧

大学生为了能顺利求职，需要通过各种途径和方法正确地宣传、展示和推销自己。自荐在很大程度上决定了自己能否进一步获得面试的机会，是一次不见面的"面试"，因此，要注意以下几个方面。

1. 选择恰当的自荐方式

常见的自荐方式有口头自荐、书面自荐、广告自荐等。选择何种自荐方式，对每一位求职者而言，无疑是至关重要的，大学生应当从自身的实际情况出发，选择恰当的自荐方式。对谈吐自如、反应敏捷且具有一口流利普通话的求职者，选择口头自荐更能发挥自己的优势；能写一手隽秀字体和漂亮文章的求职者，选择书面自荐更能显示出求职者的魅力。在人才竞争日益激烈的情况下，选择哪种自荐方式还要看用人单位的需要；同时，自荐材料的递送方式也很重要，求职者向用人单位当面呈送自荐材料，可加深用人单位对其的印象，提高求职成功的可能性。

2. 自荐材料准备充分

自荐材料包括自荐信、个人简历、证明材料和学校推荐表等。自荐材料应完整齐全。自荐信主要是进行自我情况的介绍，展示个人的能力和特点；个人简历主要是让用人单位了解个人过去的经历；证明材料是个人所取得的成绩；学校推荐表反映学校对个人的认可情况。自荐材料的准备，一是要实事求是，恰如其分；二是要突出重点，强调个人的专长和特点；三是要文笔流畅，字迹端正；四是要措辞谦虚，不用可能引起别人反感的话语。有时，自荐材料用多种文字书写对求职也有帮助。如在少数民族地区择业，同时用民族文字和汉字撰写自荐信会取得良好效果；如前往中外合资企业工作，可另准备一篇外文自荐信，让用人单位了解你的外文水平。

3. 掌握自我介绍的技巧

灵活掌握自我介绍的技巧有利于帮助大学生顺利打开求职的大门。自我介绍时，要积极主动，自信大方；要突出重点，有针对性地强调自己的专业特长、知识面和兴趣爱好；要实事求是，不要文过饰非；要有的放矢，针对用人单位的具体要求来介绍自己的能力。

4. 赢得好感的技巧

赢得用人单位的好感也就达到了求职目标的一半。为了赢得用人单位的好感，自荐时可从四个方面把握：第一，应聘时着装应整洁大方、干净利索，女同学切忌浓妆艳抹，穿着过分透明或性感的裙装；第二，自荐时要充满信心，落落大方，交谈时从容不迫，声音适度；第三，自荐时要以礼待人，举止应得当；第四，要注意言语平实、客观，避免锋芒毕露或夸夸其谈，回答问题要切题，要注意文明用语，不使用格调低下的俗话。

（二）面试的方法和技巧

在择业的过程中，用人单位常通过面试来决定是否录用求职者。面试不仅能考核一个人的综合能力，还可以使招聘者通过观察，了解求职者是否具备从事某种工作的能力。面试是大学生择业过程中的一个重要环节，应当予以充分重视。

1. 面试的准备

为了面试时能从容应对，大学生在面试前应从以下三个方面做好准备。

（1）了解用人单位的情况。大多数招聘者都会提出与本单位有关的问题，因此求职者对用人单位的情况应有所了解，以缩小双方的距离，增加招聘者对你的好感。

（2）进行模拟问答。用人单位在面试过程中常会提出这样或那样的问题，求职者应对用人单位在面试中可能提出的问题做出预测，并进行模拟问答。招聘者要求回答的问题通常有四个方面：一是介绍自己；二是选择该单位的理由；三是对时事政策的了解和看法；四是如果录用将以什么样的抱负和姿态投入工作。

（3）保持良好的精神状态。在参加面试前要适当放松，调节自己的心态，应注意休息，以便有充沛的精力参加面试。

2. 面试的基本礼仪

在日常社交中，礼仪是必不可少的。在面试时，求职者更应注意讲究礼仪，否则就会让招聘者觉得你缺乏修养。面试时要遵守时间，一般可提前5～10分钟到达面试地点。衣着应整洁，不要给人不修边幅之感。举止要自信文雅，表情要自然，动作要得体，坐和立都要保持良好的体姿。要注意聆听对方的讲话，眼睛要注视对方，不要东张西望，也不要眼睑低垂。

3. 面试的语言应用

面试时的语言表达也是十分重要的。求职者回答问题时口齿要清晰，注意控制说话速度，保持语言流畅，答话要简练完整，注意不要用口头语和不文明语言，注意语调和速度的正确运用。面试时，谈话要含蓄，遇到难以回答的问题，机智、幽默的语言会增加轻松愉快的气氛，有助于“化险为夷”。在面试交谈中，要随时注意对方的反应，要根据对方的反应，适时地调整语气、语调、音量及内容。若发现对方无兴趣，马上转移话题；发现对方侧耳倾听，说明音量太小，要适当提高音量。

4. 回答问题的技巧

面试的一个重要内容是回答问题，掌握问答技巧对求职者十分重要。回答问题时要抓住重点，言简意赅，切忌长篇大论，让人不得要领。对招聘者提出的问题不可简单地用“是”或“否”作答，应讲清原因和理由。如对招聘者提出的问题，一时没有理解，可陈述自己对问题的理解，待对方确认后，有的放矢，切忌答非所问。回答问题时要有个人独特的见解，但也不必为此而标新立异。面试时遇到自己不知、不会的问题，不要不懂装懂，牵强附会，应诚恳坦率地承认自己的不足，虚心向对方请教，这样反而会引起对方的信任和好意。

【心理训练】

生涯规划训练

目的：探讨自己的生涯规划是否清晰明确，是否具有可行性。

操作：下面是一张生涯规划表（见表11-3）。请根据自己的具体情况填写，越具体、越明确、越量化越好。

表 11-3　生涯规划表

序号	目标项	当前	一年	三年	五年	十年	梦想
1	学业						
2	学历						
3	职位						
4	薪水						
5	奖项						
6	社交圈						
7	业务范围						
8	活动区域						
9	社会名声						
10	住房						
11	交通						
12							
13							
14							
15							
16							
17							
18							
19							
20							

值得注意的是，表格必须从左至右填写，还要留意每个目标之间的逻辑关系。而且，环境在变化，你也在变化，因此这张表格需要不断地进行修正。

【阅书观影】

1. 书目推荐——《你的降落伞是什么颜色》，鲍利斯著

本书以霍兰德职业兴趣理论为基础，结合当下求职市场的最新形势，解答了求职者面临的诸多新问题，提供了实用有效的职业规划方法和求职技巧。特别是推出了“降落伞行动手册”——花朵图，传授将职业规划融入人生规划的做法——发现个人最擅长的可迁移技能，找到职业目标和理想工作，用激情和努力点亮人生梦想，追逐幸福和美好的生活。

2. 影视推荐——《当幸福来敲门》

本片描述了主人公克里斯·加德纳寻找梦想、实现梦想的过程。就算住在救济所，就算成功的机会只有百分之五，他仍努力奋斗……他坚信，幸福明天一定会来临！

主题十二　生命如夏花之绚——生命篇

世界上只有一种英雄主义，那就是了解生命而且热爱生命的人。

——罗曼·罗兰

【活动任务书】

<table>
<tr><td>活动名称</td><td>反思不珍爱生命的现象</td><td>姓名</td><td></td><td>完成时间</td><td></td></tr>
<tr><td rowspan="2">目标</td><td colspan="5">学习目标：
1. 通过反思发现自己与同学不珍爱生命的不良现象
2. 找到解决自己与同学不珍爱生命现象的具体措施</td></tr>
<tr><td colspan="5">思政目标：
1. 树立积极、健康、正确的生命观，理解生命、尊重生命、珍惜生命
2. 形成对生命的价值和意义的正确认知，成为我国社会主义合格建设者和接班人
3. 领悟生命真谛，追求人生的理想和价值，实现有价值的人生</td></tr>
<tr><td>任务</td><td colspan="5">1. 反思与查找自己不珍爱生命的具体表现，如有不良嗜好、虚度年华、不注意身心保健、没有理想与不用功学习等
2. 观察周围同学存在的不珍爱生命的主要表现
3. 研究消除不珍爱生命现象的办法，并在课堂上交流和讨论</td></tr>
<tr><td>实施过程</td><td colspan="5">1. 根据自己的实际情况制订一个确实可行的反思活动计划
2. 依据自己的活动计划逐步实施，并做好反思记录与总结
3. 分组交流反思成果，并在全班进行交流</td></tr>
<tr><td>注意事项</td><td colspan="5">在交流中要认真倾听其他同学的反思成果，进一步完善自己的解决措施</td></tr>
<tr><td rowspan="3">组员及
分工情况</td><td>队号</td><td colspan="2"></td><td>队长</td><td></td></tr>
<tr><td>队员</td><td colspan="4"></td></tr>
<tr><td>任务分工</td><td colspan="4"></td></tr>
</table>

【心理导航】

一块石头的价值

有一个生长在孤儿院中的男孩，常常悲观地问院长：“像我这样没有人要的孩子，活着究竟有什么意思呢？”院长总笑而不答。

有一天，院长交给男孩一块石头，说：“明天早上，你拿这块石头到市场去卖，但不是‘真卖’。记住，不论别人出多少钱，绝对不能卖。”第二天，男孩蹲在市场角落，意外地有好多人要向他买那块石头，而且价钱愈出愈高。回到孤儿院，男孩兴奋地向院长报告，院长笑笑，要他明天拿到黄金市场去叫卖。在黄金市场，竟有人出比昨天高十倍的价钱买那块石头。最后，院长叫男孩把石头拿到宝石市场上去展示。结果石头的身价较昨天又涨了十倍，又由于男孩怎么都不卖，那块石头竟被传扬成“稀世珍宝”。男孩兴冲冲地捧着石头回到孤儿院，将这一切禀报院长。院长望着男孩说：“只要自己看重自己，自我珍惜，生命就会有意义，有价值。”

想一想：

（1）生命的意义是什么？

（2）为什么同一块石头在不同的市场上价值不同？

第一讲　生命礼赞——生命及其意义

生与死是生命的起点和终点，而其间的荣辱沉浮、去留进退，都构成了生命最真实的内容。一切感性、理性的生活都成了生命的内涵，孩童的可爱、青年的勇敢、壮年的强健、老人的智慧，都是在这个过程中酝酿出来的美。

“生命”是个很直观而又很神圣的词，常常被人们挂在嘴边，好像谁都理解它的内涵。有人说生命是“灵魂”，有人说生命是“新陈代谢”，有人说生命是“原生质”，还有人说生命是“遗传与变异”，人们各执一词，不一而足。

一、生命和生命的意义

（一）生命的定义

恩格斯对生命下了一个定义：“生命是蛋白体的存在方式，这个存在方式的基本因素在于和它周围的外部自然界不断地新陈代谢，而且这种新陈代谢一停止，生命就随之停止，结果便是蛋白质的分解。”

恩格斯提出的生命的定义在一定程度上揭示了生命的物质基础，即具有新陈代谢功能的蛋白体。这个定义一直是指导人们认识生命的思想武器。生命主要包括新陈代谢、生长、发育、遗传、变异、感应和运动等。生长和发育是生命的基本过程，而新陈代谢则是生命的更新过程。

（二）生命的存在形态

人的生命存在形式有生物性、精神性和社会性三种形态。

（1）生物性：人的生命作为一个自然生理性的肉体生命而存在，人的生长和发展就必然要服从生物界的法则和规律。所以，衣食住行、吃喝拉撒、生老病死是每一个人都必须具有的，也是每一个人都无法逃避的。

（2）精神性：人不仅仅是为了满足自己的自然生命而活着，在千变万化的社会中还要追求超越生物性和社会性的精神性存在。人要规划自己的人生，创造自己的价值，指导和提升生物性的存在。正是生命的精神性的存在，才使人的生命有了人文意义和价值，有了理性的意蕴和道德的升华。

（3）社会性：每个人要想生存下去，就必须融入社会活动中。在与人的沟通、交往和互动中保存自己的生命，追求自己生命的意义，实现自己生命的价值。马克思曾提出，人的本质并不是一种内在的、无声的、把许多个人纯粹自然地联系起来的共同性，而是人的社会特质。因此，离开了人的社会性，脱离了人的社会联系，就没有真正的人存在，就没有现实的、具体的人。

一般来说，人的生物性、精神性和社会性三者并存，并且互为目的。例如，人们发展生产，建立美好社会的目的就是要过上富裕、幸福的生活，也就是说，实现人的社会性的目的是满足人的生物性需求。在这个基础上，还要继续追求超越生物性和社会性的精神所在，追求生命的价值和意义。

（三）生命的特征

（1）生命的不可逆性：从胚胎开始，生命便一直生长、发育，直至衰亡。它绝不会“倒行逆施”，返老还童。

（2）生命的不可再生性：生命对任何人来说都只有一次。世间常说，“人死不得复生”，便道出了这个真理。

（3）生命的不可换性：生命为个体所私有，相互不得交换，彼此不可替代。

（4）生命的有限性：生命存在时间的有限，人的自然寿命是一般七八十年。

（四）生命的意义

生命的意义是关于生命的积极思考，是个人正在努力实现的、自己给予高度评价的生命目标。具体来说，生命的意义包括个人存在的意义，寻求和确定有价值的目标，并去接近这些目标。总之，人生的过程要好好去创造。

人生最大的价值与生命的意义就是追求不断的自我发展与成长，在短暂的生命过程中不断追求完美，正视生命的挫折和轮回。想想用了二十年时间完成《史记》的司马迁；想想“上下求索”的屈原；想想不惜用生命保卫长江大堤的抗洪战士，他们都在理解生命的价值、追求美好生命的过程中，让自己的生命走向完美的境界。

【集思广益】

美好生命

美好生命，是一个团体辅导的游戏，让每个参与者在游戏中思考生命存在的意义。

活动目的：

（1）让学生认识自然，解读生命。

（2）让学生学会珍爱生命，优化生命存在的意义。

游戏规则：

（1）教师对学生进行分组，每组6～8个人。

（2）教师给每个小组分发一张大白纸，彩色的画笔以及一些彩色的卡纸。

（3）每个小组在教师的口令下，画出自己喜欢的自然界的生物，也可以用卡纸裁剪或制作立体的相关生物的图形。

（4）全部小组完成以后，每个小组的成员可以在自己或者别人的作品上面，添加这种生物在自然界中的作用是什么，对自然界有什么价值。

（5）全部完成后，每个小组逐次进行分享。

二、思考生命的意义，提升人生的价值

（一）了解自己的价值观，过幸福的人生

人的生命本身就是一个不断成长、发展、生生不息的过程。生命的意义就在于创造，在于给原本没有价值的生命创造出价值来。人通过创造去把握生活的变化，通过创造去发现生命的意义，通过创造去实现对自己生命的认识、把握和超越。每个人的生命过程都是独特的。

（二）为了目标不懈努力，过充实的人生

对生命意义的探求，使人在不同的人生阶段确立不同的生活目标。在实现目标的过程中感受到活得充实、活得丰富、活得精彩。一个人只有能够理解并承担生活中的责任，才会感到满足和充实，才能真正体会到生活的乐趣和意义。

生命很短促，生命也很局限，而我们要从这短促和局限中挖掘出美来。只要活得有意义，生命的过程本身就是一种美。

【集思广益】

沧海一粟——树与人

（一）活动目标

（1）协助学生感悟生命存在的意义。

（2）协助学生检视自己的生命历程。

（3）协助学生领悟生命的可贵。

（二）活动主题：生命存在的意义

（三）活动目的：体验人生的短暂

（四）活动方式：绘画

（五）活动材料：纸、彩笔

（六）活动过程

1. 热身活动

班级讨论：自然界中都有哪些种类的树？你喜欢哪种树？

2. 分组

按树的种类分组（杨树组、松树组、白桦树组、柳树组、苹果树组等）。

3. 发展活动

（1）参天大树。

每个同学画出自己喜欢的大树，想象它有多少岁，经历了多少风雨，饱受了多少世间沧桑，它都有哪些价值？自己和它相比，是怎样的感觉？

（2）树与人的对话。

每个同学与自己画的树进行一次心灵的对话，并将对话写在树的下方。

（3）分享时刻。

①小组分享与讨论。②全班分享讨论。③教师结合大家的作品进行总结。

第二讲　厝火积薪——大学生心理危机概述

人的一生中总会遇到心理危机，不管是失恋、意外、疾病还是亲人去世，都有可能给人的心灵带来冲击。究竟什么是心理危机？大学生心理危机有哪些特点？大学生心理危机的产生机制是什么？

一、心理危机的概念

心理危机主要指当个体运用常规的应对方式不能处理目前所遇到的内外部应激时所发生的一种反应。它是由心理冲突引起的一种内部心理状态或生理反应，是当事人遭遇超过其承受能力的紧张刺激，而陷入极度焦虑、抑郁、失去控制、不能自拔的一种状态。

随着社会经济、文化的快速发展，激烈的竞争给人们的生活、学习、工作带来诸多压力，心理危机已成为非常严重的社会性问题。大学生不可避免地也受到了影响，越来越多的大学生出现了心理危机。大学生心理危机包括的核心要素有：①大学生面临或认为自己面临的重大生活事件。②大学生出现一些生理、心理反应，但都不符合任何精神类疾病的诊断标准。③大学生自己感到无法应对、难以控制。

二、大学生常见的心理危机

（一）成长危机

一方面，大学生已经进入青年中期，正处于生理发育的基本成熟和部分心理发展相对滞后的特殊时期，人生观和世界观逐渐形成，心理状态不稳定，容易受到外界的各种影响而产生心理危机；另一方面，大学生性生理基本成熟，性意识增强，渴望异性的友谊和爱情，但由于大学生性心理还没有完全成熟，缺乏生活经验，常会做出一些不当的行为，给身心带来严重影响。

（二）人际关系危机

和谐的人际关系既是大学生心理健康的一个组成部分，也是大学生获得心理健康的重要途径。大学生的人际关系危机主要是指他们在与他人相处和交往的过程中表现出的不适、自闭、逃避、自恋、自负，以及难以调和与他人关系的不良心理状态和行为表现。一方面，从中学到大学，大学生面临着一种全新的人际关系，在中学时代，他们或许能够凭借出色的成绩赢得同学和教师的青睐；但在大学，成绩好不一定就能获得好的人际关系。好人缘需要一定的技巧，同时还要懂得在出现矛盾时如何解决。另一方面，大学的同学来自五湖四海，大家的家庭背景、生活方式、价值观、性格、兴趣爱好可能千差万别，这些差异会不可避免地带来摩擦和冲突，如果得不到及时的解决，就会产生人际关系危机，给大学生的心理健康带来严重影响。

（三）就业危机

近几年来，由于社会竞争的加剧，高校扩招，就业市场的不景气，大学生找工作或找比较理想的工作越来越困难，一些大学生表现出严重的危机感，同时一些大学生为了缓解就业带来的压力，不断给自己施压，长期处于紧张状态。一部分大学生看不到自己的前途在哪里，特别是那些学习成绩不好、能力又不出众的大学生，就业就像一座大山压在他们的身上。他们努力增强自己日后的就业实力，给自己设置一些不合实际的目标，花费大量的财力和时间来学习热门、实用的课程，使自己长期处于紧张状态和高负荷压力下，一旦失败就会体验到严重的挫折感和失败感。

（四）学业危机

大学阶段的学习方式、学习内容等与高中时期大相径庭。高中时期的学习有明确的学习目标与任务，教师也会对学生投入更多的关注与管理，帮助他们养成良好的学习习惯，提高学习效率。但是大学阶段的学习完全不一样，学习的内容并不仅限于专业，学习的方式也不仅限于书本，大学生可以根据自己的兴趣、未来职业发展方向自主选择学习内容，在学习方式上也可以通过实践等方式学习。如果学生在高中时期对教师过于依赖，进入大学后就会出现茫然、不知所措的情况。并且大学学习要求学生有一定的自控能力，如果大学生的自控能力较低，可能会出现沉迷游戏等情况，这将严重影响大学生的学业。

（五）经济危机

目前，我国高校在校生中约有20%是贫困生，其中5%～7%是特困生。家庭的困难可能会让大学生形成较强的自尊，以及敏感、自卑等性格特征。同时，在大学这个环境中，不同大学生的情况千差万别，可能会有虚荣心比较强的大学生与条件好的大学生进行攀比。当家庭给予的生活费无法满足这部分大学生的需要时，他们可能出现一些扭曲的心理。为了满足自己的虚荣心，他们还可能通过网贷等形式获取金钱，在利滚利无法还清贷款之后，还可能做出极端行为。

（六）情感危机

当前，大学生对情感方面的问题能否正确认识与处理，已直接影响到大学生的心理健康。情感危机是指一个人在感情中遭到突然的打击，使其无法控制和驱使自己的感情，从而严重地干扰他的正常思维和对事物的判断处理能力，甚至使工作、学习无法进行。在极度的悲痛、恐惧、紧张、抑郁、焦虑、烦躁等情绪下，极易导致精神崩溃，做出莽撞的事来。在大学生中最常见的情感危机莫过于失恋，这是诱发大学生心理问题的重要因素，恋爱失败往往导致大学生心理变异，甚至有的人因此而走向极端，造成悲剧。

【心理自测】

珍爱生命小测试

请同学们对以下单项选择题，进行真实的回答。

1. 你是否喜欢吸烟？（ ）

A. 非常喜欢　B. 喜欢　C. 不喜欢

2. 你是否每天坚持锻炼身体？（ ）

A. 不锻炼　B. 时常锻炼　C. 每天坚持

3. 你在日常生活中是否珍惜时间？（ ）

A. 不珍惜　B. 有时珍惜　C. 非常珍惜

4. 你平常是否遵守交通规则？（ ）

A. 不遵守　B. 遵守　C. 严格遵守

5. 你是否觉得活着有意义？（ ）

A. 没有意义　B. 有点意义　C. 很有意义

6. 一次吸毒，终生戒毒，你觉得这种说法对吗？（ ）

A. 不一定对　B. 对　C. 非常对

7. 你了解预防艾滋病的方法吗？（ ）

A. 不了解　B. 了解　C. 非常了解

8. 在参加各种活动时，你是否想到安全？（ ）

A. 从来没想　B. 有时想到　C. 首先想到

9. 你希望多了解一些法律知识吗？（ ）

A. 无所谓　B. 希望　C. 很希望

10. 你能注意保持环境卫生吗？（ ）

A. 不保持　B. 偶尔保持　C. 经常保持

对以上选择题，如选 A 得0分，选 B 得1分，选 C 得2分，然后把每个题目得分相加。得分越高，说明你珍爱生命的程度越高。

三、大学生心理危机的特点

当今社会正经历着急剧变化，大学生也面临着前所未有的严峻挑战。由于大学生的文化水平较高，心理发展水平正处在艾里克森所谓的“自我同一性对角色混乱”时期，他们的心理危机的特征既有普遍性，又有特殊性。一般来说，大学生心理危机的特点主要表现在以下几个方面。

（一）易察性

大学生的主要生活空间是教室、宿舍、食堂、运动场等，接触对象主要是同学和教师。如有异常现象，较容易被同学、教师发现。

（二）突发性

危机总是来得突然，常常出人意料，具有不可控制性。

（三）无助性

心理危机的降临，先前的应对经验无法应对危机，常常使大学生觉得无所适从，再加上社会支持系统不完善，常常使其感到无助、绝望。

（四）危险性

当危机出现时，人们原有的身心平衡状态受到破坏，人就会处在危机状态，出现思维不清、意志失控、情感紊乱等情况。大学生因情绪失控，会出现一些过激行为，诸如自杀、杀人等极端危机表现形式。

（五）潜在性

心理危机并非以直接爆发的方式体现，而是潜藏于个体内心，当遭遇特定的应激事件时，容易引发心理危机。

四、大学生心理危机的表现

（一）心理危机的表现

（1）躯体反应。肌肉紧张，易疲劳，头晕，失眠，食欲缺乏，消化不良等。

（2）情绪反应。极度焦虑，过度担心，抑郁，淡漠，恐惧，愤怒，自责等。

（3）认知失调。反应迟钝，记忆和知觉改变，难以区分事物的异同，解决问题的能力下降。

（4）行为改变。社会退缩，逃避现实，行为与情感不一致，出现过去没有的非典型行为。

如果有以上情况出现，那么可以断定你已经处在心理超负荷状态，身心健康状况已经亮起红灯，一定要及时调整和治疗，使心理恢复平衡。

（二）心理危机发生后可能出现的系列反应

（1）震惊。周期性或持续性地颤抖，长期心烦意乱或心不在焉，极端不安和精神恍惚，精神错乱。

（2）责难。责怪自己和他人。

（3）内疚和焦虑。面临危机的个体可能因为害怕、恐怖和忧虑而感到不知所措，伴随着焦虑反应的共同的生理症状有：出汗过多、头痛、心悸、胸痛、战栗、换气过多、头晕眼花。

（4）抑郁。人们在面临危机时往往表现得很抑郁，特别是在很极端的时候，会极度地悲伤、痛心和绝望。

（5）逃避和专注。故作轻松，假装适应，表面上好像很成功地驾驭了创伤和压力，但内心脆弱。假装适应的反应是一种由抑制、自我克制等综合构成而支撑起来的相当脆弱的防御方法。

（6）精神恍惚。不知所措，感到麻木和茫然，经常眼神呆滞，说话时恍恍惚惚，难以集中注意力，走路僵硬，并且很容易受到暗示。

（7）寻求改变。危机中的个体虽然对事件的不确定感到很难受，处理问题的能力受到了限制，但内心想获得别人的帮助，摆脱困境，只不过常常采用一些不当的方式来处理问题。

第三讲　一触即发——大学生心理危机的预防和干预

如何对大学生的心理危机实施有效干预，是摆在高校教育工作者面前的一个重要的实践课题。如果我们能够正确并积极地面对危机，就可使危机转变为机遇，成为成长的契机。大学生在生活中如何提高自身的心理免疫力，预防危机的发生？自己面临心理危机时该如何处理？怎么识别他人产生心理危机的信号？周围的人产生心理危机该怎么帮助他们？

一、预防心理危机

（一）培养积极的认知

认知对于人在应对危机事件的过程中起着非常重要的作用。弗兰克尔在《追寻生命的意义》一书中描述了他在奥斯维辛集中营的生活，他看到了3类不同的人：一类人会主动寻求死亡，一类人会主动寻求生存，另一类人被动地生存。这3类人面临的是同样的集中营生活，但是他们的反应却不一样，在这里起作用的就是认知，他们认知的不同决定了他们行为的不同。认知消极的人会认为我做什么都没有用，在这里太痛苦了，我还不如主动结束自己的生命。认知积极的人会认为我要努力生存，就算环境再恶劣，我也要生存下去，这种日子总会结束的。

（二）建立良好的应对方式

应对方式是个人在应激期间处理应激情境、保持心理平衡的一种手段，它会直接影响到心理危机是否能够得到有效解决。通常情况下人的应对方式主要有以下3种。

（1）解决问题—求助，成熟型：这类人在面对应激事件或环境时，常能采取“解决问题”和“求助”等成熟的应对方式，而较少使用“退避”“自责”“幻想”等不成熟的应对方式，在生活中表现出一种成熟稳定的人格特征和行为方式。

（2）退避—自责，不成熟型：这类人在生活中常以“退避”“自责”“幻想”等应对方式应对困难和挫折，而较少使用“解决问题”和“求助”这类积极的应对方式，表现出一种退缩的人格特点，其情绪和行为均缺乏稳定性。

（3）合理化，混合型：“合理化”应对方式既与“解决问题”“求助”等成熟应对方式呈正相关，也与“退避”“自责”“幻想”等不成熟应对方式呈正相关，反映出这类人的应对行为集成熟与不成熟的应对方式于一体，在应对行为上表现出一种矛盾的心态和两面性的人格特点。

大学生需要记住的是“求助是强者的行为”，成功人士往往更懂得求助，而不是事必躬亲。大学生要认识到每个人都有自己的局限，也都有所长，你不能解决的问题，别人未必不能，你想不到的方法，别人也许能想到。

（三）构建社会支持系统

社会支持指人们感受到的来自他人的关心和支持。构建社会支持系统就是要构建一个来自他人关心和支持的系统。尤其是当个人遇到心理危机之后，可以寻求他人的帮助，而不是独自解决。

二、自助与求助：当自己遭遇心理危机时

当一个人遭遇心理危机时，最重要的就是求助，求助主要分以下两个部分。

（一）寻求专业帮助

一个人遭遇心理危机后，往往会出现一些应激的症状，如失眠、情绪低落、胃口不好等，通常情况下这些应激症状都会在一周左右减少或者消失。如果这些症状持续两周以上，并且严重影响到了个人的生活和学习，那就说明这个人需要寻求专业帮助了，比如向心理咨询师或者精神科医生寻求帮助。

创伤后应激障碍（Post Traumatic Stress Disorder，PTSD），指个体经历、目睹或遭遇到一个或多个涉及自身或他人的实际死亡，或受到死亡的威胁，或严重的受伤，或躯体完整性受到威胁后，所导致的个体延迟出现和持续存在的精神障碍。产生这些威胁的事件包括战争、地震、严重灾害、严重事故、被强暴、受酷刑、被抢劫等。创伤后应激障碍发病多数在遭受创伤后数日至半年内出现。当出现创伤后应激障碍的症状时，也需要寻求专业帮助。

【知识加油站】

创伤后应激障碍的临床症状

（1）持续地重新体验到创伤事件。

- 反复而痛苦地回忆起创伤事件，包括印象、思想或知觉。
- 反复而痛苦地梦及创伤事件。

（2）对创伤伴有的刺激做持久的回避，对一般事物的反应显得麻木。

- 努力避免有关此创伤的思想、感受或谈话。
- 努力避免会促使回忆起此创伤的活动、地点或人物。
- 不能回忆此创伤的重要方面。
- 很少参加有意义的活动或没有兴趣参加。
- 有脱离他人或觉得他人很陌生的感受。
- 情感范围有所限制（例如不能表示爱恋）。

（3）警觉性增高，症状表现如下。

- 难以入睡，或睡得不深。
- 激惹或易发怒。
- 难以集中注意力。

（二）寻求社会支持

大学生在自己的生活中遭遇一些危机事件，如家庭重大变故、身体疾病、失恋等，要寻找必要的社会支持，如教师、同学等的支持，集众人的力量帮助自己走出心理危机。这个时候，有的大学生可能会担心给别人添麻烦，或别人不愿意帮助自己等，而放弃求助。大学生一定要相信，自己在有危机情况时，身边的人会愿意伸出援助之手。

三、助人与转介：当身边的人遭遇心理危机时

（一）识别自杀信号

有自杀企图的人以普遍存在的无望感为特征——“我的生活没有希望”，主要体现在以下4个方面。

（1）思想消极：我不值得活着。

（2）无助：我解决不了这个问题。

（3）耐受痛苦能力差：我再也受不了这种痛苦了。

（4）认为累赘他人：我走了大家会过得更好了。

人在自杀前会发出一些信号，只要用心观察，其实并不难发现，这些信号包括如下。

1. 言语线索——直接和间接的表达

（1）直接的言语线索：

我不想活下去了。

我想自杀。

我真希望我死了。

如果不……我就自杀。

（2）间接的言语线索：

活着没有意思。

我的问题根本解决不了。

死了比活着好。

没有我大家会更好。

我再也无法忍受了。

很快我的所有问题都结束了。

现在没有人能帮我。

我感到没有希望。

2. 情感线索——感受

最核心的感受是绝望，其他的如孤独、愤怒、内疚、难过、无望、无价值感、无助都是可能产生心理危机的感受。

3. 行为线索——行动

学习成绩下降，注意力不集中。

疏远家人和朋友，在学校表现出退缩和逃避。

食欲减退。

分发财物，道别。

酒精或者药物滥用。

不计后果的行为。

极端的行为改变。

自我伤害。

严重抑郁后突然的平静。

4. 情境线索——伴随丧失感的压力事件

突然被所爱的人拒绝，不情愿地分手等。

失去重要的目标或梦想，如考研失败、找工作失败、作弊被开除等。

感到被所爱的人背叛。

所爱的人去世。

患了绝症。

与重要他人的近期冲突。

突然失去自由，比如犯罪被捕。

失去经济保障或者面临其他重大经济问题。

5. 生理线索——身体情况的改变

对什么事情都缺乏兴趣。

睡眠障碍（失眠、多梦、早醒等）。

食欲/体重改变/减少。

身体健康问题（心悸、头痛等）。

性欲改变/减退。

总之，任何对未来感到特别痛苦、绝望、无望或想要结束生命的警示信号都值得被关注。如果发现自己身边有人透露出想自杀的各种信号，一定要引起注意，没有什么比生命更重要，如果发现同学有潜在的危险，一定要及时和教师沟通，并带领同学寻求专业帮助。

【知识加油站】

有一位自杀未遂而变成残疾人坚强地活下来的大学生，他真正意识到了轻易放弃生命是何等的愚蠢。他以自己的经历，真诚而后悔地告诉因为挫折与痛苦而想自杀的人一句话：当面临人生逆境时，无论如何也不要放弃生命！也许一切都可以放弃，但对生命的信念与珍爱不能放弃，这是每一个人的“生命底线”，是每个人应该遵循的基本准则。

（二）自杀干预的策略

当第一次与有自杀念头的人接触时，应注意以下的干预程序。

（1）倾听。任何一个处于心理危机中的人，他最迫切的需要就是有人能倾听他所传达出的信息。指责有自杀可能的人，只会阻碍有效的交流。

（2）对处于心理危机中的人的思想和情感进行评估。对任何自杀的想法都要认真对待。如果处于心理危机中的人已对自杀做了详细的计划，那么自杀的可能性比仅仅想到自杀时要大得多。在做出自杀行动之前，他们既可能表现得很安静，也可能表现得情绪激动。如果既处于明显的抑郁之中，又伴有焦躁不安，这时出现自杀的可能性最大。

（3）接受所有的抱怨和情感。对处于心理危机中的人的任何抱怨都不应轻视或忽视，因为这对他们可能是非常严重的问题。在某些情况下，处于心理危机中的人可能以一种不经意的方式谈到他们的不满或抱怨，但内心却有着剧烈的情感波动。

（4）不要担心直接问及自杀。处于心理危机中的人可能会隐约涉及自杀问题，但却不一定明确提出来。根据过去的经验，在适当的时候直接询问这一问题并不会产生不良的结果，但一般应在会谈进展顺利时再询问这一问题，因为与处于心理危机中的人建立良好的协调关系后再问这一问题效果会更好。处于心理危机中的人一般也比较喜欢被直接问及自杀的问题，并能公开地对此进行讨论。

（5）要特别注意那些很快“反悔”的人。处于心理危机中的人经常会因为讲出了自杀的念头而感到放松，并且容易错误地以为心理危机已解决。然而问题往往会再次出现，这时的自杀预防工作就更为重要。

（6）做他们的引导者。处于心理危机中的人，他们的生活需要有坚定、具体的引导者。

这时，干预人员要向他们传达这样的信息：他们所面对的问题已处于控制之中。

（7）充分利用合适的资源。每一个个体都既有内部资源（个人的、心理的），又有外部资源（社会支持系统，如家庭、朋友的）。如果这些资源缺乏，问题就很严重，必须获得外界的支持和帮助。

（8）采取具体的行动。对一个处于心理危机中的人来说，如果他觉得在咨询会谈中一无所获，会产生挫折感。

（9）及时与专家商讨和咨询。根据问题的严重程度，请相关部门或专家进行心理评估。任何事都由自己一个人去处理是很不明智的。但同时应在处于心理危机中的人面前表现得沉着，让对方感到他的问题已处于完全控制之中。

（10）分析自杀结果。引导者应该指出，如果有自杀想法者的选择是去死，那么这样的决定就是不可逆的。只要生命尚存，就有机会解决存在的问题，而死亡同时也终止了任何出现转机的机会。同时也应强调情绪低落的阶段是会过去的，情绪低落虽然是对自我的限制，但它也是有周期的。当抑郁症状再次出现时，人们也应同时看到它不久又会消失。

【知识加油站】

在有关自杀的研究中，自杀的传染性是一个受重视的现象。不少研究都介绍过因影视、广播等媒体详尽报道一些自杀事件，而使社会上自杀者或企图自杀者增加的事实。日本曾出现一位走红女演员跳楼自杀的事件，此后的几个月中，连续不断出现采用类似方式自杀的事件。

研究表明，自杀的模仿性现象及潜意识引导确实存在。对1973—1979年美国电视报道自杀事件的研究报告指出，电视报道自杀事件确能导致青少年自杀率上升，越多媒体报道，内容越详尽，则引致自杀率上升幅度也越大。

学者们认为最容易引发模仿性自杀的新闻报道有以下特征：详细报道自杀方法；对自杀而引致的身体伤残很少提及；忽略了自杀者生前长期有心理不健康的问题；将引发自杀的原因简单化；自杀者知名度高，社会影响大；使人误认为自杀会带来好处等。

为减少自杀的传染现象，学者们强调大众传播媒介在报道自杀事件时应该持谨慎态度，应尽量指出自杀者实际有很多其他可以选择的途径，自杀不是正确的做法，以便尽量减少那些有自杀意念的人认为自杀是一种正确处理困难的方法。

四、及时求助专业资源

当出现心理危机时，大学生一定要及时求助专业人士。一方面，高校中通常设有心理咨询室，大学生可以在此获得帮助；另一方面，大学生也可拨打心理危机干预热线来获得帮助。

【心理训练】

最后的24小时

目标：让所有成员更深层次地探讨自己的价值观，让自己有价值地活着。

准备：每人一张白纸、一支笔。

操作：

（1）指导者告诉所有人，因为某种不明的原因，在场的所有人的生命只剩下最后的24小时，但你身体健康，活动自如，那么你打算怎么过最后的24小时呢？

（2）让同学们自己写下自己要做的事情，然后指导小组讨论，说明自己做这些事情的理由。

（3）请几位同学将自己最后的24小时与大家分享。

（4）指导者总结。

【阅书观影】

1. 书目推荐——《影像中的生死课》，陆晓娅著

《影像中的生死课》是陆晓娅老师自2012年起在北京师范大学开设的同名公共选修课的授课笔记实录。全书以“什么样的生活值得一过”为核心关切点，选取中外电影，搭建与“生死”相关重大议题的思考平台，跨越心理学、社会学、医学、人类学、伦理学、哲学、美学等多个学科，在观影、阅读和讨论的多重对话中，协助大学生探索生命存在的意义和价值，建构自身的生命意识和生命价值观。《影像中的生死课》以纪实性的手法，逐一呈现每个单元的教学内容，展现生动的课堂教学过程，在解析相关生死议题的同时，亦分享作者的教育理念和教学手法。

2. 影视推荐——《阿甘正传》

阿甘是个智商只有75的智力障碍孩子。在学校里为了躲避别的孩子的欺侮，听从朋友珍妮的话而开始“跑”。在中学时，他为了躲避别人而跑进了一所学校的橄榄球场，而被大学破格录取，并成了橄榄球巨星，受到了总统的接见。阿甘的智商尽管并不高，但他的身上却具有这个社会非常需要的诚实、守信、勇敢、真诚等美德。影片的开始，我们或许会被阿甘的木讷所逗乐，在他面前，我们充满着优越感，但在影片结束时，我们却不得不被他的真诚所感动。每个看过《阿甘正传》的人都会从中得到些感悟——生命就像那空中白色的羽毛，或迎风搏击，或随风飘荡，或翱翔蓝天，或坠入深渊……

主题十三　千呼万唤始出来——咨询篇

尊重生命，尊重他人，也尊重自己，是生命进程中的伴随物，也是心理健康的一个条件。

——弗洛姆

【活动任务书】

<table>
<tr><td>活动名称</td><td>留下你的烦恼</td><td>姓名</td><td></td><td>完成时间</td><td></td></tr>
<tr><td rowspan="2">目标</td><td colspan="5">学习目标：
1. 正确认识和对待心理咨询
2. 了解自己的心理思想状况
3. 增强自己应对生活中各种问题的能力</td></tr>
<tr><td colspan="5">思政目标：
1. 将社会主义核心价值观融入大学生心理健康教育，完善心理健康教育的育人功能，落实立德树人的根本任务
2. 引导大学生发现真实的自我，勇于承担自我责任，塑造健全人格</td></tr>
<tr><td>任务</td><td colspan="5">1. 做心理测试了解自己的心理状况
2. 尝试向朋友、亲人或教师吐露自己的困惑，宣泄情感</td></tr>
<tr><td>实施过程</td><td colspan="5">1. 小组成员将自己的近期烦恼匿名写在纸条上，投入箱中
2. 成员一起传阅这些烦恼，并对此进行讨论，给出良好的解决方案
3. 利用大家想出来的方案解决自己的烦恼</td></tr>
<tr><td>注意事项</td><td colspan="5">正确对待学习和生活中出现的各种心理问题，提高心理素质</td></tr>
<tr><td rowspan="3">组员及
分工情况</td><td>队号</td><td colspan="2"></td><td>队长</td><td></td></tr>
<tr><td>队员</td><td colspan="4"></td></tr>
<tr><td>任务分工</td><td colspan="4"></td></tr>
</table>

【心理导航】

治疗创伤

佳佳是一位来自农村的女大学生，其家庭经济很困难。上大学后，佳佳从农村来到城市，面对高昂的学费、陌生的同学、繁重的大学学业，她感到应接不暇。此时，她的父亲因车祸而突然离世，她几乎垮掉了，天天以泪洗面，不止一次在同学中提起为什么那么多不幸的事情都降临在她的头上，她觉得没有勇气继续活下去，在这种情况下，同学们建议她进行心理咨询。

想一想：

（1）佳佳为什么会出现这样的心理问题？

（2）心理咨询师该怎样帮佳佳走出心理困境，让佳佳重新振作起来？

第一讲　心灵播种——心理咨询概述

一、心理咨询的概念

“心理咨询”（Psychological Counseling）在《美国精神病学语汇表》（1988）的定义为：“心理咨询是一种谈话和讨论的治疗方法，其中供咨询者向求询者就一般或特定的个人问题提供建议或辅导。”

美国《哲学百科全书》认为，心理咨询有以下几个方面的特征。

① 主要着重于正常人。

② 对人的一生提供有效的帮助。

③ 强调个人的力量与价值。

④ 强调认知因素，尤其是理性在选择和决定中的作用。

⑤ 研究个人在制定总目标、制定计划及扮演社会角色方面的个性差异。

⑥ 充分考虑情景和环境的因素，强调人对于环境资源的利用及必要时改变环境的能力。

朱智贤主编的《心理学大词典》中，将心理咨询定义为：“对心理失常的人，通过心理商谈的程序和方法，使其对自己与环境有一个正确的认识，以改变其态度与行为，并对社会生活有良好的适应。心理失常有轻度的，有重度的；有属于机能性的，有属于机体性的。心理咨询以轻度的、属于机能性的心理失常为范围。心理咨询的目的，就是要纠正心理上的不平衡，使个人对自己与环境重新有一个清楚的认识，改变态度和行为，以达到对社会生活的良好适应。”

关于心理咨询的定义，古今中外的学者有着不同的说法，但有诸多共同之处。比如，心理咨询是一个构建人际关系的过程，心理咨询是一个助人的过程，心理咨询是一个运用有关理论和方法以促使求助者的心理和行为有所改变的过程等。综上所述，我们可以认为，心理咨询就是专业的心理咨询师运用心理学技术和方法协助求助者解决心理问题的过程。

【知识加油站】

导管人生

我们常以为人是一个容器，盛着快乐，盛着悲哀。但人不是容器，人是导管，快乐流过，悲哀流过，导管只是导管。各种快乐和悲哀流过，一直到死，导管才会空。

疯子，就是导管淤塞和破裂。

二、心理咨询的功能

一般认为，心理咨询能为人们提供新的学习经验，可以帮助人们扫除心理障碍，以便更好地发挥才干。那些由于心理障碍而遇到麻烦的人，可以在咨询师的帮助下逐渐改变与外界格格不入的思维、情绪和反应方式，并学会建立与外界相适应的方式。简单地说，心理咨询可以促使人们从不同的角度看待自己和社会，用新的方式去体验和表达他们的思想情感，并产生出全新的思维方式。具体而言，心理咨询的功能包括以下七个方面。

（一）帮助求助者认识到自身的问题主要是由尚未解决的内部冲突引起的

很多寻求咨询的人往往认为他们的问题是由于他们自身之外的因素造成的。这时咨询师采取的重要步骤就是让求助者认识到，大部分心理问题的发生是源于自己尚未解决的内部冲突，外部环境只不过是一个舞台，冲突便在这个舞台上展开。人们所遇到的压力问题、适应问题、人际问题等，正是其内部冲突的外部表现。要解决问题，首先应改变自己的某些方面而使问题有所缓解。并且，在咨询过程中，求助者将逐渐认识到，如果改变了自己的内部冲突，不仅问题得到了解决，同时自己也变得更加坚强，自己的人生也变得更充实、美满。

（二）为求助者更加有效地面对现实问题提供了机会

前来咨询的人在应对现实问题时，往往采取无效的防御反应，如逃避、理想化及过分责备他人等。但他们同时还认为自己对现实的认识是清楚的，解决问题的办法也是正确的。事实上这些方法却无助于他们解决现实问题，而只会让他们陷入更大的困扰或症状当中。通过咨询可以帮助求助者更加全面、客观地认识自己和外部世界，并采取积极有效的方式去解决所面临的问题，引导求助者回到现实中来，对现实体验敞开胸怀，勇敢地去承受现实中的合理痛苦。只有学会将过去的经验、现在的行动和未来的理想统合起来，投身现实去做切实的努力，才能坚实地走向未来。

（三）引导求助者发现真实的自我

求助者关于自我的问题不外乎三种类型，即有些人能明确认识自己，却要制造假象给别人看；有些人认为已经认清了自己，但实际上并非如此；还有些人则对自己感到迷惑不解，不知道自己到底是什么样的人。通过咨询，求助者可以真正认识自己的需要、价值观、态度、动机、个性特征等，根据自己的心理状况设计自己的行为，从而可以尽可能快地成长并获得进步。这也就意味着，咨询不仅可以帮助求助者认清自己，而且可以促使他们根据这个真实的自我来完善人格。

（四）为求助者提供建立新型人际关系的机会

要成为真正的心理咨询师，自身必须心理健康，并且全心全意地关心和帮助求助者，同时还应具备丰富的心理咨询专业知识和助人技巧。尽管咨询师不一定十全十美，但他们应该比求助者所接触的所有其他人更有能力提供一种健康的和有益的相互关系，这种相互关系中的许多特征在其他关系中不常遇见。求助者经过咨询师的帮助，能够把他与咨询师的关系以及发展关系的经验，成功地应用于与其他人的交往之中。

（五）增加求助者心理的自由度

大多数求助者至少在一个相当重要的方面缺乏心理自由。例如，很多人从来不敢承认自己有过失或缺点（让别人知道自己存在不足的自由），或者不愿意让别人失望（使别人失望的自由），或者不能容忍自己存在互相矛盾的情感（允许矛盾情感同时存在的自由）等。通过咨询，求助者可以发现他们到底在哪些方面缺乏自由，进而增加这种自由，当人们能觉察自己复杂的感情并能够接纳的话，他们就会逐渐理解自己前后矛盾的行为，并在解决问题的道路上迈出重要的一步。

（六）纠正求助者的某些错误观念

许多前来咨询的人，其头脑中都存在不同性质、不同程度的错误观念，正是这些错误观念导致了他们的心理问题和适应困难。求助者常确信他们十分清楚自己需要什么和正在做什么，而实际上并非如此。心理咨询帮助人们面对那些以前认为“无法解决”的问题，帮助人们坦诚面对沉重的许诺，促使一个人不再自我欺骗。咨询促使求助者有生以来第一次有机会审度其思想观念的准确性，看到这些固有观念是怎样导致许多本来可以避免的困境，并帮助他们以更准确的现实观念来置换它，帮助求助者获得对自己做出有利决定的态度。有了这种态度，求助者就更有能力做出清醒的、明智的选择，来加速自身的成长，并在生活中获取更大的满足。

（七）帮助求助者做出新的有效行动

新的有效行动，指过去未曾尝试过的，且能够满足个人需要的行动，如友好关系的体验等。启发、鼓励和支持求助者采取新的有效行动，可以是公开的和直接的，包含明确的建议和具体的指导，也可以是含蓄的、间接的或暗示性的。鼓励求助者采取新的有效行为，减少其烦恼。

现代社会迅速发展，人际交往和人们的需求日趋复杂，这对人们的社会适应提出了新的要求。人们需要被理解、被关注，需要相互支持，也需要准确理解现实的知识和能力。总之，人们需要心理的成长和发展。心理咨询适应了现代人类的这种要求。通过咨询，人们获得理解的体验，对现实的认知得到发展，行为得到指导，从而获得精神成长的经验积累，个人潜能得到释放，工作和学习将更有成效。同时，心理咨询促进了人们心理健康水平的提高，不但有利于身体健康，而且由于良好行为的不断增加，社会文明程度也进一步增长，人们的生活质量无疑将大大提高。

【知识加油站】

对心理咨询的误解

误解1：心理咨询就是聊天，不如找朋友。

心理咨询不是简单的聊天，而是有技术含量的“聊天”，心理咨询师的任务不是说服你，而是助人自助。

误解2：心理咨询就是浪费时间，没有任何帮助。

所谓磨刀不误砍柴工，有时候解开了心结，做事效率会高很多。

误解3：心理咨询师很厉害，你想的什么他都知道。

心理咨询师没有魔力，不会看透你。

误解4：心理脆弱的人才会去心理咨询。

求助是强者的行为，成功人士往往都懂得求助。

误解5：有问题扛一扛就过去了，不用去心理咨询。

关注今天的心理健康就是为明天的健康买保险，不要等到问题很严重了才去解决它。

误解6：找心理咨询师的人都是不正常的人。

心理咨询师接待的来访者大部分是正常人，这些人希望获得更多成长或在某方面表现得更好，他们和疾病一点儿关系都没有。

第二讲　自我悦纳——大学生心理咨询的内容与类型

一、大学生心理咨询的内容

学校心理咨询是心理咨询教师运用心理学的原理和方法，对在校学生的学习、适应、发展、择业、情感等问题给予直接或间接的指导、帮助，并对有关心理障碍或轻微精神疾患进行诊断、矫治的过程。

大学生心理咨询为全体学生提供心理辅导，除了为有心理疾病的学生进行咨询和治疗，更多的是帮助有心理困惑的学生实行有效的调节，提高他们的心理素质，充分开发潜能，促进健康成长。常见的大学生心理健康问题主要表现为以下几个方面。

（1）适应问题。新生进校后的适应困难，如远离父母，环境改变，需要独立生活，角色转换，学习内容和学习方法改变，人际关系多样化。毕业离校前有适应社会的困难，如将要进入社会前的忐忑不安，对将要从事的工作不了解或不满意，将与同窗好友离别等。

（2）学习问题。学习困难，成绩不好，或没有自己期望的那样好；考前焦虑，考试不及格，面临重修、补考、留级、退学等学习挫折；考试作弊心理；学习障碍等。与学习有关的心理问题包括注意和记忆障碍、考试焦虑、动力失落、专业不满意、学习方法不当、成绩波动过大、厌学等。

（3）恋爱问题。失恋，热恋中的行为不当，恋爱遭家长反对，恋爱困扰，单相思等。

（4）人际关系问题。与教师关系不佳，与同学关系不合，孤僻，与人争吵、打架，被人欺骗等。

（5）社会工作问题。社会工作和学习发生冲突；辛勤工作却得不到理解和承认，感觉自己有负众望；工作得不到同学的支持；组织活动不成功或未达到预期目的，或结果没有自己期望的那样好；竞选学生干部失败等。

（6）情绪负性反应。情绪忧郁，沮丧，失望，无助，心理冲突，心理危机等。

（7）躯体健康问题。患病，睡眠障碍，疼痛等。

（8）意外事件。交通事故，失窃，受伤，受辱，被人误会等。

（9）性的困惑。自慰、婚前性行为的把握等。

（10）求职择业问题。包括职业与性格不匹配、缺乏应试技巧、毕业心理准备不足等。

（11）与精神卫生有关的问题。包括各种类型的精神障碍，如抑郁症、精神分裂、焦虑症、强迫症等。

（12）其他心理问题。如家庭经济困难，家庭成员不和或父母离异，家庭成员患病或死亡，家庭遭到灾难，厌食贪食（减肥），自杀预防等。

可以看出，大学生心理咨询的内容广泛，涉及大学生活的各个方面。充分了解其内容，在心理咨询中准确地诊断心理问题的类型、表现范围、严重程度，对于提供心理辅导至关重要。

二、大学生心理咨询的类型

大学生心理咨询的类型按照不同的标准可有不同的划分。

（一）按照咨询的性质分类

1. 发展性咨询

这类咨询对象是无明显心理冲突，基本适应环境的健康人群，其咨询内容是针对成长中不同阶段出现的心理困惑和心理问题寻求心理辅导，如择业求学问题、职业适应和发展问题等。其咨询的目的是更好地认识自己，扬长避短，充分发挥潜能，提高学习和生活质量。

2. 健康性咨询

这类咨询对象在现实生活中有各种烦恼和压力，有明显的心理矛盾和冲突，在新生入学后因环境适应不良而焦虑，因学习成绩上不去而苦恼，因单恋或失恋而不能自拔、过度自卑等。其咨询的目的是排除心理困扰，减轻心理压力，提高适应能力。

3. 障碍性咨询

这类咨询对象患有某些心理疾病，影响正常的学习和生活，求治心切，如焦虑症、抑郁症、强迫症等。其咨询的目的是希望挖掘病源，找到对策，克服心理障碍，恢复心理健康。需要注意的是，心理问题严重到心理障碍的程度，必须要接受系统的心理治疗，并配合药物治疗，心理咨询只是辅助手段。

（二）按照咨询的时长分类

1. 短程咨询

短程咨询是指在相对短的时间内（一般是1～3周）完成咨询。资料的收集和分析集中在心理问题的关键点上，就事论事地解决咨询对象的一般心理问题，追求近期疗效，对中、远期疗效不做严格规定。

2. 中程咨询

中程咨询是指在1～3个月内完成咨询，可涉及较严重的心理问题，咨询师应制订完整的咨询计划，追求中期以上疗效。

3. 长程咨询

对于存在严重心理问题或神经症性心理问题的咨询对象，需要采用长程咨询，一般用时在3个月以上。咨询师要制订详细的咨询计划，追求中期以上的疗效，建立良好的治疗联盟，保障咨询对象坚持治疗。

（三）按照咨询对象的数量分类

1. 个别咨询

个别咨询是由一名咨询师对单个咨询对象进行单独咨询，它是心理咨询的主要形式。这种咨询既可以采用面谈的方式，也可以通过电话、信函等其他途径进行。其优点是咨询对象顾虑较少，可基本无保留地倾吐内心的秘密；咨询师可以耐心、深入地进行解答、劝导和帮助。不足之处是咨询对象少，费时费力，社会影响也较小。

2. 团体咨询

团体咨询是由咨询对象组成小组（一般以10人左右为宜），在咨询师的带领下，运用适当的策略和方法对小组共同存在的问题进行体验、探讨、交流和学习，从而解决他们共同的心理问题。其优点是：①感染力强。团体咨询不像个别咨询那样是单向或双向交流，而是多向性交流。咨询对象可以观察到其他人也有与自己类似的苦恼，有助于自我认识，也有助于稳定情绪。由于咨询对象之间的问题比较接近，解决问题的迫切性相同，从而促使他们开展讨论、集思广益，也促使他们相互支持、相互影响，这就是所谓的“集体方程”。②效率高。团体咨询可解决咨询师不足的矛盾，扩大咨询对象的数量，提高咨询工作的效率。③对治疗孤独、焦虑、害羞等人际交往问题具有重要作用。

团体咨询活动本身就可以给咨询对象提供参加社交活动的机会，通过示范、模仿、练习等方法，逐渐克服各种交往障碍。不足之处是难以对个体进行深入研究，成员间不易倾吐心中的隐私，也不好评估咨询工作的效果。

（四）按照咨询的途径分类

1. 门诊咨询

门诊咨询是通过医院或咨询中心的心理咨询门诊进行咨询的一种形式。咨询程序与医院的临床各科门诊程序相仿，首先由咨询对象挂号，办理门诊手续，然后由心理咨询师接诊。在接诊中，咨询师通过咨询对象的倾诉或必要的心理检查，搞清咨询对象的问题症结和心理疾病的本质，做出正确的病情判断，并施以相应的心理治疗。门诊咨询对咨询师有较高的要求，咨询师不仅应具有一般的临床知识和经验，而且还要具备比较全面的心理学知识和心理咨询、心理治疗的专门技能，否则很难起达良好的咨询效果。

2. 网络咨询

网络咨询是由咨询师通过网络来解答心理问题的一种形式。其优点是简便易行，可以不受距离远近的约束，不足之处是受咨询师的文化水平、思维方式、文化修养等限制，对咨询对象的心理状况、病态表现等无法全面地观察，这些都限制了咨询的效果。

3. 电话咨询

电话咨询是利用电话给咨询对象以劝告和安慰的一种咨询形式。电话咨询在防止由于心理危机所酿成的悲剧（如自杀与犯罪）方面有特殊价值。心理咨询师日夜守候在电话旁随时帮助咨询对象度过危机，必要时还可以赶赴咨询对象的所在地进行直接的疏导和帮助。电话咨询被人们誉为“希望线”“生命线”。电话咨询的优点是咨询速度及时，不分昼夜，不论远近。当事人在精神崩溃的紧急关头，如果能得到心理上的支持，的确可起到扭转乾坤的作用。

4. 现场咨询

现场咨询是由咨询师深入学校、家庭等现场，对咨询对象提出的问题给予帮助或解答的一种咨询形式。咨询师通过对咨询对象所处的实际环境与背景的了解，可以提出更加准确、中肯而有效的意见。对咨询对象来说，则比较方便和自然。

5. 宣传咨询

宣传咨询是通过报纸、杂志、广播、电视等大众媒介，对读者、听众或观众提出的典型心理问题进行解答的一种咨询形式。这种宣传性质的咨询目前比较普及。许多报刊、电台都设置了专栏或专题节目，对读者或听众提出的各种心理问题进行解答。宣传咨询的优点是面广量大，具有治疗与预防并重的功能，好的专栏或节目会引起人们的关注，是普及心理健康知识的良好途径，这是其他形式的心理咨询所不及的。

【小试牛刀】

你对心理咨询的态度是怎样的?

本测试的目的在于了解你对心理咨询的态度，请根据自己的实际情况回答“是”或者“否”。

（1）我认为心理咨询是非常有用的。

（2）我大致了解心理咨询的收费情况。

（3）我认为心理咨询师最重要的职业道德是保密。

（4）我认为心理咨询对心理健康是必要的。

（5）我认为心理咨询在日常生活中的应用并不广泛。

（6）我认为心理咨询师可以看透别人的心理。

（7）我认为接受了心理咨询就一定可以解决所有问题。

（8）在心理咨询中，我只对催眠有兴趣。

（9）如果可以的话，我愿意在固定时间去做心理咨询。

（10）我认为去做心理咨询的人都是心理有问题的人。

（11）我喜欢做杂志上的心理测试题。

（12）我认为心理咨询就是心理治疗。

计分方法：各小题回答与以下答案一致记1分，不一致记0分。

（1）是；（2）是；（3）是；（4）是；（5）否；（6）否；（7）否；（8）否；（9）是；（10）否；（11）否；（12）否。

结果解释：总分12分，分数越高说明对待心理咨询的态度越正确。

第三讲　成长助力——大学生心理咨询的意义、特点和目标

一、大学生心理咨询的意义

（一）形成正确的自我意识，培养健全的人格

大学生只有正确认识和评价自身优缺点，才能更好地适应大学的学习和生活。相当多的大学生不能客观、全面、正确地评价自己，经常出现自我意识偏差。有些大学生由于自我感觉良好而过高评价自己，容易出现自负心理；还有一些大学生由于自轻自贱而过低评价自己，容易导致自卑心理。心理咨询能指导大学生认识和检查自己人格发展的合理性，使其正确认识自己、接纳自己，恰当地表达自己的情绪。借助心理咨询，大学生可以认清自己的需要、态度和动机，了解自己的长处和短处，形成对自己的正确认识，积极调整自我，提高环境适应的能力。

【案中观察】

实习单位受冷落，优秀学生打算退学

2021年4月，教师发现学生小军的思想和行动特别怪异，并在其QQ空间里发现他有退学念头，而且正准备实施。

经了解，小军在学校各方面都特别优秀，是同学和教师眼里的宠儿。毕业前，他去一家医院实习，医院里的人并不知道他的能力，因而对他不闻不问。他感觉别人都不重视自己，加上他不愿意与人交往，因此自信心受到极大打击。

回到学校后，小军感觉前途渺茫，自己所学没什么实际意义，因此自暴自弃，准备退学。

心理咨询师很快找到了他的症结所在：对自己缺乏客观的认识，把自己的短处无限放大。咨询师给他分析了他的长处及不足，让其客观地认识自己、评价自己、接受自己，同时让他主动参与各种社会活动，培养参与社会的能力及人际交往的能力。

经过半年辅导，小军不仅从实习的阴影中走了出来，而且还与一家大医院签了约。

（二）增强自我调适能力，提高心理素质

心理素质是个体在遗传的基础上，通过后天教育和环境影响形成的较为稳定的基本心理品质和心理能力，是影响大学生学习和生活的重要心理品质。当今社会，新旧观念的相互撞击、社会竞争的加剧、生活节奏的加快、生活方式的多元化及价值观念的巨变，都对大学生的心理和行为产生较大的冲击和压力。对于大学生来说，大学生活中有太多的不如意，环境适应不良、考试失利、评优失败、人际冲突、恋爱受挫等均会引发紧张、焦虑、抑郁、自卑、愤怒等负面情绪。心理咨询可以帮助大学生调整认知方式，改变思维模式，全面客观地认识自己及面临的问题，尤其是通过教会大学生自我调适的方法可以帮助其及时疏导和宣泄不良情绪，缓解心理压力，恢复心理平衡，以此改善其应对方式去解决所面临的问题，在此过程中使其心理素质不断提高。

（三）增进心理健康，促进健康成长

心理咨询可以使大学生及时了解自己身心发展存在的障碍、缺陷及其他困扰问题，可以帮助大学生客观地认识自己，优化心理品质，预防和缓解心理障碍和心理问题。心理咨询可以指导大学生进行自我心理调适，消除心理困惑，自觉培养坚韧不拔的意志品质，提高承受和应对挫折的能力，提高心理健康水平，更好地适应社会生活。

使人成长是心理咨询的主旋律。心理咨询可以促进大学生的心理成熟，促使其自我完善，增强其自主性。心理咨询是大学生把个人不愉快的经历当作自我成长的良机，使大学生积极地看待个人所经受的挫折与磨难，帮助大学生从困惑和迷茫中挣脱出来，从危机中看到生机，从困难中看到希望，辩证地看待生活中的喜怒哀乐，总结经验，增强生活智慧，更好地应对今后生活中可能出现的挫折。

（四）影响团体的态度和行为方式

通过大规模的课堂教学以及课外的心理素质训练和指导，可以影响团体的态度和行为方式。比如，在学校心理咨询中，学校心理咨询工作者可以依据一定的心理学原理对广大咨询学生实施科学的学习指导和行为指导，如运用有关职业信息与测量工具等对毕业生进行就业指导。

二、大学生心理咨询的特点

（一）非心理咨询的特点

心理学家帕特森认为非心理咨询的特点如下。

（1）心理咨询并非信息的提供，尽管在咨询过程中有信息的提供。

（2）心理咨询并非建议的提供。

（3）心理咨询不是通过劝导的方式去改变人的态度和行为。

（4）心理咨询不是通过威胁、警告等方式改变人的态度。

（5）心理咨询不是对工作和行为的分派。

（6）心理咨询不是会话，尽管会话是咨询的一个重要过程。

（二）心理咨询的特点

心理学家帕特森提出了心理咨询的特点。

（1）心理咨询关注的是来访者主动和自愿的行为变化。

（2）心理咨询的目的是为来访者自主的行为变化提供条件。

（3）和其他所有关系一样，这种关系对来访者有一定的限制。

（4）促使来访者行为变化的条件是通过会话的过程提供的（虽然不是所有的会话都是咨询，但是咨询要通过会话的过程完成）。

（5）心理咨询过程的倾听是一个重要部分，但并非所有倾听都是咨询。

（6）咨询者理解来访者（与对其他人的理解有区别，这种理解是质的理解，是通过有关理论和知识的理解）。

（7）心理咨询是在私人环境中进行的，讨论也是秘密进行的。

（三）大学生的心理特点

大学生正处在青年中期，这个时期，身体还在继续成长发育，各种器官和机能趋于成熟，世界观在逐步形成，思维、记忆、情感、意志、兴趣、能力、气质、性格处在形成和发展的旺盛时期。其心理发展水平一般情况是“正在迅速走向成熟而又未真正完全成熟”。

大学生主要的心理特点有：精力旺盛、朝气蓬勃、情绪情感强烈；富有理想、积极向上；自我意识逐渐成熟，不断进行自我探索，但容易产生自我意识的矛盾；逻辑思维的独立性与判断性增强，但容易固执己见；闭锁性导致孤独感与强烈交往需要的矛盾；独立性与依赖性的矛盾；强烈求知欲与识别力差的矛盾；情绪与理智的矛盾；愿望、幻想与当前现实的矛盾；性生理与性心理发展不平衡的矛盾；强烈的性意识与正确对待异性关系的矛盾等。

（四）大学生心理咨询的特点

大学生心理咨询必须以大学生为对象和出发点，必须根据大学生的生理特点和心理特点，结合实际情况，以帮助大学生的健康成长为最终目标。因此，大学生心理咨询就是专业人员运用理论知识和技术，通过咨访关系，给大学生以心理上的帮助，使其健康成长的过程。

大学生心理咨询的特点，从总体上来说，是帮助大学生在生活中化解各类心理问题，克服种种心理障碍，矫治不良行为，理顺人格结构，纠正不合理的认知模式和非逻辑思维，学会调整人际关系，深化自我认知，端正处事态度，构建健康的生活方式，强化适应能力等，最终达到一个目的，即提高个人心理素质，使大学生健康、愉快、有意义地生活下去。

三、大学生心理咨询的目标

大学生心理咨询的目标，其具体内涵有如下四个方面。

（一）使求助者认识自己的主客观世界

在帮助求助者认识自己的主客观世界时，理应更多地侧重对主观世界的认识与评估，特别是对那些极其缺少自知之明的求助者来说，咨询师应该帮助他们认识自己尚未解决的内心冲突。通过咨询，有些人惊奇地发现，许多心理问题是他们自己造成的，一旦理顺了自己内心的情结，软弱的内心世界会变得坚强起来，生活会变得更惬意、更充实、更美满。

（二）纠正不合理的欲望和错误观念

求助者经常确信自己的动机和需要是正确的、合理的，认为自己十分清楚需要什么，但实际上并非如此。他们的心理问题往往是由这种盲目自信和错误观念造成的。还有些人以为自己对事物的观察和理解是正确的，从不怀疑自己的思想观念和理解的准确性。但是，当他们走进心理咨询室，与心理咨询师交换意见之后，才恍然大悟，原来是他们自己的观念错了。

（三）学会面对现实

人们需要面对现实的勇气，而逃避现实并不困难，他们只要用全部时间回味过去、计划未来，现实问题就可以被排挤出局。作为心理咨询师，可以非常肯定地告诉求助者，对于我们的生存有真实意义的仅仅是我们的此时、此地。因此，求助者一定要明白：过去的是历史，未来的是希望，只有现在，才是真正可以把握的。为此，心理咨询师的重要任务之一，就是帮助求助者回到现实中来。

（四）构建合理的行为模式

“合理的行为模式”由若干具体有效的行动组成，所以，心理咨询师应当按计划行事，协助求助者逐个实施每个有效行为。比如，要建立合理的社会交往行为模式，必须实施以下若干有效行动：和蔼诚恳地对待他人、平心静气地与人交谈、耐心地倾听别人、真实地表达自己、理解别人、善于原谅他人、名利面前善于退避、危难时刻能挺身而出、对他人无私援助、对自己恪守勤俭……合理的社会交往行为模式一旦形成，其反馈信息就可以使你坚定地相信自己有能力自律，进而确立满意的自我评价、合理的自我接纳和在道德水平上的自我肯定，同时也满足了自己的社会需求，清除道德冲突，维持持久的心理平衡，并且建立了维护心理健康的良好社会支持系统。

【心理训练】

你听我说

活动目的：引导同学学会倾诉，表达自己的情绪，同时学会倾听他人的心声。

活动过程：

（1）先由教师向同学们介绍人与人之间交流的重要性与实用性、倾听与诉说的技巧。

（2）让同学们自由选择“倾诉”和“倾听”的角色。

（3）两人为一组，一名“倾诉者”搭配一名“倾听者”，各自扮演好自己的角色。

（4）结束后，选出两种角色的代表分别分享自己的感受。

【阅书观影】

1. 书目推荐——《身体从未忘记：心理创伤疗愈中的大脑、心智和身体》，巴塞尔·范德考克著

本书针对人们遭受的心灵创伤提出了多个被证实有效的创新疗法（包括神经反馈、正念、游戏、瑜伽、眼动脱敏与再加工等），这些方法可以激活大脑自然的神经可塑性，重新连接被创伤扭曲、失去功能的大脑回路（尤其是那些与快乐、投入和信任有关的脑区），一步步重建“感知当下”的能力。这些治疗方法也能提供新的身体体验，消除创伤留下的无力、愤怒和崩溃的感觉，让人们重获自我控制。

2. 影视推荐——《美丽心灵》

故事的原型是数学家小约翰·福布斯·纳什。英俊而又十分古怪的纳什早年就做出了惊人的数学发现，开始享有国际声誉。但纳什出众的直觉受到了精神分裂症的困扰——原来纳什的挚友查尔斯、查尔斯可爱的小侄女和威廉·帕彻都是纳什的幻觉。在妻子艾丽西亚的支持下，纳什受到了她那坚贞不渝的爱情和忠诚的感动，最终决定与这个被认为是只能好转、无法治愈的疾病做斗争。处在病魔的重压之下，他仍然被那令人兴奋的数学理论所驱使着，他决心寻找自己恢复常态的方法。通过意志的力量，他接纳他所出现的幻觉，与幻觉共存，他一如既往地继续进行着他的工作，并于1994年获得了诺贝尔经济学奖。

反侵权盗版声明

举报电话：（010）88254396；（010）88258888

传　　真：（010）88254397

E-mail：　dbqq@phei.com.cn

通信地址：北京市万寿路南口金家村288号华信大厦

电子工业出版社总编办公室

邮　　编：100036